云南六大水系流域绿色生态农业发展模式研究

李学林　张跃彬　雷宝坤　著

科学出版社

北　京

内 容 简 介

　　云南省的澜沧江（湄公河）、金沙江（长江）、怒江（萨尔温江）、元江（红河）、独龙江（伊洛瓦底江）、南盘江（珠江）六大水系与省外和东南亚地区相连，发挥着连接太平洋、沟通印度洋的通道作用，被称为亚洲水塔。本书以六大水系为主线、流域农业绿色发展为抓手，全面阐述云南六大水系的现状，深刻剖析流域绿色生态农业发展面临的问题和挑战，科学地提出了六大水系流域绿色生态农业发展的建议和对策。本书为推进河湖流域绿色产业革命、云南生态文明排头兵建设和国家西南生态安全屏障建设提供科学依据和有效建议。

　　本书可供农业与生态环境相关科研、教学、管理人员，以及环保爱好者参考使用。

图书在版编目(CIP)数据

云南六大水系流域绿色生态农业发展模式研究/李学林，张跃彬，雷宝坤著. 一北京：科学出版社，2023.10
　ISBN 978-7-03-074952-9

Ⅰ.①云… Ⅱ.①李…②张…③雷… Ⅲ.①绿色农业-农业发展-发展模式-云南②生态农业-农业发展-发展模式-云南 Ⅳ.①F327.74

中国国家版本馆 CIP 数据核字（2023）第 034245 号

责任编辑：吴卓晶 李 莎 / 责任校对：赵丽杰
责任印制：吕春珉 / 封面设计：东方人华平面设计部

科 学 出 版 社 出版
北京东黄城根北街 16 号
邮政编码：100717
http://www.sciencep.com
北京中科印刷有限公司 印刷
科学出版社发行　各地新华书店经销
*
2023 年 10 月第 一 版　　开本：B5（720×1000）
2023 年 10 月第一次印刷　　印张：13 3/4
字数：274 000
定价：139.00 元
（如有印装质量问题，我社负责调换〈中科〉）
销售部电话 010-62136230　编辑部电话 010-62143239（BN12）

本书编委会

主 任

李学林　张跃彬　雷宝坤

副主任

方海东　沙毓沧　罗心平　金　杰

委　员（以姓氏拼音为序）

柏天琦	陈安强	陈良正	陈　璐	陈艳林	陈于福	刀静梅
邓红山	范建成	高　凡	高　婷	郭树芳	郭云周	韩学琴
和丽忠	和润莲	胡继芬	胡　强	赖新朴	雷　虓	李进学
李　倩	李孙宁	李文超	李兴丽	李义林	廖承飞	刘本英
刘建香	刘其宁	刘晓冰	龙荣华	陆　琳	马　兰	毛妍婷
米艳华	尼章光	平凤超	普天磊	秦　荣	瞿文林	冉隆珣
申时全	史亮涛	孙　毅	陶大云	陶　磅	王　晖	吴茜虞
武　卫	续勇波	闫帮国	杨从党	杨艳鲜	叶　松	张　德
张惠云	章　勇	赵宝义	周先艳	朱红业		

前　　言

云南省具有特殊的地理区位和高原地貌特点，省内河流、湖泊众多，是我国水资源较丰富的区域。六大水系（澜沧江、金沙江、怒江、元江、独龙江、南盘江）贯穿全省，其流域面积约占云南省总面积的99.96%（以上六大水系面积占云南省总面积的比例分别为23.1%、28.5%、8.7%、19.4%、4.96%、15.3%）。

长期以来，云南六大水系流域为主的坝区，是全省多民族居民最密集、人为活动最频繁、经济最发达的地区，也是全省粮食的主产区和主要高原特色农业产业集聚区，对全省的经济和社会发展起着至关重要的作用。目前，多数水系流域产业以农业为主，但是由于历史原因，农业生产力水平低下，发展方式落后，在生产生活过程中生态环境保护理念滞后，导致生态环境破坏严重、水土流失严重、石漠化严重等现象，河谷生态破坏极为严重，流域呈现农田面源污染严重，不仅威胁着全省口粮安全及特色农产品生产，还将对农田土壤造成生态性破坏，进一步造成更严重的江河湖泊富营养化等水环境生态的恶性循环，流域水环境保护与绿色发展领域面临着重大理论和技术挑战。

云南是我国西南生态的安全屏障，承担着维护区域、国家乃至国际生态安全的重大职责。我们需要擦亮生态底色，推进河湖治理生态化、生态产业化、产业生态化，推进河湖流域绿色产业革命，为云南生态文明排头兵建设和作为国家西南生态安全屏障建设作出应有贡献。

为了摸清云南六大水系流域的生态覆盖、产业配套、农业农村自然条件状况、农业农村生产发展现状、生产生活方式，以及其对河流水系水质、水体等生态影响等，云南省农业科学院专家队伍开展了六大水系全流域的野外调查和研究，在省和地方相关部门的大力支持下，在相关领域的专家学者指导下，经过跋山涉水和艰苦努力，完成了云南六大水系的调查和研究工作，对云南六大水系的农业生产方式，以及土壤地质条件、水质水体环境等进行全面系统的调查研究，以产业结构调整、特色产业发掘、绿色产业科学布局与生产生活方式转变为切入点，应用绿色生态理论，全面构建云南六大水系流域的绿色生态农业发展新模式，构建高原河湖流域农业绿色经济发展的科学体系，并在此基础上完成了本书的撰写。

　　本书详细介绍了云南六大水系流域绿色生态农业发展模式，包括自然生态情况、农业农村经济发展情况、农业农村产业结构对水系的生态环境影响分析、绿色生态内涵和发展空间构架、绿色生态农业的发展建议等内容。

　　本书获得了云南省重大科技专项计划（项目编号：202102AE090011）、云南省财政预算重大专项（2021年）资助。

　　由于作者水平有限，书中难免存在不足和疏漏，敬请广大读者批评指正。

目　录

第1章　云南六大水系流域概述

云南省江河纵横，水系十分复杂。全省大小河流共 600 多条，其中较大的有 180 条，多为入海河流的上游。六大水系的集水面积遍布全省，如此复杂的水组合是其他省区所少有的。与国内多数江河由西向东的流向不同，云南省江河的流向为由北向南。云南省众多河流具有连接东南亚地区的区位优势，可以充分发挥连接太平洋、沟通印度洋的通道作用。

云南六大水系分别是澜沧江水系、金沙江水系、怒江水系、元江水系、独龙江水系、南盘江水系。澜沧江水系、南盘江水系注入南海，金沙江水系注入东海，怒江水系、独龙江水系注入印度洋东北部的安达曼海，元江水系注入南海西北部的北部湾。澜沧江水系是湄公河上游在中国境内河段的名称。澜沧江由云南省西双版纳傣族自治州（以下简称西双版纳）勐腊县出境，成为老挝和缅甸的界河，后始称湄公河。湄公河于越南胡志明市流入中国南海。金沙江水系流经云南的是金沙江及其支流普渡河、牛栏江、横江。南盘江水系主流西江发源于云南省曲靖市境内的马雄山，在广东省珠海市的磨刀门企人石入注南海。怒江又称萨尔温江，在中国境内称怒江（又称潞江），发源于青藏高原的唐古拉山南麓的吉热拍格。怒江源头河流称纳金曲，与右岸支流姐曲汇合后称怒江。怒江流入缅甸后改称萨尔温江，最后在毛淡棉附近注入印度洋的安达曼海。元江水系发源于中国云南省西部哀牢山东麓，是红河上游主干。元江起源有二：西源于巍山彝族回族自治县（以下简称巍山县）甸头和祥云县梁王山，流经弥渡县、南涧彝族自治县（以下简称南涧县），名礼社江，为正源；东源于楚雄禄丰市大五台山南麓，流经双柏、易门两县，名麻哈江、绿汁江。独龙江水系东南流经云南省怒江傈僳族自治州（以下简称怒江州）贡山独龙族怒族自治县（以下简称贡山县）西境，进入缅甸后称恩梅开江。两江汇合后始称伊洛瓦底江。

云南六大水系所覆盖的流域，从最高点海拔 6740m 的卡瓦格博峰到最低点海拔 76.4m 的元江与南溪河交汇处，南北距离短短 960km，海拔直降 6663.6m。六大水系流域从山川到江河、从动物到植物、从民族到特色产业，汇集了多样的元素，诞生了多元的文化，创造了多彩的自然与社会。

1.1 澜沧江流域概述

澜沧江流域在我国境内全长 2161km，是世界第九长河、亚洲唯一的一河跨六国的国际河流，有"东方多瑙河"之称。澜沧江流域由北向南纵跨 13 个纬度，覆盖 7 个气候带，涵盖了多种地貌和土壤类型，从而形成了独特的生态环境。澜沧江流域几乎包括我国所有陆地自然生态系统，具有丰富的生物资源，是我国西南生态安全屏障的重要区域。

我们要充分利用澜沧江流域气候、土壤和生态环境的多样性和独特性，结合特色作物的区域优势，统筹区域性农业产业发展，推进优势产业向优势区域集聚，形成特色农业产业带和关联产业群，逐步发展并形成有规模、有特色的澜沧江绿色农业产业走廊。澜沧江绿色生态农业产业走廊包括构建以世界小粒咖啡黄金产业带、世界普洱茶产业带、滇西南农旅融合带、澜沧江-湄公河农业国际合作区为一体的澜沧江流域"三带一区"绿色生态农业产业走廊。

1.2 金沙江流域概述

金沙江流域是长江上游的重要组成部分，全长 1560km，由迪庆藏族自治州（以下简称迪庆州）德钦县羊拉乡流入云南省，至水富市向家坝镇出省进入四川省境内，江面海拔由 2300m 降至出口的 260m。在云南省"三屏两带"①的生态保护红线空间分布格局中，金沙江流域的自然生态条件对维护长江上游水源涵养功能，保持水土，保护水资源、水生态及水环境发挥着至关重要的作用。近年来，各级政府高度重视金沙江流域生态治理和保护工作，在流域治理、污染消除、退耕还林、生态恢复等方面做了大量工作，取得了显著成效，确保"一江清水出云南"。

金沙江流域山高谷深，多处于生物多样性丰富地段，特殊的自然条件使干流沿线很多区域成为少数民族人口和城镇分布集中地。流经的迪庆州、丽江市、大理白族自治州（以下简称大理州）、楚雄彝族自治州（以下简称楚雄州）、昆明市、曲靖市、昭通市 7 个州（市）境内有近 20 个民族，农业人口占大多数，经济社会发展任重道远。同时，河谷深切的地形也为孕育中国西南水电能源梯级电站群提供了得天独厚的条件。但也因地形地貌变化复杂，土壤、气候类型多样等原因使金沙江流域表现出人口素质差异大和社会经济发展不平衡的地域特征。作为云南区域特色经济发展的核心地带，金沙江的保护和开发直接影响长江经济带生态系

---

① "三屏"指青藏高原南缘滇西北高山峡谷生态屏障、哀牢山-无量山山地生态屏障和南部边境热带森林生态屏障，"两带"指金沙江、澜沧江、红河干热河谷地带和东南部喀斯特地带。

统的整体性，在生态、能源安全建设及维系民族团结进步方面具有举足轻重的战略地位。因此，如何以保护促发展，进一步调整金沙江流域农业产业结构，优化空间布局，充分开发流域内的光热资源和土地潜力，打造金沙江高效农业产业带，是推进整个流域绿色生态农业健康发展的关键举措。

此外，金沙江干热河谷还是全国为数不多全年都有外销鲜果的产区之一，除热带水果外，枣、桃、李、梨等比北方地区早熟 2~3 个月，产品具有早熟、错季、品质优等特点，成为这一地区冬早蔬菜销售结束后继续外运销售的特色农产品。流域内如华坪、宾川、德钦等县特色水果产业均已得到蓬勃发展。沿江两岸的土地适宜依托当地的天然优势，形成以特色热带水果发展为主的产业布局，逐步使金沙江干热河谷区域成为云南省干热河谷地区经济的重要组成部分，遵循以保护促发展的理念，促进云南金沙江流域特色作物的科学利用和区域特色经济的高质量发展。

1.3　怒江流域概述

怒江发源于青藏高原唐古拉山南麓，流经西藏自治区和云南省，于云南省怒江州贡山县丙中洛镇青拉桶入云南省，入境海拔 1643m，经云南省芒市曼辛河后流出国境，出境后进入缅甸称萨尔温江。云南省怒江流域处于东经 98°07′~100°02′、北纬 24°07′~28°23′，全长 619km，在行政区划上，按县域内集水面积大的河流确定归属，主要包括怒江州的贡山、福贡、泸水，保山市的龙陵、施甸、隆阳，以及支流南汀河、南卡河流域的临沧、镇康等县（区）。

怒江流域自然地理特征复杂，地形破碎而陡峻，形成以山地为主，高中山峡谷与低山丘陵、盆地（坝子）相间排列的景观格局。流域受地形及大气环流影响，气候比较复杂，上游气候高寒，冰雪期长；中游山高谷深，垂直气候特征显著，变化复杂；下游地势较低，受西南海洋季风影响，炎热多雨。流域降水量由北向南递增，多年平均降水量为 900mm，其中 5~10 月的降水量占全年降水量的 85%。怒江流域生物资源丰富、生态景观复杂多样，是全球生物多样性和生态景观保护的重要地域，但由于交通不便利，经济比较落后，发展相对滞后，许多地区依然依靠十分原始低效的农业生产维持生计和社会运转。随着西部大开发的深入进行，中国—东盟自由贸易区的建立，以及云南桥头堡建设成为国家面向东南亚、南亚开放的重要战略，怒江流域已由我国经济社会发展的边缘地带变成了对外经济交流合作的前沿地带。尽管怒江流域的 GDP 的平均增速略高于全国和云南省，但由于经济基础十分薄弱，怒江流域的经济发展水平与云南省和全国的差距并未明显缩小。

从怒江流域整体的生态环境现状来看，怒江的水质保持得较好，受污染程度较轻，水环境的容量较大，水环境对社会经济的发展限制作用较小。怒江的主要环境问题体现在流域高发的自然灾害，这也是直接威胁当地生产、生活及发展的主要因素。怒江流域上游属于高原地貌，中下游属于高山峡谷地带，生态环境极为脆弱，各种不合理的资源开发和利用都有可能造成生境破坏并造成生物多样性损失。怒江流域具有经济开发的优越条件，但怒江流域更是我国的生态高地和环境脆弱区。因此，协调流域经济开发与生态环境保护，走可持续发展道路，是怒江流域发展的必然选择。

1.4　元江流域概述

元江干流长 692km，集水面积 7.51 万 km²。元江流域大部分属于亚热带季风气候，南部边缘属于热带季风气候，光热充沛，海拔高差大，立体气候明显。流域内工业化、城镇化水平低，工业污染与生活污染少，在农业上具备发展绿色、生态、有机产品的良好基础。元江发源于大理州巍山县北部山地茅草哨（西源头，海拔 2650m）和祥云县西部山地（东源头，海拔 2751m），流经大理州东南部、楚雄州西南部、玉溪市西部和南部及红河哈尼族彝族自治州（以下简称红河州）南部，从河口瑶族自治县（以下简称河口县）出境进入越南，最终注入北部湾。该流域位于云南省中部和东南部，地处东经 100°06′～105°40′、北纬 22°27′～25°32′，北邻金沙江流域，西靠澜沧江并以无量山为分水岭，东接南盘江流域，南面与越南接壤。

元江流域共涉及云南 7 个州（市）39 个县（市、区），其中 16 个县（市、区）完全位于径流区内。流域平均宽度约 120km，绝大部分属山区和半山区，平坝面积不足 5%，除戛洒、漠沙、元江等少数平坝地形较为开阔外，河道均蜿蜒于峡谷之中。元江流域年平均温度 20℃，年降水量 660～2290mm，年日照时数 1490～2622h，≥10℃有效积温 4483～8809℃，≥10℃生理辐射 44 320～70 945cal/cm²（1cal=4.19J），≥0℃光能生产潜力 1375～1917 斤/亩（1 斤=500g，1 亩≈666.67m²），热区资源开发利用潜力巨大，是云南省不可多得的热区宝地。

元江流域上游温暖、中游干热和下游湿热的气候特征非常突出，热作农业带主要位于中游和下游。近年来，通过重点培育产业，发展成效显著，形成了以热区资源为依托的特色农业产业带。但是，聚焦打造世界一流"绿色食品牌"的目标，元江流域的热带农业开发还存在很多的不足，流域农业产业小、散、弱，缺乏主导产业和知名品牌，绿色生产技术不到位，流域生态保护和农业生产兼顾不好，元江流域从上游至下游呈现明显的气候变化和生态环境变化，在上游的高原温和区，降水量随海拔增高而增多，植被垂直分布差异明显，森林覆盖率相对较高，河水含沙量较低，生态环境较好。但是到中游的元江、元阳、红河干热河谷区，因受到哀牢山对西南暖湿气流的阻挡，常年干旱少雨，气候炎热，植被稀疏且以低矮草丛和灌木丛为主，地表水土流失严重，河水含沙量高，生态脆弱，环境十分恶劣。

根据元江流域热区的特点，要坚持"突出特色、合理布局、集中连片"的原则，重点打造和发展基础好、带动力强、特色鲜明的传统热作产业和新兴热作产业，积极引导主要特色热作产业集中发展，带动各类生产要素向优势区域聚集，发展区域性特色高效热作产业，打造优势特色热作产业基地和产业集群，增强特色热作产业综合生产能力。元江流域干热河谷生态保护和绿色农业发展应遵循可持续发展的原则，把山地-河谷、热-土-水资源作为一个整体进行有效联动，互补协调开发，以取得良好的生态效益、经济效益和社会效益。

1.5　独龙江流域概述

独龙江流域在云南境内主要包括大盈江、瑞丽江和独龙江。大盈江位于德宏傣族景颇族自治州（以下简称德宏州）内。河流发源于腾冲的胆扎河和槟榔江，在盈江县旧城汇合后称大盈江，过虎跳石后从南奔江口出国境，流入缅甸伊洛瓦底江，最后流入孟加拉湾。大盈江在云南境内全长 204.5km，流域总面积为 5467km^2，其西部与缅甸接壤，东部以怒江和高黎贡山为界。该区域地势总体东北高、西南低，最高点在高黎贡山雪山顶，海拔 3583m，最低点在梁河西南那邦一带，海拔 200m，落差高达 3300m 左右，平均海拔 2000m。区域内地形崎岖，受河流作用地形切割较重，在山岭之间形成了一系列盆地，如盈江盆地、梁河盆地、腾冲盆地等。区域内河流较发育，主要有大盈江、龙川江等，因受地形影响，流向大都向西南倾，最终汇入缅甸境内的伊洛瓦底江。该区域紧靠北回归线，所处纬度低，为亚热带地区，气候湿热、多雨。年降水量为 1600mm 左右，5～10 月为雨季，其降水量占全年降水量的 80%～90%，其中 7 月为全年降水高峰月。11 月至次年 4 月降水量较少，为旱季，其降水量仅为年降水量的 10%～20%，冬春干旱情况较突出。年平均气温为 20℃，年最冷月平均气温为 11.7℃，最热月平均气温为 23.6℃，年温差为 11.9℃，区域内冬无严寒，夏无酷暑。区域内居住有傣族、阿昌族、景颇族等十几个少数民族，其中汉族与少数民族混合聚居的村落较多。区域内土壤肥沃，农产品丰富，其中农作物主要为水稻、小麦；经济作物主要有甘蔗、水果和茶叶等。因此，政府与企业可以充分利用资源优势，打造面向南亚东南亚现代农业产业带。

瑞丽江位于云南省西部德宏州。瑞丽江是云南省西部的一条重要河流，属独龙江水系。发源于腾冲市境内高黎贡山西侧的分水岭，经莫里峡谷进入瑞丽坝，到弄岛的榕棒旺附近汇入南宛河，穿山破谷而出，流经缅甸中东部，汇入伊洛瓦底江，注入印度洋的孟加拉湾。瑞丽江在云南境内长53km，宽100～200m。

独龙江是伊洛瓦底江上游干流，是云南西北部横断山脉"四江并流"的重要组成部分。独龙江发源于西藏自治区与云南省交界处的察隅县伯舒拉岭南部山峰然莫日附近，源头部分称为嘎达曲，向南流经但当利卡山和高黎贡山之间的峡谷贡山县独龙江乡，之后转而向西进入缅甸，改称为恩梅开江。全长250km，流域面积1947km^2，因独龙族世居于此而得名。流域内降水丰富，河流落差极大，水流湍急。境内最高海拔4936m，最低海拔1000m。峡谷中保留着完好的原始生态环境，蕴藏有丰富的自然资源。独龙江作为"三江并流"的核心区之一，是除了人们熟知的金沙江、澜沧江、怒江之外而独立存在的河流，它位于"三江并流"最西部的江河，被称为"第四江"。独龙江被专家认定为"野生植物天然博物馆"，是我国原始生态保存最完整的区域之一。

1.6 南盘江流域概述

南盘江发源于云南省曲靖市乌蒙山余脉马雄山东麓，是珠江的组成部分。在云南省境内，南盘江流经沾益、麒麟、陆良、宜良、开远、罗平、泸西、砚山、建水、蒙自、丘北、澄江、石林、富源、石屏、江川、华宁、通海、峨山、弥勒、广南、师宗等县（市、区），横贯云南曲靖市、昆明市、红河州、文山壮族苗族自治州（以下简称文山州）的东、中、南三大区域，境内流域面积43 311km^2，河长651km，属典型的亚热带高原季风气候。流域内有着适宜的气候，冬无严寒、夏无酷暑，立体气候明显，具有优良的生态环境、良好的水利基础和丰富的旅游、生物、水能等资源，是云南省重要的粮食、蔬菜、水果、花卉、蚕桑产业区域。古往今来，南盘江传承着云南省的民族特色，为云南省的经济发展、生态资源、旅游资源等提供了重要的保障，是云南省的文明摇篮。

珠江是中华民族的发祥地之一，哺育了沿岸各族人民，创造了灿烂文化。其中，南盘江流域生活着以汉族、彝族、壮族、布依族、水族、苗族、瑶族、傣族、白族、回族、蒙古族、仡佬族等为主体民族的世居民族。各民族与南盘江相依、和南盘江共融。在历史的长河中，积淀了丰厚的民族文化底蕴，创造了多姿多彩的民族文化，形成了魅力无限的民族风情，保留了各具特色的传统村落。南盘江流域厚重的历史积淀、丰富的旅游资源，承人文、历史、自然于一脉，集源、奇、险、秀于一体，具备发展全域旅游的资源禀赋。该流域中大部分地区基础设施、产业发展滞后、乡村振兴任务重。

南盘江流域是云南省重要农产品生产基地，所流经县（市、区）的农业产业发展各具特色，是云南省特色蔬菜水果实现周年生产、均衡供应、优质基地建设的主导产业区之一。例如，陆良、麒麟、沾益、泸西等地建设多个供"粤港澳大湾区"的蔬菜基地。又如，曲靖是全国主体功能区规划、泛珠三角区域合作、长江经济带重点开发区之一，是"粤港澳大湾区"的蔬菜基地，是面向南亚东南亚辐射中心和滇中城市经济圈的核心区域，同时是"云菜"规模最大的产区，常年蔬菜种植面积和产量约占全省的20%，仅曲靖市（南盘江流域）2019年蔬菜种植面积就有180.0万亩，夏秋蔬菜品牌享誉国内外；鲜食葡萄、梨、桃、李、草莓、蓝莓等优质早熟水果等种植面积逐年增加，农产品绿色化、有机化程度进一步提高，成为促进区域农民增收致富、支撑乡村振兴的特色产业。陆良、麒麟、沾益是全省蚕茧生产基地县（区），是全国为数不多的优质茧生产区；罗平、师宗是全省油菜优质产品生产基地县，马铃薯常年种植面积和年产量居全省第一位，品质好、竞争力强。

第2章 澜沧江流域（云南）绿色生态农业发展模式研究

2.1 澜沧江流域（云南）的自然生态情况

2.1.1 流域概况

澜沧江-湄公河发源于我国青海省玉树藏族自治州的杂多县唐古拉山北麓，流至西藏自治区昌都市后始称澜沧江，流经西藏、云南2省区和老挝、缅甸、泰国、柬埔寨、越南5国（流至云南省出境后被称为湄公河），最后注入中国南海，河流总长约4880km。澜沧江在云南省境内长1247km，集水面积8.86万km²，位于东经98°20′～102°19′、北纬21°08′～29°15′，涉及迪庆、怒江、大理、保山、临沧、普洱和西双版纳等7个州（市）34个县（市、区），海拔515～4240m。

澜沧江流域（云南）地势呈北高南低趋势，自北向南呈条带状，上、下游较宽阔，中游则狭窄。澜沧江云南段上游河谷海拔在2000m以上，具有典型的干旱河谷气候特征；中游海拔为2000m左右，属高山峡谷区，河谷深切于横断山脉之间，山高谷深，两岸高山对峙，山峰高出水面3000m左右，河谷比较狭窄，河床坡度大，形成陡峻的坡状地形；下游段海拔均位于1000m以下，河道变宽，流速缓慢（徐飘等，2019）。澜沧江流域（云南）的一级支流主要有沘江、黑惠江、小黑江、威远江、南腊河、南垒河、南拉河等。

澜沧江流域（云南）包括如下行政县：迪庆州的德钦县、维西傈僳族自治县（以下简称维西县）；怒江州的兰坪白族普米族自治县（以下简称兰坪县）；大理州的大理市、漾濞彝族自治县（以下简称漾濞县）、宾川县、永平县、云龙县、洱源县、剑川县、鹤庆县、南涧县、巍山县；保山市的隆阳区、昌宁县；临沧市的临翔区、凤庆县、云县、永德县、双江拉祜族佤族布朗族傣族自治县（以下简称双江县）、耿马傣族佤族自治县（以下简称耿马县）、沧源佤族自治县（以下简称沧源县）；普洱市的思茅区、孟连傣族拉祜族佤族自治县（以下简称孟连县）、镇沅彝族哈尼族拉祜族自治县（以下简称镇沅县）、景谷傣族彝族自治县（以下简称景谷县）、澜沧拉祜族自治县（以下简称澜沧县）、西盟佤族自治县（以下简称西盟县）、江城哈尼族彝族自治县（以下简称江城县）、景东彝族自治县（以下简称景东县）、宁洱哈尼族彝族自治县（以下简称宁洱县）；西双版纳州的景洪市、勐海县、勐腊县。

2.1.2　气候资源

作为典型的南北走向河流，澜沧江流域（中国境内）由北向南纵跨13个纬度，覆盖寒温带、南温带、中温带、北亚热带、中亚热带、南亚热带、北热带7个气候带，区内气候差异极其显著，涵盖了多种地貌和土壤类型；几乎包括了我国所有陆地自然生态系统（陈龙等，2013）。澜沧江流域因特殊的地形、地貌、气候因素，以及丰富的生物资源，形成了独特的生态环境，是云南省生物资源高度富集、生态环境敏感脆弱的地区（朱艳艳等，2015）。

澜沧江流域（云南）生态类型多样，北热带的耕地全部分布在流域下游的低热河谷，涉及景洪等5个县（市、区）。南亚热带热量稍次于北热带，干湿季很明显，主要分布于流域的中、下游，涉及澜沧、景洪、景谷、勐海等18个县（市、区）。中亚热带位于流域的中、上游，涉及凤庆、隆阳、昌宁等7个县（市、区）。北亚热带的耕地主要分布在流域的上游，涉及云龙、洱源等6个县（市、区）。南温带分布在海拔1900～2400m的地区，涉及兰坪、剑川等5个县（市、区）。中温带分布在海拔2200～2800m的上游，涉及兰坪、维西等3个县（市、区）。高原气候区在本流域全部分布在上游，涉及维西、德钦2个县。

2.1.3　土壤

澜沧江流域包含的土壤类型有砖红壤、赤红壤、山原（地）红壤、黄棕壤（棕壤）4种。砖红壤地带在该流域大部分分布于河流的下游，大多沿河谷呈树枝状自南向北延伸，涉及江城、景洪等4个县（市、区）。赤红壤地带在该流域大部分分布于河流的中游，局部分布于上游，涉及澜沧、景谷、双江、云县等15个县（市、区）。山原（地）红壤地带在该流域分布于中、上游，涉及云龙、洱源、永平、昌宁等11个县（市、区）。黄棕壤（棕壤）地带在澜沧江流域全部分布在河流上游，涉及维西、德钦等3个县（市、区）。

2.1.4　水资源状况

澜沧江从西藏盐井直奔而下，于隔界河流入德钦县境内，流经德钦县佛山、云岭、燕门3个乡镇后，由燕门乡巴东村流入维西县。德钦县境内澜沧江全长130.5km，水面平均宽80m，除上段与西藏共属32.5km外，其余98km均属德钦县境内，境内的水域面积达9.14km^2。澜沧江在德钦县境内的支流很多，水流短且急，落差大，水力资源相当丰富，其主要支流有阿东河、永支河、大水沟、明永河、军打河等15条大小河流。阿东河两岸地势比较开阔，特别是河流中段人口集中，耕地面积较大，土地比较肥沃，农作物产量较高，土壤类型为冲积土；河流下段落差较大，建有水力发电站，供应县城及佛山、云岭部分村的生产生活用电。军打河，主要由德钦河和三岔河组成，军打河上段落差较大，中段至下段地势比较开阔，土壤类型为冲积土，土壤熟化程度较高。永支河全长35km，发源于怒山山脉梅里雪山，河面平均宽12m，水流异常湍急。这些河流发源于雪山，水流四季不断，特别是开春后径流由雨、雪、冰川的补给和调节，使基流大而稳定，适宜发展水力发电站。

澜沧江在维西县境内从巴迪乡大石头入境，经6个乡（镇），由小甸村出境流向兰坪，由北向南纵贯全境，澜沧江在境内流程165km，高差320m，山高谷深。永春河为其最大干流，流程56km，流域面积811km²。此外，属于澜沧江支流，流程达10km以上的河流有12条。维西地处"三江并流"中的澜沧江、金沙江上游，横断山褶皱带中段，境内降水丰沛，生态环境保护完好。有独特的地理优势，山高谷深、江河密布、河流湍急、落差集中，有得天独厚的水利资源。河流水流湍急，落差集中。

兰坪县地处"三江并流"区腹部，境内大小河流均为澜沧江水系（呈羽状分布），其中较大的有澜沧江、通甸河、沘江、腊铺河、大竹箐河、木瓜邑河、拉竹河、罗松场河、丰甸河、凤塔河、玉龙河。澜沧江自北向南纵贯兰坪县西部，境内流程130km，径流量占云南省径流量的14%，天然落差约127m，水能理论蕴藏量为16.35万kW，其中易开发利用的有6.45万kW。

澜沧江在云龙县境内从表村乡上松坪村入境，南流经表村、旧州2个乡镇，至旧州镇功果村马干海出境入保山市，境内流程110km，流域面积1121.1km²（不含沘江、关坪河、空讲河流域）。过境澜沧江主河道，弯多流急，两岸峭壁矗立，故难以航运。耕地由江边至半山，沿江呈串珠状分布，难利用江水灌溉。其中，沘江发源于兰坪县金顶羊路山中，从白石金鸡桥入境，由北向南流经白石、长新、诺邓、宝丰等乡镇的36个村，至功果注入澜沧江，境内流程123km，水面纵比降7.5‰，径流面积1633.9km²，是云龙县灌溉及水力发电的主要水源。澜沧江在云龙县境内由于河流深切割，山高谷深，土地分散，大量水资源无法利用。

永平县境内河流均属澜沧江水系。全县5km以上的河流共有100余条，其中最大的4条为澜沧江、顺濞河、银江河和倒流河。澜沧江由云龙经永平，出昌宁，与保山分界，过境长93.8km，流经龙门、老街、杉阳、永和、水泄5乡，积雨面积340.62km²。因河谷深切，县内开发利用较困难。顺濞河入黑惠江，沿岸山高谷深，开发利用较难。银江河是县内最大的河流，由北向南纵贯，出昌宁，注入澜沧江，是龙门、老街、曲硐3个坝子的主要灌溉河道，也是水力发电及人畜饮用水的多用河，但雨季泥沙量大，流量变幅极大。倒流河由东南向西北流经永和、杉阳两乡的坝子，注入澜沧江，属杉阳坝子内排涝灌溉的唯一河流。

昌宁县境内有右甸河、枯柯河等 8 条水系，分别流入澜沧江和怒江，水能蕴藏量丰富。隆阳区境内河流众多，落差较大，水力资源较为丰富。隆阳区分属怒江、澜沧江两大水系，其中澜沧江流域面积占全区面积的 15%。面积较大的还有东河、瓦窑河、冲江河、蒲缥河、水长河、大沙河等。

凤庆县境内河流属澜沧江、怒江两大水系。其中，澜沧江流域境内面积占全县总面积的 57%，由昌宁县的平村附近入境，流经凤庆县的大寺、鲁史、小湾、新华、腰街 5 个乡（镇）后出境流入云县。凤庆县域内河长 59.4km，径流面积 1919.9km^2，主要河流为黑惠江、迎春河、顺甸河、雅琅河等。黑惠江属澜沧江一级支流，发源于丽江市罗凤山，全长 349km，由西洱河入漾濞，从凤庆县的诗礼新街入境，流经诗礼、鲁史、新华 3 个乡（镇），至白腊出境注入澜沧江。境内河长 65.2km，径流面积 716.8km^2，沿河两岸有 26 条支流汇入。迎春河属澜沧江二级支流，发源于凤山大围龙，河流由东向西流经凤山、洛党至大兴出境，河流全长 44km，境内长 36km，径流面积 463km^2，沿河两岸有 35 条小支流汇入。顺甸河属澜沧江一级支流，发源于昌宁县董翁山，在习谦入境，经勐佑、三岔河、雪山至新民山脚出境，该河在凤庆县境内的河长为 54.4km，径流面积 683.5km^2。雅琅河属顺甸河一级支流，发源于永德县，在帮贵山脚入境，经郭大寨至两岔河汇入顺甸河，境内河长 20.6km，集雨面积 227.2km^2。

澜沧江在云县境内流经茂兰、漫湾、忙怀、后箐、栗树、大石 6 个乡镇，长 130.9km。境内平均坡降 1.38%，多年平均流量 1230m^3/s。云县境内属澜沧江水系的主要河流有勐佑河、忙甩河、转水河、哨街河、沙坝河、拿鱼河、勐麻河、那戈河等。

镇沅县境内河流为澜沧江水系和元江水系，以无量山黄草岭支脉为界，岭西属澜沧江水系，主要河流有勐统河、振太河、文肖河、戛里河、红星河、田坝河等，流域面积 2036km^2。

临翔区水利资源丰富，境内有澜沧江和怒江两大水系，径流面积覆盖全区。

双江县河流属澜沧江水系，直接汇入澜沧江的河流有 21 条，汇入小黑江的河流有 25 条。南勐河由北向南流经勐库、勐勐两个坝区，先交于小黑江再汇入澜沧江。小黑江上游由耿马、沧源县境的档坝河、南碧河、拉勐河汇集于勐省，由西向东流至大勐峨山脚，同南勐河相汇转东南至双江渡入澜沧江。

沧源县河流分属澜沧江水系和怒江水系，以窝坎大山、翁丁后山、科弄山、巴得尼科山、芒告大山、范我山延伸至中缅国界的岗诺木若山为分水岭，由此东南向为澜沧江水系，西北向为怒江水系。澜沧江水系主要河流由勐董河和拉勐河构成。勐董河后流入南碧河，南碧河向南流进勐省东北坝区与拉勐河汇合后称小黑江。

　　澜沧县境内共有含从县境边界流过的澜沧江和小黑江的大小河流 153 条，均属澜沧江水系。澜沧江由北向南流经县境东部，两岸山崖陡峭，水流湍急，水利资源丰富。小黑江位于县境北部，发源于沧源县境内，由西向东流入澜沧江，流经县境 54km。黑河（扎糯江）是境内最大河流，两岸除木戛坝、赛罕坝两处稍开阔外，其余均属深山峡谷地带，河床较低，河面狭窄，夏秋河水猛涨，水流湍急。

　　思茅区境内河流属澜沧江水系，境内水系有思茅河、南邦河、大中河、五里河四大流域，流域面积占思茅区总面积的 40.7%。澜沧江是思茅区与澜沧县、勐海县的界江。自腊撒渡口入境，经四齐、糯扎、小橄榄坝流入景洪市。小黑江由腊撒渡口汇入澜沧江，由曼老江流入西双版纳州景洪市、勐腊县汇入澜沧江。思茅区境内的五里河、踏青河、软桥河、倚象河等均汇入曼老江。大中河由那澜村汇入澜沧江。南岛河流入景洪市普文大开河，再南下流入罗梭江，汇入澜沧江。

　　景洪市境内江河共 71 条，属澜沧江水系，澜沧江从西北部思茅区入景洪，从市境东南经勐腊流入缅甸，市内流程 150km。勐海县境内流程 2.5km 以上的常年河流有 159 条，总流长 1868km，多为幼年期河流，属澜沧江水系，总集水面积 5570km^2，其中境内面积占 98.9%。

　　澜沧江流域（云南）水能资源丰富，流域上建有漫湾、大朝山、糯扎渡等 8 座梯级水电站（刘世梁等，2016；陈晓舒等，2017），是我国清洁能源西电东送和云电外送的重要基地，其水资源状况时刻影响着沿岸居民的生产生活。

　　澜沧江流域在云南省境内近 15 年的平均降水量为 1298.0mm，与多年平均值相比，偏少 6.7%；地下水平均模数为 21.39 万 m^3/km^2，与多年平均模数相比，偏少 14.5%（王政祥，2018）。澜沧江流域在云南省境内近 15 年的平均地表水资源量为 457.1 亿 m^3，与多年平均值相比，偏少 11.5%；澜沧江流域在云南省境内的地表水资源量占整个流域地表水资源量的 67.3%。

　　澜沧江流域下游地区的水资源开发利用程度相对较高，上游地区的水资源开发利用程度较低。澜沧江流域（云南）主要在流域的中下游，人口较集中、工农业发展水平相对较高，其用水量较大。近 15 年来，平均总用水量占全流域平均总水量的 86%。2003～2017 年，澜沧江流域在云南省境内的农业用水量占总用水量的 80.8%，工业用水占 8.9%，生活用水占 10.3%；澜沧江流域（云南）的农田灌溉用水年平均减少率为 0.75%，林牧渔畜用水量年均增长率为 9.73%，工业用水量年均增长率为 2.14%，城镇生活用水和农村生活用水的年均增长率分别为 4.23% 和 0.87%。总体来看，澜沧江流域在云南省境内的用水量以农业用水为主，工业用水次之。

2.1.5　土地资源

　　澜沧江流域（云南）土地利用以林地为基质，是云南省的主要林区，也是云南省橡胶、甘蔗、茶、松脂、紫胶等经济作物的主要生产区。普洱地区是闻名于世的普洱茶主产区，园地面积约占下游地区面积的 10.26%，耕地相对集中在河谷平原地区，园地主要集中在西双版纳和普洱地区（封志明等，2017）。澜沧江干流从源头至昌都为上游，昌都至功果桥为中游，功果桥至南阿河口为下游。澜沧江流域（云南）主要在中游和下游，其中中游地区属高山峡谷区域，山高谷深，两岸高山对峙，河床坡度大，海拔为 2500～4000m，土地利用以草地和林地为主，其次是裸土、裸岩等类草地的其他土地；下游地区地势趋于平缓，河道呈束放状，有很多盆地地貌景观，海拔 500～1000m，土地利用类型有耕地、园地和草地，以林地和园地为主。

2.1.6　生态环境

澜沧江流域云南省境内森林覆盖率达 68.2%，拥有富庶的森林资源和碳汇资源。其中，森林覆盖率在 80% 以上的有勐腊县、景洪市和漾濞县，永德县、大理市、宾川县、鹤庆县和洱源县的森林覆盖率较低，均在 60% 以下。经济带分布着8 个国家级自然保护区、1 个世界自然遗产、6 个国家森林公园、3 个地质公园、2 个国家湿地公园，有超过全国 1/4 的野生动物和 1/6 的野生植物物种，是我国西南地区较完整的物种基因库，是西南生态安全屏障的重要区域。澜沧江流域生态功能突出，环境质量优良，主要河流监测断面水质基本达到优良，洱海等主要湖泊、水库水质达到水功能要求，主要城市空气质量优良。

2.2　澜沧江流域（云南）农业农村经济发展情况

2.2.1　农村人口分布

截至 2019 年末，该流域内总人口 1044.3593 万人，其中农村人口 794.9839 万人（占全省农村人口的 21.02%），非农村人口 249.3754 万人，农村人口占总人口的 76.12%，所占比重与全省农村人口的比重相当（77.84%）（表 2.1）。各区（县）的农村人口比重为 38.11%～97.32%，其中比重最高的是洱源县和鹤庆县，达97.32% 和 97.13%，洱源县、鹤庆县、永平县、景谷县、巍山县、维西县、剑川县、镇沅县、景东县 9 个县的比例在 90% 以上，昌宁县、兰坪县、澜沧县、西盟县、江城县、孟连县、云县、凤庆县、永德县、双江县、宁洱县、宾川县、勐海县、德钦县 14 个县的比例为 80%～90%，耿马县、南涧县、沧源县、云龙县、临翔区5 个县（区）的比例为 70%～80%，漾濞县、勐腊县、隆阳区 3 个县（区）的比例为 50%～70%，景洪市、大理市的比例为 46%～48%，思茅区最低，为 38.11%。流域乡村从业人口占农村人口的比例为 62.83%，各州（市）比例为 46.96%～87.43%，隆阳区最高，其次是南涧县和漾濞县，分别为 76.50% 和 74.23%，迪庆最低，其余分布在 50%～70%。

表 2.1   澜沧江流域（云南）各州（市）人口统计表

州（市）	县（区）个数/个	年末总人口/万人	农村人口/万人	乡村从业人口/万人
迪庆州	2	22.74	20.2684	11.4963
怒江州	1	22.2023	19.4703	11.4278
保山市	2	134.2	84.1591	65.396
大理州	10	282.41	218.8985	133.2646
临沧市	7	235.107	193.132	117.4193
普洱市	9	228.1	187.9021	115.4295
西双版纳州	3	119.6	71.1535	45.0216
合计	34	1044.3593	794.9839	499.4551

注：表内数据为 2019 年统计数据。

澜沧江流域（云南）内农村常住居民人均可支配收入在 2015～2019 年呈逐渐增长的趋势，在 2019 年达 11 935 元，比 2018 年提高 10.64%，与 2019 年全省农村常住人均可支配收入（11 902 元）相当；其中，大理市最高达 17 628 元，其次依次是宾川县、景洪市、隆阳区和勐海县，分别为 16 913 元、16 447 元、13 843 元和 13 075 元，兰坪县最低，为 7226 元，剑川县、德钦县和维西县为 9000～10 000 元，其余县为 10 000～13 000 元（表 2.2）。

表 2.2   澜沧江流域（云南）各县（市、区）农村常住居民人均可支配收入   （单位：元）

县（市、区）	2015 年	2016 年	2017 年	2018 年	2019 年
隆阳区	9 289	10 392	11 390	12 449	13 843
昌宁县	7 947	9 097	9 952	10 907	12 063
思茅区	8 573	9 366	10 209	11 162	12 337
宁洱县	8 125	9 007	9 953	10 908	12 044
景东县	8 120	8 879	9 776	10 727	11 942
景谷县	8 348	9 162	10 042	11 097	12 232
镇沅县	8 177	9 001	9 964	10 991	12 168
江城县	7 530	8 315	9 080	9 932	11 038
孟连县	7 482	8 226	9 040	9 928	11 003
澜沧县	7 335	8 037	8 873	9 716	10 836
西盟县	7 341	8 135	8 900	9 786	10 836
临翔区	8 132	8 969	9 830	10 774	11 938
凤庆县	8 265	9 099	9 991	10 950	12 122
云县	8 552	9 457	10 441	11 412	12 622

续表

县（市、区）	2015 年	2016 年	2017 年	2018 年	2019 年
永德县	8 237	9 044	9 930	10 853	12 003
双江县	8 051	8 887	9 793	10 753	11 925
耿马县	8 373	9 267	10 249	11 243	12 480
沧源县	7 899	8 658	9 498	10 410	11 513
景洪市	11 409	12 493	13 655	14 898	16 447
勐海县	9 095	9 986	10 935	11 864	13 075
勐腊县	8 209	8 981	9 780	10 699	11 908
大理市	12 150	13 329	14 609	15 953	17 628
漾濞县	8 295	9 075	9 937	10 881	11 969
宾川县	11 615	12 800	14 029	15 320	16 913
南涧县	7 098	7 779	8 448	9 251	10 185
巍山县	7 634	8 428	9 271	10 133	11 217
永平县	7 739	8 552	9 390	10 282	11 331
云龙县	7 563	8 259	9 027	9 848	10 921
洱源县	8 157	8 989	9 852	10 768	11 834
剑川县	6 835	7 477	8 165	8 924	9 888
鹤庆县	7 943	8 713	9 593	10 466	11 534
兰坪县	4 874	5 380	5 934	6 515	7 226
德钦县	6 516	7 115	7 791	8 556	9 449
维西县	6 418	7 015	7 674	8 406	9 331

2.2.2　农业经济发展

2019 年末，该区生产总值 3887.83 亿元（表 2.3）。其中，第一产业、第二产业和第三产业分别占该区生产总值的 21.54%、29.14%、49.32%。澜沧江流域（云南）各州（市）生产总值见表 2.3。流域各县（市、区）第一产业占比分布在 4.95%～41.87%，其中宾川县最高，其次是凤庆县，大理市最低，凤庆县、耿马县、勐腊县、洱源县、云县、永平县、漾濞县、孟连县、镇沅县、景东县、昌宁县 11 个县的占比为 30%～37%，景谷县、巍山县、永德县、沧源县、双江县、江城县、宁洱县、南涧县、勐海县、澜沧县 10 个县的占比为 23%～30%，隆阳区、鹤庆县、西盟县、剑川县、云龙县、景洪市、临翔区、维西县、兰坪县 9 个县（市、区）的占比为 12%～19%，思茅区、德钦县和大理市的占比分别为 8.57%、5.24% 和 4.95%。第二产业占比为 13.23%～44.71%，其中云龙县最高，其次是鹤庆县和兰坪县，孟连县最低。第三产业占比为31.96%～64.31%，其中西盟县和临翔区最高，其次是大理市，昌宁县最低。

表2.3　澜沧江流域（云南）各州（市）生产总值统计表　（单位：亿元）

州（市）	第一产业	第二产业	第三产业	生产总值
临沧市	196.26	180.86	329.90	707.02
保山市	110.63	190.94	207.37	508.94
大理州	207.88	345.30	572.69	1125.87
怒江州	10.07	34.71	37.82	82.60
普洱市	178.25	213.08	405.37	796.70
西双版纳州	124.73	133.96	309.41	568.10
迪庆州	9.53	34.11	54.96	98.60
总计	837.35	1132.96	1917.52	3887.83

2015～2019年澜沧江流域（云南）各州（市）农、林、牧、渔业总产值整体呈上升趋势，具体见表2.4。2019年，澜沧江流域（云南）农、林、牧、渔业总产值为1385.6324亿元，占全省农业总产值的28.07%，其中隆阳区和宾川县农、林、牧、渔业总产值较高，分别为103.48亿元和100.42亿元，其次是景洪市、勐腊县和凤庆县，分别为83.94亿元、73.94亿元和70.81亿元，昌宁县、耿马县、云县、景谷县、景东县5个县的产值为50亿～70亿元，勐海县、洱源县、澜沧县、镇沅县、巍山县、大理市、永德县、临翔区、鹤庆县、南涧县、云龙县、思茅区12个县（市、区）的产值为30亿～50亿元，永平县、孟连县、宁洱县、双江县、沧源县、剑川县、江城县、漾濞县、兰坪县、维西县10个县的产值为10亿～30亿元，西盟县和德钦县较低，分别为6.97亿元和3.39亿元（表2.5）。

表2.4　澜沧江流域（云南）各州（市）农、林、牧、渔业总产值　（单位：亿元）

州（市）	2015年	2016年	2017年	2018年	2019年
迪庆州	11.9233	12.6474	13.2478	13.5421	16.0386
怒江州	11.7975	12.4663	13.0066	12.9873	15.6058
保山市	129.2427	134.7494	140.9544	143.6106	170.7060
大理州	288.9523	306.2850	321.1531	323.2313	383.2599
临沧市	219.1071	233.2251	244.7362	252.8756	301.7592
普洱市	219.8194	232.5615	244.9706	243.5118	290.6599
西双版纳州	152.4494	162.2427	169.5858	173.8999	207.603
总计	1033.2917	1094.1774	1147.6545	1163.6586	1385.6324

表2.5　澜沧江流域（云南）各县（市、区）农、林、牧、渔业总产值　（单位：亿元）

县（市、区）	2015 年	2016 年	2017 年	2018 年	2019 年
隆阳区	77.02	82.39	85.84	89.10	103.48
昌宁县	52.22	52.36	55.12	54.51	67.23
思茅区	22.04	23.36	25.00	25.41	30.37
宁洱县	17.29	18.45	19.53	19.48	23.97
景东县	38.48	40.20	42.32	42.11	50.15
景谷县	48.54	49.09	49.56	48.00	55.20
镇沅县	29.71	31.86	33.53	32.81	39.87
江城县	14.47	15.20	15.71	15.61	18.70
孟连县	17.04	18.30	19.71	20.21	24.22
澜沧县	27.54	31.08	34.20	34.20	41.21
西盟县	4.71	5.02	5.41	5.67	6.97
临翔区	24.48	26.08	27.38	28.50	33.80
凤庆县	50.04	53.26	55.89	59.41	70.81
云县	42.23	45.07	47.36	49.00	58.40
永德县	25.22	26.79	28.06	28.97	34.58
双江县	16.61	17.67	18.52	18.70	22.49
耿马县	43.68	46.49	48.78	49.92	59.69
沧源县	16.84	17.88	18.74	18.38	22.00
景洪市	62.00	65.83	68.76	70.54	83.94
勐海县	34.85	37.28	39.02	40.10	49.72
勐腊县	55.60	59.14	61.81	63.26	73.94
大理市	42.87	45.38	47.03	30.53	34.76
漾濞县	9.89	10.50	11.03	13.27	16.26
宾川县	73.23	77.68	81.73	85.21	100.42
南涧县	21.82	23.12	24.28	25.98	31.58
巍山县	27.84	29.52	31.00	33.13	39.70
永平县	20.87	22.13	23.25	24.88	29.49
云龙县	21.67	22.96	24.10	25.57	30.93
洱源县	35.46	37.60	39.40	41.46	47.82
剑川县	12.02	12.74	13.39	15.48	18.78
鹤庆县	23.27	24.67	25.94	27.72	33.51

续表

县（市、区）	2015 年	2016 年	2017 年	2018 年	2019 年
兰坪县	11.80	12.47	13.01	12.99	15.61
德钦县	2.67	2.81	2.91	2.92	3.39
维西县	9.25	9.84	10.34	10.62	12.65

2.2.3　农业生产情况

2019 年，澜沧江流域（云南）的粮食播种面积为 104.9478 万 hm²。其中，澜沧县粮食播种面积最大，为 8.04 万 hm²，占 7.66%；其次是隆阳区、永德县和云县，分别为 6.73 万 hm²、5.75 万 hm² 和 5.59 万 hm²，共占 17.22%；凤庆县、勐海县、景谷县、景东县、昌宁县的粮食播种面积为 4 万～5 万 hm²，共占 22.16%；镇沅县和云龙县的粮食播种面积为 3 万～4 万 hm²，共占 6.19%；兰坪县、巍山县、耿马县、宁洱县、洱源县、鹤庆县、永平县、南涧县、宾川县、临翔区、沧源县、双江县、维西县、剑川县的粮食播种面积为 2 万～3 万 hm²，共占 33.69%；景洪市、孟连县、勐腊县、思茅区、江城县、漾濞县、大理市、西盟县的粮食播种面积为 1 万～2 万 hm²，共占 12.56%；德钦县最小，为 0.54 万 hm²，占 0.51%。不同的粮食作物中，玉米种植面积最大，占 50.09%；其次是稻谷，占 19.12%；豆类占 12.40%；小麦和薯类较低，分别占 7.52% 和 5.66%（表 2.6）。玉米主要种植在澜沧县、永德县、隆阳区、云县、景谷县、勐海县、凤庆县和镇沅县，面积在 2 万 hm² 以上；德钦县最小，为 0.20 万 hm²；其他县的面积为 0.53 万～2 万 hm²。稻谷主要种植在勐海县、澜沧县和隆阳区，面积分别为 2.50 万 hm²、2.30 万 hm² 和 1.10 万 hm²，占流域总量的 29.40%；德钦县最小，为 0.01 万 hm²；其余县种植面积为 0.14 万～1 万 hm²。薯类主要种植在景谷县、永德县，面积分别为 0.48 万 hm² 和 0.43 万 hm²，占流域总播种面积的 15.33%；兰坪县、云县、隆阳区、景东县、剑川县的面积为 0.3 万～0.4 万 hm²，占流域总播种面积的 35.99%；澜沧县、临翔区、洱源县、维西县、双江县的面积为 0.2 万～0.3 万 hm²，占流域总播种面积的 21.44%；勐腊县最小；其余县种植面积为 0.01 万～0.2 万 hm²。

表 2.6　澜沧江流域（云南）主要粮食作物的播种面积　　　（单位：万 hm²）

州（市）	粮食	稻谷	小麦	玉米	豆类	蚕豆	薯类
迪庆州	2.6955	0.1632	0.4037	1.2332	0.3107	0.0370	0.2576
怒江州	3.1431	0.1838	0.4690	0.9147	0.8111	0.1465	0.3724
保山市	11.1178	1.8920	0.5203	4.8886	1.9720	0.7613	0.7519
大理州	23.8397	4.2297	1.2113	10.5214	3.7778	2.2337	1.3938
临沧市	25.7537	3.8348	3.0052	13.5205	3.1957	1.1915	1.7158

续表

州（市）	粮食	稻谷	小麦	玉米	豆类	蚕豆	薯类
普洱市	29.8763	6.6982	2.2814	16.2691	2.8022	0.6177	1.3725
西双版纳州	8.5217	3.0677	0	5.2168	0.1426	0.0139	0.0734
总计	104.9478	20.0694	7.8909	52.5643	13.0121	5.0016	5.9374

流域的粮食产量为 458.07 万 t，占全省全年粮食总产量的 24.5%。其中，玉米产量最高，为 248.79 万 t，占 54.31%；其次是稻谷，为 124.40 万 t，占 27.16%；豆类、薯类、小麦产量分别占 7.01%、4.43% 和 3.55%。从各县（市、区）粮食产量分布来看，隆阳区最高，为 49.76 万 t（占比为 10.86%）；其次是勐海县、澜沧县、昌宁县、云县和永德县，粮食产量分布在 20 万～30 万 t（占比为 25.75%）；景东县、洱源县、凤庆县、巍山县、景谷县、宾川县、云龙县、鹤庆县、镇沅县、耿马县、南涧县、永平县、大理市的粮食产量分布在 10 万～20 万 t（占比为 40.13%）；临翔区、景洪市、剑川县、勐腊县、宁洱县、兰坪县、沧源县、双江县、孟连县、漾濞县、维西县、思茅区、江城县的粮食产量分布在 5 万～10 万 t（占比为 21.87%）；西盟县和德钦县最低，分别为 4.12 万 t 和 2.21 万 t（表 2.7）。从玉米作物产量分布来看，隆阳区产量最高，为 26.40 万 t；其次是永德县、澜沧县、云县、勐海县、宾川县，产量分布在 10 万～15 万 t；其他县玉米产量均在 10 万 t 以下。从稻谷产量分布来看，勐海县产量最高，为 18.18 万 t；其次是隆阳区和澜沧县，产量分别为 11.53 万 t 和 10.06 万 t；其他县稻谷产量均在 7 万 t 以下。从豆类产量分布来看，隆阳区产量最高，为 5.35 万 t；其次是洱源县和巍山县，产量分别为 3.63 万 t 和 2.33 万 t；其他县豆类产量均在 2 万 t 以下。从薯类产量分布来看，隆阳区产量最高，为 2.77 万 t；其次是景东县，产量为 1.78 万 t；昌宁县、洱源县、永德县、兰坪县、剑川县的豆类产量分布在 1 万～2 万 t；其他县豆类产量均在 1 万 t 以下（表 2.7）。

表 2.7　澜沧江流域各县（市、区）的主要粮食作物和经济作物的产量　　（单位：万 t）

县（市、区）	粮食	稻谷	小麦	玉米	豆类	蚕豆	薯类	油料	花生	油菜籽	甘蔗	烤烟	茶叶	水果
隆阳区	49.76	11.53	1.08	26.40	5.35	1.23	2.77	1.11	0.10	0.98	27.50	1.15	0.24	11.23
昌宁县	21.78	6.66	0.73	9.91	1.44	0.44	1.55	0.62	0.04	0.58	39.96	1.06	2.84	1.08
思茅区	6.44	1.70	0.28	4.10	0.28	0.09	0.05	0.07	0.06	0.00	0.03	0.17	1.59	1.58
宁洱县	8.34	2.12	0.73	4.83	0.31	0.09	0.31	0.21	0.13	0.08	0.05	0.49	1.23	0.17
景东县	19.05	5.02	1.54	9.06	1.58	0.30	1.78	0.08	0.08	0.23	22.54	1.13	1.31	1.00
景谷县	15.58	3.54	0.55	9.96	0.62	0.12	0.79	0.33	0.15	0.18	54.80	0.99	1.29	3.62
镇沅县	11.87	2.47	0.99	7.91	0.38	0.09	0.09	0.29	0.06	0.23	2.78	1.33	0.48	0.58

续表

县（市、区）	粮食	稻谷	小麦	玉米	豆类	蚕豆	薯类	油料	花生	油菜籽	甘蔗	烤烟	茶叶	水果
江城县	5.04	1.05	0.02	3.89	0.02	0.00	0.05	0.03	0.03	0.00	2.28	0.00	1.30	12.89
孟连县	7.24	4.28	0.00	2.77	0.10	0.02	0.02	0.05	0.05	0.00	40.71	0.00	0.46	3.12
澜沧县	25.32	10.06	0.24	13.55	0.61	0.14	0.67	0.27	0.20	0.06	111.96	0.00	2.04	2.15
西盟县	4.12	1.50	0.05	2.45	0.01	0.00	0.01	0.02	0.01	0.00	18.54	0.00	0.33	0.40
临翔区	9.43	1.69	0.35	6.15	0.66	0.23	0.54	1.44	0.02	1.41	10.87	0.78	1.74	0.62
凤庆县	16.73	3.39	1.94	9.49	1.17	0.41	0.49	0.23	0.00	0.23	32.23	0.92	3.68	0.78
云县	21.07	4.53	1.25	13.25	0.98	0.42	0.88	0.23	0.03	0.20	52.09	0.40	2.53	1.41
永德县	20.20	2.25	0.57	14.13	1.60	0.32	1.46	0.12	0.07	0.02	29.33	0.61	1.65	4.46
双江县	7.27	1.76	0.37	4.10	0.43	0.15	0.53	0.18	0.02	0.16	40.04	0.34	1.38	1.24
耿马县	11.58	4.43	0.15	5.74	0.78	0.16	0.45	0.20	0.08	0.12	202.24	0.25	1.35	7.84
沧源县	7.75	1.89	0.00	5.18	0.28	0.00	0.13	0.08	0.01	0.06	57.80	0.28	0.96	1.03
景洪市	9.17	1.62	0.00	7.49	0.02	0.00	0.04	0.04	0.04	0.00	1.20	0.00	1.74	28.00
勐海县	29.59	18.18	0.00	11.11	0.15	0.00	0.06	0.06	0.00	0.00	84.34	0.00	2.84	10.51
勐腊县	8.50	1.58	0.00	6.87	0.05	0.00	0.00	0.00	0.00	0.00	1.87	0.00	0.57	22.85
大理市	10.24	2.94	0.34	4.20	1.37	1.29	0.72	0.22	0.00	0.21	0.00	0.27	0.01	1.13
漾濞县	7.18	1.22	0.53	4.38	0.54	0.17	0.41	0.10	0.00	0.10	0.00	0.24	0.00	0.50
宾川县	15.35	2.75	0.12	11.01	0.94	0.68	0.25	0.54	0.05	0.47	0.06	0.59	0.00	62.91
南涧县	10.86	0.95	0.72	6.38	1.30	0.17	0.42	0.14	0.00	0.14	0.04	0.64	0.65	1.06
巍山县	16.06	4.82	0.50	7.12	2.33	1.45	0.21	0.50	0.00	0.50	0.00	0.71	0.04	3.60
永平县	10.85	2.51	0.62	5.43	0.88	0.20	0.28	0.04	0.00	0.18	0.00	0.47	0.21	0.30
云龙县	14.14	3.13	0.32	8.65	0.85	0.51	0.47	0.05	0.00	0.05	0.04	0.51	0.05	1.65
洱源县	17.52	4.50	0.11	6.13	3.63	2.45	1.51	0.10	0.00	0.10	0.00	0.57	0.00	2.14
剑川县	8.64	2.69	0.24	3.10	0.86	0.41	1.06	0.06	0.00	0.06	0.00	0.46	0.00	0.90
鹤庆县	14.02	5.72	0.11	5.31	0.65	0.53	0.41	0.09	0.02	0.05	0.43	0.35	0.00	3.38
兰坪县	8.05	0.97	0.81	3.29	1.12	0.19	1.27	0.04	0.00	0.01	0.00	0.00	0.00	0.61
德钦县	2.21	0.03	0.48	1.18	0.13	0.02	0.06	0.01	0.00	0.00	0.00	0.00	0.00	0.61
维西县	7.12	0.90	0.44	4.27	0.70	0.07	0.48	0.17	0.00	0.17	0.00	0.00	0.00	0.39

　　对于经济作物，流域甘蔗产量最高，为 833.73 万 t；其次为水果（195.74 万 t）、烤烟（14.71 万 t）、油料（8.11 万 t，主要为油菜籽 6.58 万 t）；花生最低，为 1.33 万 t。其中，甘蔗主要分布在耿马县，产量为 202.24 万 t；其次为澜沧县和勐海县，产量分别为 111.96 万 t 和 84.34 万 t；沧源县、景谷县和云县的产量为 50 万~60 万 t；孟连县、双江县、昌宁县、凤庆县、永德县、隆阳区、景东县的产

量为 20 万~41 万 t；西盟县和临翔区的产量分别为 18.54 万 t 和 10.87 万 t；镇沅县、江城县、勐腊县和景洪市的产量分布在 1 万~3 万 t；其余县低于 0.5 万 t。茶叶主要分布在凤庆县，产量为 3.68 万 t；其次为昌宁县、勐海县、云县和澜沧县，为 2 万~3 万 t；景洪市、临翔区、永德县、思茅区、双江县、耿马县、景东县、江城县、景谷县、宁洱县的产量为 1 万~2 万 t；沧源县、南涧县、勐腊县、镇沅县、孟连县、西盟县、隆阳区、永平县的产量为 0.2 万~1 万 t；其余县茶叶产量在 0.05 万 t 以下。水果主要分布在宾川县，产量为 62.91 万 t；其次为景洪市和勐腊县，分别为 28.00 万 t 和 22.85 万 t；江城县、隆阳区和勐海县的产量为 10 万~13 万 t；其余县低于 8 万 t。烤烟产量最高的为镇沅县（1.33 万 t）；其次为隆阳区、景东县、昌宁县，产量为 1 万~1.2 万 t；景谷县、凤庆县、临翔区、巍山县、南涧县、永德县、宾川县、洱源县、云龙县的产量为 0.5 万~1 万 t；其余县烤烟产量均在 0.5 万 t 以下。

2019 年，澜沧江流域（云南）内，猪、牛、家禽的存栏量分别为 782.24 万头、216.94 万头、256.88 万羽，猪、牛、家禽出栏量分别为 918.01 万头、82.11 万头和 4.71 万羽，肉产量分别为 75.56 万 t、9.35 万 t、3804.61 万 t（表 2.8）；禽蛋产量为 4937.77 万 t；奶类产量为 8.35 万 t，其中牛奶产量 5.42 万 t，蜂蜜产量 19.59t（表 2.9）。从猪的出栏量来看，主要分布在隆阳区，为 83.92 万头；其次是云县、永德县、凤庆县和昌宁县，出栏量在 70 万~80 万头；鹤庆县、澜沧县、景东县、镇沅县的猪出栏量在 35 万~50 万头；宾川县、宁洱县、大理市、景洪市的猪出栏量在 20 万~30 万头；景谷县、云龙县、思茅区、永平县、兰坪县、巍山县、南涧县、维西县的猪出栏量在 15 万~20 万头；其他县的猪出栏量在 15 万头以下；德钦县最低，为 2.82 万头。从牛的存栏量来看，主要分布在隆阳区、澜沧县、昌宁县、云县、云龙县和景东县，为 10 万~17 万头；其次是永德县、凤庆县、巍山县、剑川县、南涧县、永平县、耿马县、漾濞县、洱源县、兰坪县、景谷县、鹤庆县、宾川县，存栏量为 5 万~10 万头；其他县的牛存栏量在 5 万头以下。从家禽的出栏量来看，主要分布在云龙县（0.50 万羽）；其次是巍山县、鹤庆县和隆阳区，出栏量在 0.3 万~0.5 万羽；云县、宾川县、昌宁县、剑川县、洱源县、兰坪县的出栏量在 0.2 万~0.3 万羽；南涧县、景东县、凤庆县、漾濞县、永平县、临翔区的出栏量在 0.1 万~0.2 万羽；其他县的家禽的出栏量在 0.1 万羽以下。

表 2.8　澜沧江流域（云南）各县（市、区）畜牧业生产情况

县（市、区）	猪			牛			家禽		
	存栏量/万头	出栏量/万头	肉产量/万 t	存栏量/万头	出栏量/万头	肉产量/万 t	存栏量/万羽	出栏量/万羽	肉产量/万 t
隆阳区	72.39	83.92	7.13	17.04	4.97	0.58	16.19	0.30	188.80

续表

县(市、区)	猪			牛			家禽		
	存栏量/万头	出栏量/万头	肉产量/万t	存栏量/万头	出栏量/万头	肉产量/万t	存栏量/万羽	出栏量/万羽	肉产量/万t
昌宁县	56.44	70.28	5.97	14.64	4.41	0.48	13.67	0.26	116.77
思茅区	13.80	18.21	1.50	1.56	0.60	0.05	1.71	0.03	147.18
宁洱县	22.73	26.42	2.18	3.93	1.47	0.15	2.10	0.05	63.94
景东县	45.99	37.72	2.66	10.03	3.53	0.28	8.76	0.18	218.41
景谷县	24.30	19.53	1.56	5.74	1.63	0.15	2.87	0.07	168.69
镇沅县	30.58	35.32	2.83	4.93	1.62	0.19	5.00	0.09	136.57
江城县	5.54	6.96	0.56	1.83	0.91	0.08	0.54	0.01	29.55
孟连县	6.92	9.56	0.76	1.00	0.45	0.04	0.30	0.01	44.32
澜沧县	46.49	41.25	3.38	15.55	3.55	0.28	1.26	0.03	339.49
西盟县	4.86	5.58	0.38	1.67	0.61	0.05	0.29	0.01	26.44
临翔区	12.65	14.24	1.17	4.19	1.05	0.12	4.91	0.10	92.59
凤庆县	60.20	71.41	5.86	9.67	3.82	0.42	9.52	0.17	126.92
云县	66.49	78.09	6.41	13.11	2.84	0.30	16.66	0.28	282.90
永德县	57.00	75.74	6.22	9.76	3.12	0.47	4.31	0.09	151.68
双江县	7.92	10.00	0.82	3.36	1.07	0.11	2.37	0.05	71.69
耿马县	11.61	12.89	1.06	6.91	2.22	0.23	3.20	0.05	111.18
沧源县	7.12	7.93	0.65	3.39	1.13	0.14	0.55	0.01	70.10
景洪市	10.36	20.27	1.43	1.53	1.53	0.15	0.72	0.01	174.40
勐海县	3.71	11.48	0.79	2.56	1.52	0.18	0.47	0.01	140.20
勐腊县	9.74	13.00	1.00	1.72	1.96	0.25	0.60	0.01	107.47
大理市	11.10	25.91	2.44	1.30	1.55	0.21	1.01	0.02	189.22
漾濞县	12.06	9.93	0.82	6.38	2.25	0.23	10.95	0.17	44.19
宾川县	21.16	29.32	2.81	5.24	1.80	0.22	14.28	0.27	65.78
南涧县	16.24	16.84	1.29	8.10	5.40	0.60	12.32	0.18	168.50
巍山县	17.46	16.92	1.52	9.66	6.60	0.82	25.70	0.44	102.26
永平县	20.07	17.07	1.30	7.01	3.36	0.33	11.97	0.16	85.13
云龙县	23.22	19.33	1.84	10.79	4.24	0.59	22.60	0.50	46.17
洱源县	7.92	14.56	1.34	5.79	3.18	0.44	10.64	0.24	42.85
剑川县	15.14	13.23	1.13	8.49	4.22	0.54	14.04	0.26	43.36
鹤庆县	27.82	49.88	4.28	5.37	3.18	0.41	17.91	0.33	66.78

续表

县（市、区）	猪			牛			家禽		
	存栏量/万头	出栏量/万头	肉产量/万 t	存栏量/万头	出栏量/万头	肉产量/万 t	存栏量/万羽	出栏量/万羽	肉产量/万 t
兰坪县	15.34	16.95	1.10	5.78	0.88	0.11	13.45	0.22	43.40
德钦县	4.59	2.82	0.21	4.17	0.51	0.06	0.65	0.01	13.35
维西县	13.28	15.45	1.16	4.74	0.93	0.09	5.36	0.09	84.33
合计	782.24	918.01	75.56	216.94	82.11	9.35	256.88	4.71	3804.61

隆阳区的猪肉产量最高，为 7.13 万 t；其次是云县、永德县、昌宁县、凤庆县，猪肉产量为 5 万～7 万 t；鹤庆县、澜沧县、镇沅县、宾川县、景东县、大理市、宁洱县的猪肉产量为 2 万～5 万 t；其他县均在 2 万 t 以下，其中德钦县最低，为 0.21 万 t。巍山县的牛肉产量最高，为 0.82 万 t；其次是南涧县、云龙县、隆阳区和剑川县，牛肉产量为 0.5 万～0.6 万 t；昌宁县、永德县、洱源县、凤庆县、鹤庆县、永平县和云县的牛肉产量为 0.3 万～0.5 万 t；景东县、澜沧县、勐腊县、漾濞县、耿马县、宾川县和大理市的牛肉产量为 0.2 万～0.3 万 t；其他县均在 0.2 万 t 以下，其中孟连县最低，为 0.04 万 t。澜沧县的家禽肉产量最高，为 339.49 万 t；其次是云县和景东县，家禽肉产量分别为 282.90 万 t 和 218.41 万 t；大理市、隆阳区、景洪市、景谷县、南涧县、永德县的家禽肉产量为 150 万～200 万 t；思茅区、勐海县、镇沅县、凤庆县、昌宁县、耿马县、勐腊县、巍山县的家禽肉产量为 100 万～150 万 t；其他县均在 150 万 t 以下，其中德钦县最低，为 13.35 万 t。

渔业的发展在迪庆和怒江处于较低水平，保山存在怒江的跨流域捕捞干扰，水产品产量在不同区域差异较大。2019 年澜沧江流域（云南）区域内水产品产量为 19.09 万 t，其中洱源县和大理市的水产品产量居前两位，分别为 6.79 万 t 和 4.93 万 t，占区域总产量的 61.39%；剑川县、鹤庆县、宾川县、德钦县和巍山县的水产品产量为 0.6 万～3 万 t，占区域总产量的 37.34%；其余县的水产品产量均在 0.1 万 t 以下。

表 2.9　澜沧江流域（云南）各县（市、区）畜牧业、水产品生产情况

县（市、区）	禽蛋产量/万 t	奶类产量/万 t	牛奶产量/万 t	蜂蜜产量/t	水产品产量/万 t
隆阳区	338.20	0.82	0.46	0.10	0.10
昌宁县	185.36	0.37	0.13	0.00	0.00
思茅区	154.48	0.24	0.23	0.01	0.01
宁洱县	93.77	0.14	0.14	0.00	0.00

县(市、区)	禽蛋产量/万 t	奶类产量/万 t	牛奶产量/万 t	蜂蜜产量/t	水产品产量/万 t
景东县	336.68	0.57	0.16	0.00	0.00
景谷县	153.01	0.24	0.12	0.00	0.00
镇沅县	162.13	0.24	0.15	0.00	0.00
江城县	31.53	0.04	0.04	0.00	0.00
孟连县	46.05	0.06	0.04	0.00	0.00
澜沧县	211.62	0.19	0.06	0.00	0.00
西盟县	34.56	0.06	0.08	0.00	0.00
临翔区	136.40	0.20	0.02	0.01	0.01
凤庆县	219.59	0.34	0.07	0.00	0.00
云县	506.25	0.73	0.07	0.02	0.02
永德县	166.79	0.24	0.24	0.00	0.00
双江县	77.05	0.11	0.14	0.00	0.00
耿马县	145.73	0.21	0.10	0.00	0.00
沧源县	61.54	0.09	0.04	0.00	0.00
景洪市	266.07	0.40	0.13	0.00	0.00
勐海县	145.21	0.18	0.26	0.00	0.00
勐腊县	124.79	0.19	0.15	0.00	0.00
大理市	277.33	0.61	1.08	4.93	4.93
漾濞县	66.53	0.11	0.05	0.06	0.06
宾川县	83.26	0.21	0.15	0.76	0.76
南涧县	294.32	0.50	0.17	0.02	0.02
巍山县	191.66	0.38	0.21	0.64	0.64
永平县	68.81	0.15	0.04	0.00	0.00
云龙县	92.40	0.20	0.34	0.00	0.00
洱源县	44.79	0.09	0.13	6.79	6.79
剑川县	53.75	0.11	0.10	3.25	2.75
鹤庆县	76.48	0.17	0.21	2.35	2.35
兰坪县	44.75	0.07	0.07	0.0018	0.0018
德钦县	12.68	0.03	0.02	0.65	0.65
维西县	34.20	0.06	0.02	0.00	0.00
合计	4937.77	8.35	5.42	19.59	19.09

2.3　澜沧江流域（云南）农业农村产业结构对水系的生态环境影响分析

2.3.1　澜沧江（云南）水质状况

2019 年 11 月、12 月及 2020 年 1 月澜沧江水系干流水质均为优，2020 年 2～10 月澜沧江水系干流水质为良好。开展监测的主要河流断面中（国控断面 6 个和省控断面 48 个），水质优，符合 Ⅰ～Ⅱ 类标准的断面占 51%～73%；水质良好，符合Ⅲ类标准的断面占 14.8%～31.9%；水质轻度污染，符合Ⅳ类标准的断面占 1.85%～10.64%；水质中度污染，符合Ⅴ类标准的断面占 0～6.38%；水质重度污染，劣于Ⅴ类标准的断面占 0～7.41%。

从 2019～2020 年澜沧江水系干流水质状况看（表 2.10），思茅河除 2020 年 2 月外均为重度污染，西洱河在半年时间内为重度污染，其余为中度或轻度污染，罗闸河和流沙河仅在个别月份为中度污染，弥苴河主要在 2020 年 9 月表现为轻度污染，南腊河在 2020 年 10～12 月表现为中度或轻度污染，威远江在 2019 年 12 月表现为轻度污染，其余河流水质表现均为优良。

表 2.10　2019～2020 年澜沧江（云南）主要支流的水质状况

年-月	重度污染	中度污染	轻度污染
2019-11	思茅河、西洱河	罗闸河	南腊河
2019-12	思茅河、西洱河	—	威远江、南腊河
2020-1	思茅河、西洱河	—	威远江
2020-2	—	思茅河、西洱河	—
2020-3	思茅河、西洱河	—	—
2020-4	思茅河、西洱河	流沙河	—
2020-5	思茅河、西洱河	—	—
2020-6	思茅河、西洱河	—	—
2020-7	思茅河	—	西洱河
2020-8	思茅河	—	西洱河
2020-9	思茅河	—	弥苴河、西洱河
2020-10	思茅河	西洱河	南腊河
2020-11	思茅河	西洱河	南腊河
2020-12	思茅河	南腊河、西洱河	—

2020 年 9～11 月采集了澜沧江流域（云南）澜沧江及其主要支流的水样，共获得 106 个水样，检测了水样的 pH 值、电导率、总氮（total nitrogen, TN）、NO_3^--N、NH_4^+-N、总磷（total phosphorus, TP）和化学需氧量（chemical oxygen demand, COD）等指标，并利用空间差值法分析水质的空间分布特征。水样的 pH 值分布在 7.09～8.22，在德钦县、兰坪县、云龙县、永平县、隆阳区和西双版纳州较低，在景谷县、西盟县、孟连县、宁洱县、镇沅县、双江县和澜沧县境内水样 pH 值较高，其他区域水样 pH 值主要分布在 7.7～7.9。水样电导率在德钦县、维西县和镇沅县的小部分区域较高，为 300μS/cm 以上；在流域下游的西部较低，其次为流域的东部。

结合地表水质量标准，从 COD 浓度的分布来看，澜沧江水系在云南境内的永德县、耿马县、沧源县和南部区域水系 COD 浓度小于 15mg/L，主要为勐海县、景洪市、宁洱县、思茅区、江城县、沧源县、耿马县和永德县等；大理州和保山市的 COD 浓度为 30～40mg/L，为Ⅴ类水；中部区域，如澜沧县、孟连县、西盟县、景谷县、景东县、云县、双江县等的 COD 浓度在 40mg/L 以上，为劣Ⅴ类水。

结合地表水质量标准，从 TN 浓度的分布来看，主要为Ⅱ～Ⅳ类水，东南区域水质较差。其中，德钦县和维西县的水质为Ⅱ类水，兰坪县、大理市、剑川县、云龙县、漾濞县、南涧县、昌宁县、凤庆县、景东县、镇沅县、澜沧县、西盟县、孟连县、勐海县和勐腊县等水质为Ⅲ类水，流域内临沧市、普洱市、西双版纳州的大部分县水质为Ⅳ类水，主要包括双江县、云县、耿马县、临翔区等。宁洱县、思茅区、江城县、景洪市、勐海县部分区域等主要为Ⅴ类水，思茅区和宁洱县部分区域、勐海县部分区域等为劣Ⅴ类水。从 NO_3^--N 浓度的分布来看，澜沧江水系（云南）的 NO_3^--N 浓度主要分布在 0.2～1mg/L，上游和下游水系 NO_3^--N 浓度为 0.2～0.5mg/L，其中主要包括德钦县、维西县和大理州的大部分县、景谷县、澜沧县、孟连县、西盟县和西双版纳州，中部和东南地区主要水系 NO_3^--N 浓度为 0.5～1mg/L，包括江城县、思茅区、宁洱县、大理州南部的县和临沧市的主要县等。从 NH_4^+-N 浓度的分布来看，澜沧江水系（云南）的 NH_4^+-N 浓度主要分布在 0～0.5mg/L，为Ⅰ～Ⅱ类水，低于Ⅳ类水的为少数县，如宁洱县和思茅区。从 TP 浓度的分布来看，澜沧江水系（云南）的 TP 浓度主要分布在 0.3～1mg/L，为Ⅴ类和劣Ⅴ类水，迪庆州、临沧市和普洱市的大部分县为Ⅰ～Ⅲ类水，西双版纳州水系的 TP 浓度最高。

2.3.2　澜沧江流域（云南）土壤状况

2020 年 9～11 月，调研组采集了澜沧江流域（云南）种植主要作物的土样，共获得 131 个土样，检测了土样的 pH 值、全氮、有机质和速效磷指标。土壤 pH 值分布在 4.64～6.65，种植玉米、蔬菜、烤烟、水稻作物土壤的 pH 值在 6 以上，咖啡地的 pH 值最低（表 2.11）。蔬菜园的土壤全氮含量最高，为 3.54g/kg；其次是烤烟园、核桃园和茶园，土壤全氮含量分布在 2～3g/kg；其余作物的土壤全氮含量均在 2g/kg 以下，其中橡胶园、咖啡园和果园的土壤全氮含量低。蔬菜园和茶园的土壤有机质含量较高，在 50g/kg 以上；其次是甘蔗园和坚果园；橡胶园的土壤有机质含量最低。从土壤 C/N 来看，甘蔗地土壤 C/N 最高，为 20.20；其次是茶园、咖啡地、坚果地和橡胶地，土壤 C/N 为 11～14；玉米园、水稻园、烤烟园、蔬菜园较低，为 8～10。蔬菜地的土壤速效磷含量最高，为 103.82mg/kg；其次是果园和咖啡地，其土壤速效磷含量分布在 70～80mg/kg；甘蔗园和坚果园的土壤速效磷含量分布在 60～70mg/kg；种植玉米、水稻、烤烟、核桃的土壤速效磷含量分布在 40～50mg/kg；其余作物的土壤速效磷含量均在 40mg/kg 以下，其中橡胶园最低（表 2.11）。

表 2.11 澜沧江流域（云南）作物土壤状况

作物	pH 值	全氮/（g/kg）	有机质/（g/kg）	C/N	速效磷/（mg/kg）
玉米	6.31	1.74	26.60	9.13	41.61
茶叶	5.19	2.32	54.56	13.36	33.47
水果	5.68	1.34	25.04	11.51	77.98
水稻	6.16	1.81	29.01	9.13	47.58
甘蔗	5.40	1.35	43.41	20.20	64.06
核桃	5.89	2.39	39.45	9.64	49.66
蔬菜	6.65	3.54	51.16	8.45	103.82
橡胶	5.65	1.03	21.22	11.71	18.14
烤烟	6.28	2.51	37.86	8.40	49.81
咖啡	4.64	1.34	29.90	13.07	71.04
坚果	5.58	1.85	42.01	13.27	62.35

从土壤 pH 值的分布来看，从流域云南省境内入口到出口，土壤 pH 值整体呈降低的趋势，德钦县和维西县、大理州西部的土壤 pH 值为 6.5～7.5，流域下游的西部和南部为 4.5～5.5，流域中部和西部为 5.5～6.5。结合土壤养分分级和土壤有机质含量的分布来看，流域土壤有机质含量在 20g/kg 以上。大理州部分县、云县、景东县、景谷县、江城县、思茅区、景洪市和勐腊县的土壤有机质为 10～30g/kg。流域的北部和西部地区土壤有机质含量在 30g/kg 以上。从土壤全氮含量的分布来看，从流域云南省境内入口到出口，土壤全氮含量整体呈降低的趋势，德钦县和维西县、大理州大部分县、凤庆县、永德县、镇沅县和思茅区的土壤全氮含量在 2g/kg 以上，流域东南部为 1～1.5g/kg，流域东部为 1.5～2g/kg。流域土壤速效磷含量在 30mg/kg 以上，仅少部分区域土壤有效磷含量为 10～30mg/kg。流域南部、

兰坪县和维西县南部的土壤 C/N 最高，在 12 以上；东南部的江城县、思茅区、勐腊县大部分的土壤 C/N 为 10～11，勐腊县部分区域土壤 C/N 低于 10；德钦县、维西县北部、大理州、隆阳区、景东县、云县等土壤 C/N 在 10 以下，以 7～9 居多。

2.3.3　种植业对澜沧江流域（云南）水质的影响

澜沧江流域（云南）耕地面积 1335 万亩，粮食播种面积为 1574 万亩，其中玉米的播种面积最大，为 773.4 万亩，其次为稻谷 321.3 万亩，小麦 121.9 万亩，豆类 193.9 万亩，薯类 84.98 万亩。耕地面积前两位的是澜沧县和耿马县，均在 100 万亩以上，勐海县、云县、隆阳区、永德县、沧源县、景谷县的耕地面积为 50 万～100 万亩，景东县、凤庆县、兰坪县、镇沅县、昌宁县、勐腊县、宾川县、景洪市、临翔区、双江县、江城县、宁洱县的耕地面积为 30 万～50 万亩，巍山县、云龙县、洱源县、鹤庆县、维西县、永平县、南涧县、思茅区、剑川县、西盟县、大理市、漾濞县的耕地面积为 10 万～30 万亩，德钦县和孟连县的耕地面积在 5 万亩以下（表 2.12）。

表 2.12　澜沧江流域（云南）各县（市、区）的耕地面积和化肥施用量

州（市）	县（市、区）	耕地面积/万亩	化肥施用量/万 t
保山市	隆阳区	62.2	12.77
	昌宁县	41.7	7.00
普洱市	思茅区	20.0	0.87
	宁洱县	30.1	0.55
	景东县	50.0	0.85
	景谷县	53.4	3.83
	镇沅县	43.3	0.90
	江城县	31.1	1.06
	孟连县	2.0	0.57
	澜沧县	114.2	2.44
	西盟县	19.3	1.57
临沧市	临翔区	36.0	4.55
	凤庆县	48.1	6.72
	云县	68.2	10.84
	永德县	62.1	6.55
	双江县	35.3	7.70
	耿马县	102.7	4.58
	沧源县	55.1	1.05

续表

州（市）	县（市、区）	耕地面积/万亩	化肥施用量/万 t
	景洪市	36.6	2.88
西双版纳州	勐海县	87.8	2.26
	勐腊县	38.6	5.43
	大理市	13.0	0.60
	漾濞县	12.3	0.42
	宾川县	36.8	2.79
	南涧县	20.6	0.80
	巍山县	29.9	0.52
大理州	永平县	21.4	0.64
	云龙县	25.3	1.57
	洱源县	24.4	0.96
	剑川县	19.4	0.46
	鹤庆县	22.5	3.25
怒江州	兰坪县	44.6	1.11
迪庆州	德钦县	4.8	0.16
	维西县	21.8	0.99
合计		1334.7	99.22

澜沧江流域化肥施用量99.22万 t（以2018年数据为主），主要为隆阳区和云县，其化肥施用量超过10万 t，其次为双江县、昌宁县、凤庆县、永德县和勐腊县，在5万~10万 t，耿马县、临翔区、景谷县、鹤庆县、景洪市、宾川县、澜沧县、勐海县、云龙县、西盟县、兰坪县、江城县、沧源县的化肥施用量在1万~5万 t，维西县、洱源县、镇沅县、思茅区、景东县、南涧县、永平县、大理市、孟连县、宁洱县、巍山县的化肥施用量在0.5万~1万 t，剑川县、漾濞县、德钦县的化肥施用量，均低于0.5万 t。

从耕地面积和化肥施用量综合分析，孟连县施肥强度最高，其次是双江县和隆阳区，最低的是景东县；超过50%的县（市、区）的施肥强度在50kg/亩以下。

2.3.4　畜禽养殖业对澜沧江（云南）水质的影响

2018年，澜沧江流域（云南）内，猪、牛、羊、家禽的存栏量分别为798.16万头、203.97万头、297.16万头、3338.76万羽，出栏量分别为917.08万头、73.44万头、257.38万头和4587.12万羽。按照生长期计算不同动物的污染物产生量，其中生猪和肉鸡饲养期小于1年，按照不同饲养期特性乘以饲养天数累积求和获得；对于奶牛、肉牛和蛋鸡的饲养期超过365d的畜种，以年为单位。猪饲养期为199d，以出栏量作为饲养量；牛、羊、马、驴骡、蛋鸡的饲养期大于 365d，以年底存栏量为饲养量；肉鸡、鸭、鹅饲养量计为禽类出栏量，饲养期为 210d。根据包维卿等（2018）的畜禽排泄系数及张羽飞等（2019）的粪便养分含量分析方法，核算得澜沧江流域畜禽养殖的粪污产生量为 4465 万 t，其中猪、牛、羊和家禽的粪便产生量分别为 600.4 万 t、3384.6 万 t、244.04 万 t 和 235.7 万 t。从不同州（市）来看，澜沧江流域畜禽养殖的粪便产生主要发生在大理州，为 1454.8 万 t；其次是临沧市，为 1061.2 万 t；普洱市和保山市分别为 870.8 万 t 和 651.4 万 t；西双版纳州、迪庆州和怒江州较低，均在 170 万 t 以下。从不同区县来看，澜沧江流域畜禽养殖的粪便主要产生于隆阳区，为 355.6 万 t；其次为昌宁县、云县，为 250 万～300 万 t；凤庆县、澜沧县、云龙县、永德县和巍山县为 200 万～250 万 t；景东县、南涧县和剑川县为 150 万～200 万 t；永平县、鹤庆县、耿马县、漾濞县、景谷县、镇沅县、兰坪县、宾川县、洱源县为 100 万～150 万 t；其余均低于 100 万 t，孟连县最低，为 25 万 t。

澜沧江流域畜禽养殖的 TN 产生量为 18.21 万 t，其中猪、牛、羊和家禽的 TN 产生量分别为 1.43 万 t、11.88 万 t、2.47 万 t 和 2.43 万 t；TP 产生量为 4.72 万 t，其中猪、牛、羊和家禽的 TP 产生量分别为 0.44 万 t、2.78 万 t、0.53 万 t 和 0.97 万 t（表 2.13）。

表 2.13　澜沧江流域（云南）不同县（市、区）主要动物的 TN 和 TP 产生量　　（单位：万 t）

县（市、区）	TN 产生量				TP 产生量			
	猪	牛	羊	家禽	猪	牛	羊	家禽
隆阳区	0.1489	0.9268	0.1552	0.1415	0.0463	0.2165	0.0331	0.0566
昌宁县	0.1120	0.8022	0.1225	0.0834	0.0348	0.1874	0.0261	0.0334
思茅区	0.0285	0.0895	0.0273	0.0958	0.0089	0.0209	0.0058	0.0383
宁洱县	0.0409	0.1744	0.0257	0.0508	0.0127	0.0407	0.0055	0.0203
景东县	0.0561	0.5113	0.1193	0.1338	0.0174	0.1194	0.0254	0.0536
景谷县	0.0338	0.3189	0.0649	0.1077	0.0105	0.0745	0.0138	0.0431
镇沅县	0.0500	0.2773	0.0746	0.0876	0.0156	0.0648	0.0159	0.0350
江城县	0.0102	0.1194	0.0067	0.0227	0.0032	0.0279	0.0014	0.0091
孟连县	0.0139	0.0587	0.0024	0.0294	0.0043	0.0137	0.0005	0.0118
澜沧县	0.0630	0.6161	0.0259	0.1330	0.0196	0.1439	0.0055	0.0532
西盟县	0.0080	0.0896	0.0045	0.0177	0.0025	0.0209	0.0010	0.0071
临翔区	0.0212	0.2250	0.0612	0.0636	0.0066	0.0526	0.0130	0.0255
凤庆县	0.1113	0.5696	0.1304	0.0985	0.0346	0.1331	0.0278	0.0394
云县	0.1146	0.6550	0.1680	0.1884	0.0356	0.1530	0.0358	0.0754

续表

县（市、区）	TN 产生量				TP 产生量			
	猪	牛	羊	家禽	猪	牛	羊	家禽
永德县	0.1140	0.5242	0.0769	0.0897	0.0355	0.1225	0.0164	0.0359
双江县	0.0151	0.2124	0.0206	0.0474	0.0047	0.0496	0.0044	0.0190
耿马县	0.0208	0.3696	0.0407	0.0776	0.0065	0.0864	0.0087	0.0311
沧源县	0.0119	0.1846	0.0063	0.0432	0.0037	0.0431	0.0013	0.0173
景洪市	0.0315	0.1020	0.0090	0.1147	0.0098	0.0238	0.0019	0.0459
勐海县	0.0247	0.1597	0.0074	0.0853	0.0077	0.0373	0.0016	0.0342
勐腊县	0.0207	0.0968	0.0077	0.0607	0.0064	0.0226	0.0016	0.0243
大理市	0.0475	0.1015	0.0085	0.1417	0.0148	0.0237	0.0018	0.0567
漾濞县	0.0148	0.3651	0.1005	0.0321	0.0046	0.0853	0.0214	0.0129
宾川县	0.0408	0.2662	0.1174	0.0437	0.0127	0.0622	0.0250	0.0175
南涧县	0.0242	0.5275	0.0480	0.1222	0.0075	0.1232	0.0102	0.0489
巍山县	0.0256	0.6199	0.1244	0.0796	0.0080	0.1448	0.0265	0.0318
永平县	0.0246	0.4144	0.1031	0.0525	0.0076	0.0968	0.0220	0.0210
云龙县	0.0290	0.6322	0.2011	0.0372	0.0090	0.1477	0.0428	0.0149
洱源县	0.0252	0.2871	0.1054	0.0257	0.0078	0.0671	0.0224	0.0103
剑川县	0.0227	0.5112	0.1198	0.0279	0.0070	0.1194	0.0255	0.0112
鹤庆县	0.0666	0.3352	0.1324	0.0419	0.0207	0.0783	0.0282	0.0168
兰坪县	0.0264	0.2912	0.1569	0.0228	0.0082	0.0680	0.0334	0.0091
德钦县	0.0046	0.1957	0.0259	0.0089	0.0014	0.0457	0.0055	0.0036
维西县	0.0258	0.2500	0.0741	0.0237	0.0080	0.0584	0.0158	0.0095
合计	1.4289	11.8803	2.4747	2.4324	0.4442	2.7752	0.5270	0.9737

　　不同畜禽种类粪尿中氮素养分去向平均按 50%的粪尿氮素养分还田利用，15%的氮素养分挥发损失，22%的氮素养分进入水体污染环境，13%的氮素养分堆置废弃。2010 年，在中国仅有约 33%的氮和 50%的磷被利用，约 23.9%的氮进入地表水体。按 50%的比例计算，澜沧江流域畜禽养殖产生的养分有 9.11 万 t 氮素进入农田被利用，4.01 万 t 氮进入水体污染环境。相关研究表明，澜沧江流域分别有 6.01 万 t 和 2.36 万 t 的畜禽养殖氮、磷养分进入农田，但有 4.35 万 t 氮进入地表水体污染环境。与澜沧江流域 31 万 t 化学氮肥相比，畜禽养殖粪便中进入农田的氮占化学氮肥的比例为 19.35%～29.39%。

2.3.5　水产养殖业对澜沧江（云南）水质的影响

云南省水产资源丰富，淡水渔业高原特色突出，主要以库区养鱼、池塘养鱼和稻田养鱼为主。2016 年，云南省库区、池塘和稻田鱼类养殖产量为 67.31 万 t，占全国鱼类养殖产量的 2.4%，优势水产品主要有罗非鱼、鲤、青鱼、鲢、鳙等，其中罗非鱼产量达 18.29 万 t，占鱼类养殖产量的 27%，鲤产量 16.43 万 t，占鱼类养殖产量的 24%。澜沧江流域（云南）水产品产量主要分布在流域下游，集中在临沧市、普洱市和西双版纳州。

目前，由于受到经济发展和水利工程建设等因素影响，云南省很多小流域出现断流现象，湖泊面积不断萎缩，淡水养殖面积日渐萎缩；同时，很多河流和湖泊遭受污染，养殖水域富营养化的问题严重。稻田养鱼、池塘养鱼存在布局不合理、生境修复和资源养护工程化水平低等问题，养殖环境日益恶化，养殖粗放，制约了淡水渔业健康发展。

近年来，云南省加强了水产养殖污染防治和水生生态保护，云南省政府印发了《关于加快推进水产养殖业绿色发展的实施意见》，并根据内容进行了细化责任分工，加快落实养殖水域滩涂编制和发布工作。昆明、昭通、文山、保山、迪庆、临沧 6 个州（市）完成了养殖水域滩涂规划编制发布工作。云南省制定《关于加强长江水生生物保护工作的实施意见》《关于加快推进水产养殖业绿色发展的实施意见》《云南省"中国渔政亮剑 2019"系列专项执法行动方案》，累计设立水产种质资源保护区 21 个、水生生物自然保护区 13 个，在云南省六大水系、九大高原湖泊水域投放淡水经济鱼类和珍稀濒危水生野生动物。各级管理部门加强水产种质资源保护区管理，依法查处破坏水产种质资源保护区的违法行为。持续推进依法打击破坏野生鱼类资源违法犯罪专项行动和增殖放流工作，出动执法人员、清理整治违规网具、取缔涉渔"三无"船舶、查办违规违法案件、投放珍稀濒危鱼类。分步推进长江重点流域禁捕，禁止在长江干流等敏感区域内进行网箱网围养殖。做好渔业水域生态环境保护，落实长江经济带、赤水河流域的农业面源污染、农业农村污染治理，九大高原湖泊、六大水系及牛栏江、水功能区的水源地保护、污染治理攻坚战，环保督察涉及渔业渔政工作的检查指导。

2.4　澜沧江流域（云南）绿色生态内涵和发展空间构架

2.4.1　澜沧江流域（云南）绿色生态发展的重要意义

云南具有特殊的地理和区位优势，其位于低纬高原内陆，远离城市污染、台风和寒害侵扰，且光温条件好、海拔高、昼夜温差大，特色产品内在品质好，具备产业绿色发展的天然优势。澜沧江流域是我国西南生态安全屏障的重要区域。

云南省生态保护红线是保障生态安全的底线和生命线，包含生物多样性维护、水源涵养、水土保持三大红线类型，基本格局呈"三屏两带"。将六大水系上游区，特别是金沙江、怒江、澜沧江、独龙江等约 70%的面积纳入生态保护红线；九大高原湖泊 100%，金沙江、澜沧江 60%以上，红河、怒江 50%以上的自然岸线纳入生态保护红线，对维护好大江大河上游水源涵养功能，保持水土，保护水资源、水生态及水环境发挥重要作用。

滇西北高山峡谷生物多样性维护与水源涵养生态保护红线涉及澜沧江流域中保山、大理、迪庆的县市，是全省海拔最高的地区，为典型的高山峡谷地貌分布区。受季风和地形影响，立体气候极为显著；动植物种丰富，有三江并流世界自然遗产、白马雪山国家级自然保护区等保护地。

澜沧江中山峡谷水土保持生态保护红线位于澜沧江中下游，涉及保山、普洱、大理、临沧 4 个州（市），占全省生态保护红线面积的 9.04%。以中山河谷地貌为主，降水丰富，干湿季分明。植被以季雨林、季风常绿阔叶林、落叶阔叶林、暖热性针叶林、暖温性针叶林为代表。重点保护物种有蜂猴、穿山甲、绿孔雀、巨蜥、蟒蛇、苏铁、千果榄仁、大叶木兰、红椿等珍稀动植物。已建有临沧澜沧江省级自然保护区、景谷威远江省级自然保护区、耿马南汀河省级风景名胜区等保护地。

南部边境热带森林生物多样性维护生态保护红线涉及澜沧江流域中普洱、西双版纳、临沧的县（市）。地貌以中低山山地为主，宽谷众多，常年高温、高湿。已建有西双版纳国家级自然保护区、纳板河流域国家级自然保护区等保护地。

澜沧江流域因特殊的地形、地貌、气候因素，孕育了丰富的生物多样性、景观多样性和文化多样性，形成了形态多样的生态系统。草地、灌丛、森林、农田、湿地和城市，为人类提供了丰富多样的生态服务。另外，流域的 90%以上为山地，生物多样性聚集，茶叶、咖啡等特色农业产业具有独特的优势。独特的地理位置，使澜沧江流域不仅成为许多动植物类群的分布中心和多样性中心，还是重要的物种扩散、交流和迁徙通道。澜沧江水系是世界最重要的淡水鱼类生态区域之一。澜沧江水系河网密布，水资源丰富，70%的水能资源都集中在云南省河段，使其成为云南省水电重点开发河段。

2.4.2　澜沧江流域（云南）绿色生态内涵

我们需要在澜沧江流域内构建绿色生态产业结构，充分利用澜沧江流域（云南）的地貌多样性、气候多样性、生物多样性、生态多样性、民族多样性、文化多样性，突出特色资源要素，推动特色农产品生产的区域化、规模化、专业化，加快转变农业发展方式，构建澜沧江流域的现代化产业体系。加强农业与科技融合，有效促进农业发展方式转变，形成优质高效、充满活力的现代农业产业体系。

充分利用绿色生态优势，加快建设一批绿色经济试验示范区，带动形成生态环境保护与经济稳步增长的绿色经济发展之路。考虑面向国内国外市场的位置优势，充分利用自然资源，优化农业资源的配置，扩大农产品有效供给，增强供给结构的适应性和灵活性。

优化发展空间布局，推进农业绿色发展，严格生态保护红线管控，把转变农业发展方式作为根本途径，优化种养业布局和结构，大力发展绿色、生态、循环农业。全面推进源头减量、过程控制和末端治理，实现农业投入品减量化、生产清洁化、废弃物资源化、产业模式生态化。将资源节约、清洁生产放在农业生产的优先位置，以最少的化肥、农药、地膜、农业用水等资源消耗支撑农业可持续发展，推动农业提质增效、绿色发展。依据土地消纳粪污能力合理确定养殖规模，引导畜牧业向环境容量大的地区转移。严格落实禁养区管理，依法划定养殖区，布局限养区，明确禁养区，强化规模养殖场粪污处理设施装备建设，基本实现畜禽粪污资源化利用，全面依法清理非法网箱网围养殖，加强农村生活污水排放监管。

加快划定和建设粮食生产功能区、重要和特色农产品生产保护区，明确区域发展重点，积极推进特色农产品优势区建设，实现重要农产品和特色农产品向资源环境较好、生态系统稳定的优势区集中，减轻非优势区的资源环境压力。在澜沧江流域，保障水稻、小麦、玉米、马铃薯等粮食作物的产能，发展茶叶、咖啡、甘蔗、核桃和橡胶等特色作物。加强科技支撑和投入，提升智能农业装备水平，降低资源利用强度，提高循环利用效率。通过高效节水排灌、施肥和施药等绿色技术，提高水肥药利用率，实现维持耕地土壤保育，推动农业可持续发展。

加强流域生态环境保护治理修复，加强流域的空间管控规划，优化流域各地区的主体功能定位。构建生物田埂、生态沟渠及稻田季节性湿地强化的生态农田构建技术，实现农田经济产出与氮磷减排协同发展。通过农田缓冲带、生物田埂、田园生态走廊等构建生态农田，恢复农田的生态服务功能。通过引进水田藻类、水生植物、结合水田养殖等技术措施强化稻田季节性湿地对氮磷的净化功能，建立有利于降低农田面源污染负荷的作物生产体系。考虑人工水草、藻菌生物技术，加强入河污水的生态净化技术。采用循环利用、选择性排放农田排水等，考虑湿地、塘、林草等，建立统一协调的保护机制，实现从点到"流域之治"，形成山水林田湖草生命共同体综合施治的治理修复体系。依托流域农业技术推广体系健全的优势，加大对高原河湖流域面源污染控制重要性与必要性的宣传，大力普及和推广污染小、经济实用、操作简便、效益明显的科学技术，提高面源污染治理的技术水平和质量。

提升流域特色农业全产业链发展，以农业产业的关键核心技术为突破口和主攻方向，如咖啡的初加工技术，以科技与种业融合、科技与农业生产融合、科技与产业服务融合、科技与生态融合为路径，通过农业与科技融合，不断提升农业全产业链水平。利用自然气候和生态优势，改造传统生产经营方式，以更严格的标准倒逼农业提高品质，加大力度促进农业标准化生产，稳定和增强特色产品的品质优势，培育核心竞争力，满足营养健康和绿色发展需求，同时兼顾生态环境保护，促进特色农业可持续发展。另外，促进农产品精深加工增品种、提质量、创品牌，加快转型升级发展，以特色产品拓展国内市场空间，提高质量效益和竞争力。以开发农业多种功能增强农业综合竞争力，通过三产融合发展、生态效益补偿等途径把这些功能逐步释放出来，让农业在收获物质产品的同时收获多种功能的价值。

2.4.3　澜沧江流域（云南）发展空间构架

澜沧江流域（云南）内粮食和特色农产品供应保障更加有力，农业生产结构和区域布局明显优化，农业质量效益和竞争力明显提升，加快形成现代乡村产业体系。传统经济作物（如茶叶、烤烟、甘蔗等）目前在全国均具有绝对优势，蔬菜、烟叶、橡胶在产量上占有绝对优势，甘蔗、水果占有次绝对优势；另外，新兴优势农作物（如水果等）在全国均具有比较优势，核桃、澳洲坚果的种植面积、产量和产值均居全国前列。

澜沧江流域稻谷的主产区主要在大理市、洱源县、鹤庆县、隆阳区、昌宁县、景东县、澜沧县和勐海县，小麦的主产区主要在景东县、凤庆县和云县。玉米的主产区在澜沧县、勐海县、云县、永德县、宾川县和隆阳区。以潞江坝、宾川坝等为重点，巩固提升水稻、玉米、小麦等粮食基地生产能力，以德钦县、维西县等为重点，大力发展青稞、荞麦、燕麦等山地优质杂粮基地。滇西北高海拔生态区域及滇西的部分区域具有冷凉的优势条件，海拔大多在 1600～2300m，气候条件适宜马铃薯种植；河谷地区积极发展冬早马铃薯生产。以"剑川红""紫洋芋"为主的特色马铃薯主产区海拔在 2350～2900m，气温冷凉、光照条件好，所产的马铃薯薯块大、色泽好、质地细腻、口感好。

2019 年全国甘蔗种植面积约 2072.85 万亩，产量为 10 900 万 t，云南省甘蔗产量为 1569.69 万 t，占全国甘蔗产量的 14.4%；2018 年云南省甘蔗种植面积 390.075 万亩，占全国甘蔗种植总面积的 18.5%。目前云南省是全国仅次于广西壮族自治区的第二大糖料基地，临沧市的甘蔗种植面积最大，其次是德宏州、普洱市、文山州、保山市，上述地区甘蔗种植面积约占全省甘蔗种植面积的 80% 以上，是云南省甘蔗规模种植区域（图 2.1）。

澜沧江流域下游气候条件适合甘蔗生长，主要分布在保山市的隆阳区、昌宁县，临沧市的临翔区、凤庆县、云县、永德县、双江县、耿马县、沧源县，普洱市的景谷县、澜沧县、西盟县和孟连县，西双版纳州的勐海县，这些县的甘蔗种植面积占全省种植面积的 47.97%。其中临沧市是云南省最大的蔗糖产区，年均气温为 19℃，年均降水量为 1200mm，光照充足，雨量充沛，非常有利于甘蔗糖分的积聚，在全国甘蔗种植地中属于得天独厚的优势区域，澜沧江流域云南省境内临沧市甘蔗面积达 96.82 万亩。特别是耿马县是云南省的植蔗、产糖第一大县，蔗糖产业是全县的核心支柱产业。随着近年来甘蔗种植良种良法、全膜覆盖等新技术推广应用和蔗区坡改梯、水利灌溉等基础设施的改善，临沧市的甘蔗产量和种植效益得到较大提升。澜沧县是云南甘蔗种植的适宜区域，面积达 29.49 万亩，种植区域坝区少，山区、半山区较多，种植海拔 900～1600m，旱坡地种植面积占总种植面积的 90%以上。

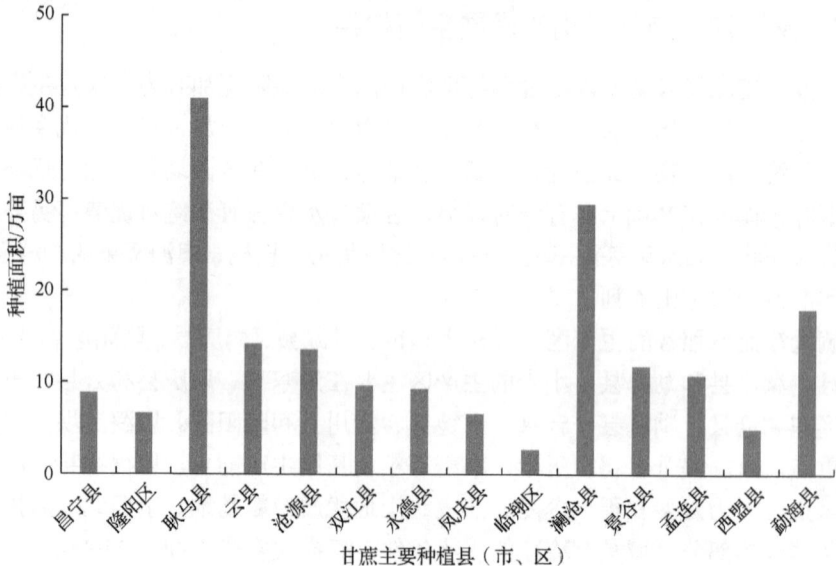

图 2.1 澜沧江流域（云南）甘蔗种植情况

茶叶产业是云南传统优势产业，面积、产量均居全国第二位，主要集中在澜沧江流域。云南省境内的澜沧江中下游地区是著名的茶树良种云南大叶种茶的发源地和主产区，区域气候温暖湿润、森林资源丰富，茶园主要集中在普洱、临沧、西双版纳三大茶区，三大茶区的茶园面积均超 100 万亩，占全省茶园总面积的66.7%，产量占比达 73.3%；其次是保山茶区，面积 61.32 万亩，产量 5.43 万 t，分别占全省面积总量和产量的 9.1%、12.6%。2019 年云南省茶叶种植面积为721.35 万亩，产量为 43.72 万 t，澜沧江流域茶叶重点县有保山市的昌宁县；大理州的南涧县；临沧市的云县、永德县、凤庆县、双江县、临翔区、耿马县、沧源县；普洱市的思茅区、宁洱县、景东县、景谷县、镇沅县、江城县、澜沧县、西盟县、孟连县；西双版纳州的勐海县、勐腊县、景洪市，这些县（市、区）种植面积占全省种植面积的 66.4%，产量占 73.3%（图 2.2 和图 2.3）。

澜沧江中下游的茶叶主要产区山高谷深、云雾笼罩，具有生产优质茶叶的天然条件，是云南著名茶叶品类"滇红"和"普洱茶"的发源地与主产区。其中，低纬度、低海拔、河谷地区的景洪市、勐腊县、孟连县、江城县、思茅区等县（市、区）春茶开采期早，市场竞争优势明显。另外，主要分布在澜沧江流域的大理、保山、临沧、普洱、西双版纳五个州（市）的古茶园、古茶山和野生茶树群落是世界上是独一无二的生态系统，是云南独具特色的生物资源，其分布面积为237.3 万亩，占云南省茶叶种植总面积的 72%。

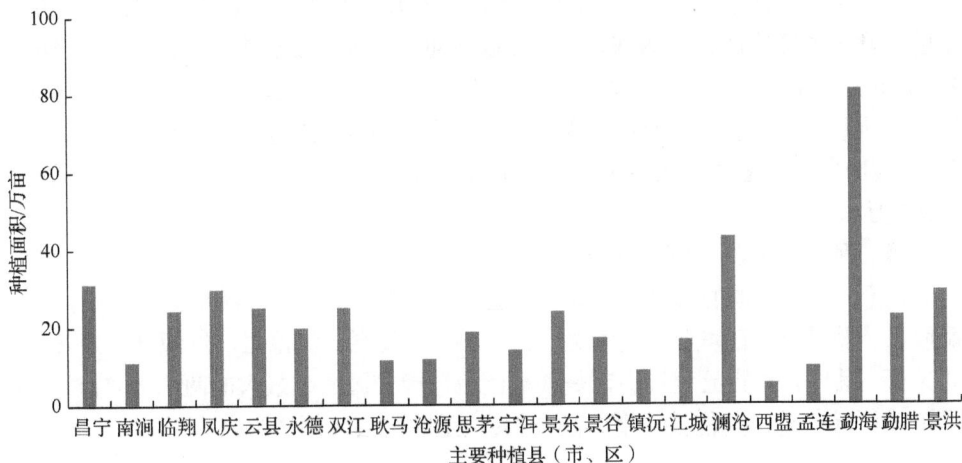

图 2.2　澜沧江流域茶叶主要种植县（市、区）茶叶面积

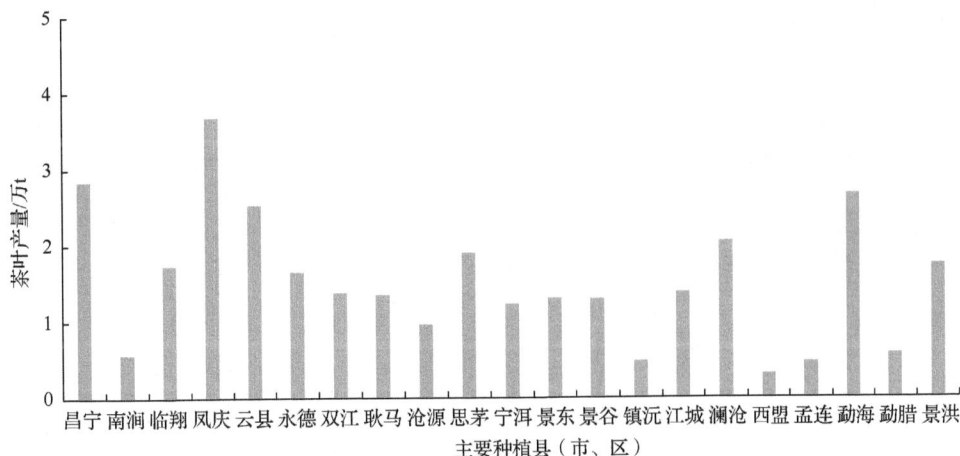

图 2.3　澜沧江流域茶叶主要种植县（市、区）茶叶产量

全省茶园集中分布于山区坡地，茶园基础设施差，水利化程度低，生产道路等级低，交通不畅制约了农资运输、机械化运用管理等，增加了生产成本。另外，茶叶初制所设施设备差、不配套，标准化生产水平有待提高。要推进茶园生态化、绿色有机化发展。一是因地制宜布局有机茶园、绿色生态茶园，明确重点，因地

施策；二是以标准化生产提升茶叶品质；三是强化基础设施建设，重点突出机耕道路建设完善，为有机肥入园、产品出园创造条件，降低劳动成本。在有条件的区域因地制宜地开展切实可行的茶园多模式节水灌溉工程，按茶树需水、需肥规律，适时灌溉施肥，提倡应用水肥一体化技术；四是大力探索、推广茶-药、茶-花、茶-菌、茶-草-畜等立体间套作生态循环模式，改善茶园生态环境，提升茶叶品质。

橡胶树喜高温、高湿、静风和肥沃土壤，要求年平均气温 26.5℃，在 20～30℃都能正常生长和产胶，不耐寒，在 5℃以下即受冻害。要求年平均降水量 1150～2500mm，但不宜在低湿的地方栽植。适于土层深厚、肥沃、湿润、排水良好的酸性砂壤土生长。浅根性，枝条较脆弱，对风的适应能力较差，易受风寒并降低产胶量。2019 年云南省橡胶种植面积 857.1 万亩，收获面积 511.65 万亩，产量为45.85 万 t。

橡胶种植主要集中滇西南澜沧江流域下游，在空间上呈现连片分布，西双版纳、临沧、普洱等地的气候条件非常适宜种植橡胶，橡胶重点种植县包括景洪市、勐腊县、耿马县、江城县、勐海县、孟连县、西盟县、澜沧县、沧源县、景谷县、思茅区。其中，勐腊县和景洪市是澜沧江流域橡胶园面积最大的两个县（市），且种植规模远远超过其他县（市、区），其次是耿马县（图 2.4）。

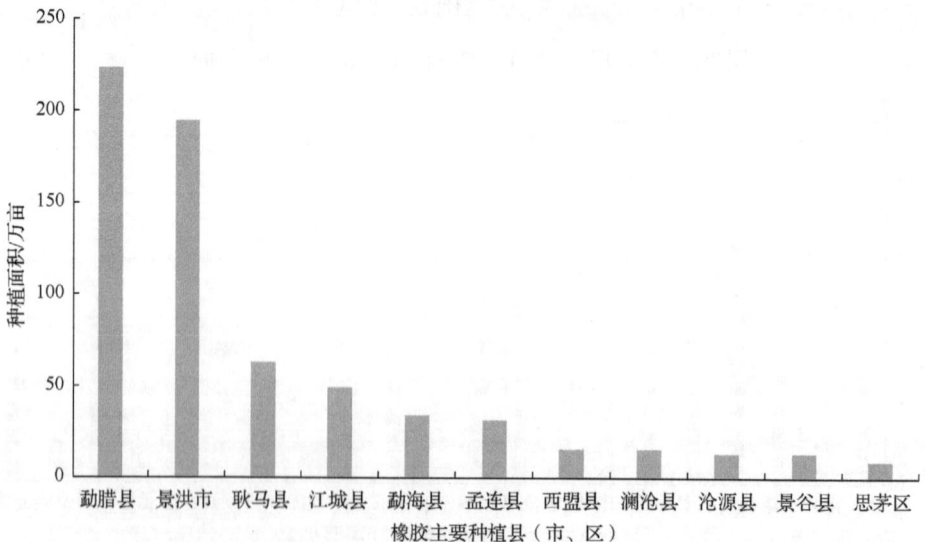

图 2.4　澜沧江流域（云南）橡胶主要种植县（市、区）的橡胶种植面积

云南省咖啡种植面积、产量和产值均居全国第一，2018 年全国咖啡种植总面积 184.05 万亩，云南咖啡种植面积占全国的 99.22%，产量占全国总产量的 99.55%，产值占 99.36%。咖啡的种植条件较为严格，包括四季如春的气候，温度在 18～25℃

为佳，年降水量 1500～2259mm，喜排水性能良好、日照充足的土壤；海拔一般在 200～2000m。澜沧江流域海拔 500～1800m 的热区是云南省主要咖啡种植区之一，具有生产优质咖啡的天然条件，主要分布在普洱市（78.5 万亩）、临沧市（42.25 万亩）、保山市（13.65 万亩）、西双版纳州（9.47 万亩）。澜沧江流域境内普洱市的思茅区、宁洱县、景东县、景谷县、江城县、孟连县、澜沧县；临沧市的临翔区、云县、凤庆县、永德县、耿马县、沧源县、双江县；保山市隆阳区；西双版纳州景洪市、勐海县；大理州宾川县等均是咖啡主产县（图 2.5）。全省咖啡种植面积超过 10 万亩的 7 个县（区）中，思茅、隆阳、孟连、宁洱和耿马 5 个县（区）均在澜沧江流域。其中，思茅区属亚热带季风气候，气候温和，冬无严寒，夏无酷暑，极适宜发展咖啡、橡胶等热区作物，是世界公认的"咖啡种植黄金带"。普洱、临沧分别成为"全国咖啡产业知名品牌示范区""中国精品咖啡豆示范区"。保山小粒咖啡、普洱咖啡、思茅咖啡等区域公用品牌分别获得地理标志产品登记及证明商标注册。另外，咖啡是多年生常绿经济作物，对绿化荒山、防止水土流失具有重要的作用。

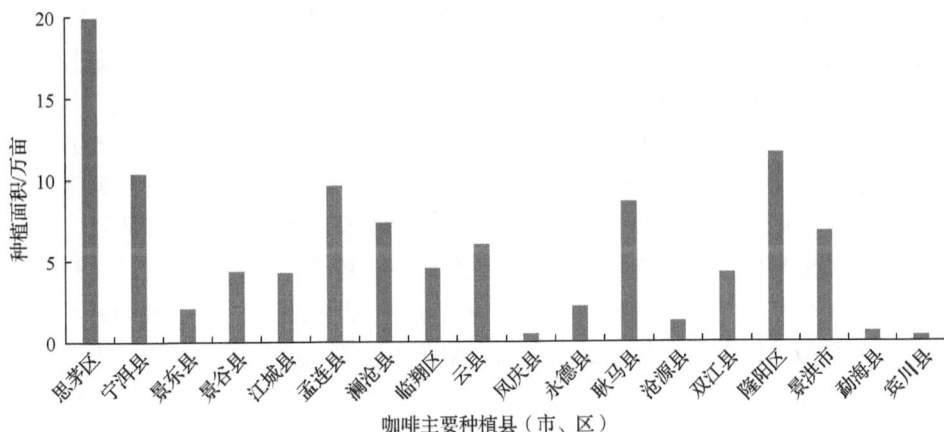

图 2.5　澜沧江流域咖啡主要种植县（市、区）的咖啡种植面积

　　近年来，受国际咖啡市场影响，咖啡生豆价格持续走低，导致咖啡园改种其他经济作物，或因管理粗放，咖啡生豆产量减少、品质下降。另外，因咖啡鲜果处理后的废水、废渣等生产废弃物环保处理不达标，加上受国际市场影响，大部分企业无力或不愿意投入环保设施改造，咖农只能自行处理鲜果后销售生豆，导致咖啡品质极不稳定，且废弃物随意排放，造成一定程度的环境污染。这些都极大地限制了云南省咖啡产业的发展。咖啡产业的发展需要增加财政投入，加大企业扶持力度。支持企业牵头围绕基地建设咖啡鲜果处理中心，扶持企业改造提升环保设施，确保生产达标；培育一批精深加工龙头企业，走精品化道路，积极开拓国内市场，打破外企垄断，促进由出口为主转变为内外两个市场销售为主、由

生产大宗商品豆转变为精品豆、由原料销售向成品销售转变；从品种、种植、管理、采摘等方面按照质量标准对咖企、咖农进行示范、培训，引导咖啡种植小农户提高标准化程度，逐步提升咖啡种植水平，提高产量、巩固品质，提升咖农效益；推广新品种和新技术实现咖啡豆优质化。另外，加大咖啡产业的科研投入，有针对性地解决制约咖啡产业发展的共性和关键问题，用科技的力量提升咖啡品质和市场竞争力。

云南省澜沧江流域不同水果种植面积较大的县分述如下：柑橘种植面积较大的县（市）有宾川县、景洪市、江城县；芒果种植面积较大的县有景谷县、景东县、永德县；香蕉种植面积较大的县（市、区）有景洪市、勐腊县、江城县、耿马县、思茅区；梨种植面积较大的县有云龙县、巍山县；桃种植面积较大的县有宾川县；葡萄种植面积较大的县有宾川县、德钦县；石榴种植面积较大的县有宾川县。水果重点县（市、区）包括大理市、洱源县、宾川县、巍山县、云龙县、隆阳区、凤庆县、景东县、镇沅县、耿马县、永德县、景谷县、勐腊县、勐海县、景洪市。宾川县利用特殊的气候条件成为省内主要温带水果生产区，2019 年，宾川县水果种植总面积达 30.36 万亩，产量 62.92 万 t，产值 54.53 亿元。2019 年，孟连县牛油果种植面积达 3.0 万亩，已建成标准化种植面积达 2.6 万亩，是目前国内规模最大的牛油果种植基地。德钦县和维西县是高海拔晚熟的温凉地区，是鲜食葡萄栽培效益比较好的区域，2019 年，德钦县酿酒葡萄种植面积达 1.5 万亩，产量 5457t，实现农业总产值 3267.7 万元、工业产值 4500 万元。2019 年德钦县巍山红雪梨栽培面积达 7.965 万亩。红雪梨属自然杂交形成，全国独一无二，因巍山县独特的地理气候，具有晚熟丰产、果色艳丽、脆甜多汁、果大清香、耐储便运等优点。在县乡党委政府和技术部门的指导下，开发研制的红雪梨醋、红雪梨膏、红雪梨精、红雪梨含片、红雪梨酒、梨花系列等梨产品有了初步发展，延伸了产业链；加工产品远销上海、浙江、福建、香港、台湾等地，产品附加值提升明显。永德县建成了云南省最大的芒果生产基地，有"芒果之乡"的美誉，永德芒果为地理标志证明商标。景洪市的香蕉、柠檬、菠萝及勐海县的菠萝，是重要的热带水果。

由于技术推广应用滞后，在树形、修剪、水肥控制、病虫害防治、采后处理、自然灾害防控，以及省力化栽培、机械化管理、智能化控制等新技术推广滞后，制约绿色、高效、优质果品生产。另外，由于对各种专业合作社、中介等组织发展引导培育不够，农民组织化程度低，难以与国内外大市场对接。因采后分级、加工、储运和交易等设施落后，全程打造水果产业链存在很多短板和弱项。社会资本的大量涌入推动了水果产业的发展，但企业经营中面临生产成本快速增加、开票难、用地难、用工荒等问题，农民缺乏种植技术、离不开土地，如何将企业与农户的利益衔接，从而实现产业发展、农民增收是亟须解决的问题。

为了解决这些问题，我们需要从以下几个方面着手。

一是要增强产业集中度。在考虑气候变化影响的前提下，开展特色水果适宜种植区精细化气候区划，优化特色水果产业的布局，重点发展优势、优质水果，推进水果生产向适宜区和特优区集中，增强产业集中度和优势度，有效降低特色水果种植的气候风险和自然灾害的危害，为实现水果产业提质增效提供支撑。

二是要建设绿色有机生产基地。各地以水果生产龙头企业为核心，建立绿色有机水果生产示范基地。制定生产技术规范，实施有机肥替代化肥、水肥一体化、果园覆草、绿色防控等技术，提高绿色有机标准化果园规模。围绕柑橘、葡萄、芒果等优势果种，重点开展有机质提升、根际微生物群体再造等果园土壤修复技术应用，以及区域性病虫害生态联防联控等的集成应用。

三是要扩大绿色有机认证。推进绿色有机认证奖补激励机制，推动以县为单位的有机农业基地（示范区）建设，突出高原特色水果产业与国内外规模化水果产业的差异，提高县域内水果产业整体竞争力。

核桃产业是云南省传统优势林果产业，截至 2019 年年底，全省核桃种植面积 4300 万亩，年产量 120 万 t，种植面积和年产量均居全国、全球首位，综合产值 295 亿元。其中，大理州、临沧市核桃种植面积最大、产量最高。原因主要有以下几点。一是具有有机优势。核桃种植区绝大多数在空气清新的山区，坡地块状混交种植，以雨水、天然山泉灌溉，以自然肥力为主，自然环境生长。核桃盛果期长、经济寿命长达 70～80 年，病虫害少，农药使用量极低，产出绿色有机的高品质优果。二是具有品质优势。核桃外壳颜色较深，壳纹也深，但种仁颜色为浅白色，涩味轻，香气足；不饱和脂肪酸高达 90% 以上，不含胆固醇，且富含人脑必需的脂肪酸，是优质的天然"脑黄金"；蛋白质含量高，人体所需的 18 种氨基酸种类齐全，人体必需的 8 种氨基酸含量合理，是优良的植物蛋白质。三是具有生态效益。核桃大部分都种植在海拔 1800～2200m、坡度在 25° 以上的高山上，是生态效益、经济效益兼顾最好的树种，为云南省的森林覆盖率作出了贡献。

核桃主要分布在云龙县、永平县、漾濞县、凤庆县、永德县、临翔区、昌宁县、德钦县。云龙泡核桃被授予"中华名果"称号，目前云龙县泡核桃种植面积已超过 132 万亩，年产量达 5.5 万余 t，年产值突破 10 亿元，核桃产业已成为该县农民增收致富的支柱产业。永平县核桃种植面积 158.7 万亩，核桃年产量达 8 万 t，年产值达 16.68 亿元，有"中国核桃之乡"的美誉。漾濞县核桃种植已发展到 24.56 万亩，245.6 万株，占全县经济林总面积的 71.2%。永德县是核桃种植大县，核桃种植面积已突破百万亩大关，成为名副其实的"核桃之乡"。临翔核桃是云南省临沧市临翔区的特产，临翔区具有发展核桃产业的诸多有利条件：一是具有明显的自然资源优势；二是有优良的云南泡核桃种源，其是全国知名的优良核桃品种，适应性强。昌宁县是全国首批命名的"中国核桃之乡"，"昌宁核桃"已经获得国家地理标志产品保护，注册国家地理标志证明商标。

云南省核桃产业具有分散经营、产业集中度低的特点，在产业发展中，虽然涌现出一些企业、林农专业合作社等新型经济组织，但运行机制尚不完善，农民组织化程度不够，普遍存在管理粗放、单产低和果品总体质量参差不齐等问题。为了解决核桃产业存在的问题，一是要优化基地布局，将核桃种植基地管护重点向适宜区重点县集中，避免到处布局；二是要优化品种结构，挖掘推广优质的核桃良种，通过嫁接等技术，逐渐淘汰劣质品种；三是依品种、立地条件、劳动力等差异，实施种植基地分类经营、精准施策，提高原果质量，降低生产成本；四是优化组织方式，培育灵活高效、规模适度、形式多样的种植主体，提高基层科技服务的能力和水平，实施基地有机化、绿色化、标准化管理。

中国已成为世界澳洲坚果的第一种植大国，云南省作为中国澳洲坚果生产的第一大省，区域种植规模位列世界第一，2019 年全省收获面积 88.21 万亩，云南省不同主产区收获面积以临沧市最多，达 51.47 万亩，普洱市其次，达 16.32 万亩。临沧市的气候特点有利于坚果的生长和产果，已获得农业农村部"临沧坚果"地理标志认证。其中，永德县被中国经济林协会命名为"中国澳洲坚果之乡"。澜沧江流域坚果重点县有保山市的昌宁县和隆阳区；大理州的南涧县、巍山县、宾川县、漾濞县、永平县、云龙县、洱源县、鹤庆县、剑川县；怒江州的兰坪县；临沧市的云县、永德县、临翔区、凤庆县；普洱市的景东县。

现有澳洲坚果种植基地分散、经营主体多元化，缺乏统一的种植标准，种植不够规范，施肥技术运用、管护认识不到位，导致产量偏低，品质良莠不齐。另外，受山地的地形地貌局限，坚果种植地无法使用大型机械设备，山地种植的机械化程度低，果园种植的人工成本较高，单产、品质、种植效益亟待提高。再者，坚果产业没有建立以树种为主要对象的产业技术支撑体系，对种苗、水肥管理、修枝整形、有害生物防控等高效种植技术研究不足。

立足澜沧江流域（云南）上游迪庆、怒江地区山多、草多、林多等资源条件，其中维西县牧草地面积最高，为 2.11 万 hm^2，远高于其余县（市、区），其次为兰坪县为 0.35 万 hm^2，随后为德钦县、云龙县和大理市，为 0.10 万～0.11 万 hm^2，大力发展以牦牛、黑山羊等为重点的草食畜牧业。大力发展维西的犏牦牛、肉牛、"庆福黑头"山羊、乌骨羊、维西土鸡、生猪等为主的地方特色优势畜禽养殖。中下游地区大力发展以肉鸡、肉鸭、肉鹅等家禽，以及西双版纳小耳猪为重点的畜禽标准化养殖。大力发展巍山和南涧的肉牛，其中南涧县光热资源充足，饲草饲料和青贮秸秆资源丰富，潜力巨大，是全国商品牛生产基地县和云南省优质肉牛出口基地县，要大力发展以南涧县、景东县、镇沅县、景谷县为代表的无量山乌骨鸡产业，大力发展永平县的肉牛、生猪、黑山羊、山地鸡、白鹅。云龙县诺邓黑猪是全国农产品地理标志。普洱瓢鸡是云南省普洱市的特产，为国家农产品地理标志保护产品。

同时，我们要着力构建现代畜牧业产业体系、生产体系、经营体系。扎实抓好饲草饲料基地建设，大力推广"林果+饲草+畜牧+沼气"和"蔗+畜+沼"循环农业发展模式。

建设高原特色生态渔场，积极推广池坝塘健康养殖、各种间作套作及稻鱼共生等综合种养模式的特色渔业养殖，全面发展以糯扎渡、大朝山、漫湾等库区为主的高原生态渔业。澜沧江流域（云南）上游地区依托丰富水资源，积极发展冷水渔业，打造高原冷水鱼养殖强县。在澜沧江沿线乡镇着力发展稻田养鱼、水电库区淡水渔业养殖。培育水产品和专用饲料龙头加工企业，推进外向型水产养殖与加工基地建设，延长淡水渔业产业链。

2.5　澜沧江流域（云南）绿色生态农业的发展建议

澜沧江流域密布河网，特殊的地形、地貌、气候适宜多种特色产业的发展，但从产业素质看，澜沧江流域农产品整体加工程度低，规模小，生产集中度不够，附加值偏低，新型经营主体缺乏管理营销人才，开拓市场能力弱。造成上述问题的原因：一是产业投入不足，产业化、规模化水平不高，农产品加工发展滞后且科技支撑能力不足，产品以初加工为主，精深加工、高附加值产品少，产业融合程度低；二是产业布局"杂、散、乱"，以家庭为单元的小农经营，有种养没加工，缺乏新型农业经营主体；三是新型经营主体品牌意识差，市场竞争力不足，利益链接机制不健全；四是边远高寒山区由于受地理、交通、市场信息等制约，在特色产业发展中风险大、参与少、受益少。

2.5.1　优化流域农业产业布局向优势区域集聚

指导区域各地充分利用资源比较优势，发展特色农业，引导特色农产品向最适宜区集中，促进要素合理流动和高效集聚，加快培育优势产区，提升特色农品生产的区域化、规模化、专业化水平，合理高效利用区域资源，进一步巩固比较优势，不断强化各区域农业主体功能，逐步形成分工合理、优势互补、各具特色、协调发展的特色农产品区域布局，拓展市场空间，优化和稳定产业链供应链。这些措施对于深化农业结构战略性调整，加快形成科学合理的流域农业生产力布局具有重大意义。目前，在澜沧江流域，初步形成了以滇南、滇西南为主的茶叶、咖啡等特色饮料产业区，以滇西、滇西北为主的畜牧、药材产业区，以滇南为主的热果、药材产业区。

特色农产品向优势区集聚，可发展适度规模生产，有利于吸引加工企业进入特色农产品产业化经营，带动加工、储藏、运输、营销等关联产业发展，全面提升特色农产品的品质和市场竞争力，加快培育区域特色产业；还可利于用现代高新技术改造传统特色农业，加快优势区现代农业建设，充分挖掘区域特色资源潜力，尽快形成新的特色农产品生产能力，增加优质特色农产品供给，满足日益细分的市场需求，如建立优势产业带，维西县和德钦县的青稞、马铃薯、反季节蔬菜、牦牛、藏香猪、尼西鸡等。

2.5.2 推进流域农业绿色发展

（1）推进农业投入品减量使用。集成推广化肥机械深施、种肥同播、水肥一体等绿色高效用肥技术。利用生物多样性原理，根据不同农作物的营养生态位规律，合理筛选不同作物的间作模式，提高作物对养分的利用效率，研发控制农田面源污染环境友好型种植关键技术，促进流域农业的结构调整和生产方式的转变。应用生态调控、生物防治、理化诱控等绿色防控技术开展农作物病虫害统防统治与全程绿色防控。

（2）推进畜禽粪污资源化利用。推进养殖生产清洁化和产业模式生态化。优化调整畜禽养殖布局，划定养殖禁养区、限养区和可养区。推广节水、节料等清洁养殖工艺和干清粪、微生物发酵等实用技术。因地制宜地采取就近就地还田、生产有机肥、发展沼气和生物天然气等方式，加大畜禽粪污资源化利用力度。规模养殖场配备处理设施装备。支持散养密集区实行畜禽粪污分户收集、集中处理。培育壮大畜禽粪污治理专业化、社会化组织，形成收集、存储、运输、处理和综合利用全产业链。加强畜禽粪污资源化利用技术集成，因地制宜地推广粪污全量收集还田利用等技术模式。

（3）实施秸秆资源化利用行动。推进农作物秸秆肥料化利用、饲料化利用、原料化利用、基料化利用、能源化利用等"五化利用"工程。加强农膜废弃物资源化利用，合理应用地膜覆盖技术，从源头上保障地膜减量，推动废旧地膜回收、加工与再利用。

（4）大力发展节水农业和旱作农业。澜沧江流域坡耕地类型所占比例高，河谷区干旱缺水，灌溉设施缺乏。发展节水农业，加强节水灌溉工程建设和节水改造，应用节水减排技术，选育抗旱节水品种，发展旱作农业，推广水肥一体化等节水技术。

（5）严格按照国家及行业标准控制河流、水库、湖泊等开放水域投饵网箱养殖密度，推进养殖池塘生态化，防治水产养殖污染。转变水产养殖方式，推进水产标准化生态健康养殖，实施水产养殖池塘标准化改造，发展大水面生态增养殖、工厂化循环水养殖、多品种立体混养及稻田综合种养等养殖模式，推进水产养殖装备现代化、生产标准化、管理智能化。

2.5.3　提高流域农业产业化水平

澜沧江流域多数位于山区，山高谷深，受地理、交通、市场信息等因素制约，在特色产业发展中风险大、参与少、受益小，能够起到带动作用的龙头企业较少。依托澜沧江流域不同区域独特资源与生态条件，将特色农产品生产集中布局在最适宜区内，突出特色产品的品质特色、功能特色、季节特色，满足市场需求的多样化、优质化、动态化要求。同时，提高特色产品的适度规模生产，以提高生产效率，保持产品自然特性和经济价值，并通过延伸产业链和产业化经营，建立完整的现代化特色农产品产业链体系，推动新型农业经营主体按标生产，培育农业龙头企业标准"领跑者"，提高特色农产品整体竞争力。

立足澜沧江特色农产品产业走廊初加工和精深加工，通过特色农产品基地建设带动优势主产区的龙头企业和知名品牌，推动当地特色农产品加工和市场拓展，大力发展特色农产品产地初加工，支持主产区发展农产品精深加工，积极发展综合利用加工，打造农产品加工产业集群，提升产业融合程度，推动特色农业快速发展。创新发展绿色循环优质高效特色农业，建设绿色化、标准化、规模化、产业化特色农产品生产基地，完善仓储加工物流等全产业链条，加强质量管控和品牌宣传，提升优势特色产业的质量效益水平。同时，围绕特色农产品开发，建立形式多样的农民合作组织等，形成基地农户＋合作社（协会）＋龙头企业的基本组织格局。加大有机、绿色、无公害农产品和农产品地理标志认证力度，鼓励支持农业龙头企业争取国际有机农产品认证，努力培育具有澜沧江流域地方特色的优势种质资源品牌。

遵循"优质、高效、生态、安全"的现代农业发展要求，深入挖掘生态优势，充分吸收传统农业的精华并结合现代科学技术，合理组织农业生产经营活动，逐步完善农产品生产标准，坚持"产业发展生态化、生态建设产业化"理念，使澜沧江流域特色农业与生态保护高度统一，大力发展生态安全的特色农产品。

2.5.4　培育流域新型经营主体

特色农产品资源多在边远山区，交通不便，生产资料供应、优良品种繁育、产品销售互相脱节，一些鲜活产品受道路和运输时间的限制，经常出现因外销阻滞，价格下跌，市场风险明显，严重打击农民积极性。部分特色农产品优质优价难以充分实现，阻碍了生产的发展和市场机遇的抢占。家庭农场仍处于起步发展阶段，部分农民专业合作社运行不够规范，社会化服务组织服务能力不足、服务领域拓展不够。

可以通过土地入股、资金入股、资产入股和技术入股等方式，创新经营主体的联合形式；通过"园区农业"、专业合作社和社会化服务超市等方式，创新农业生产和服务组织形式；通过"农超对接"、农业品牌建设和质量认证等方式，创新农产品的销售组织形式，发展适度规模经营的家庭农场经营模式、农民专业合作社经营模式、龙头企业经营模式，促进小农户向专业化、规模化、集约化转变，使小农户生产和现代农业发展有机衔接，提升各类经营主体的市场竞争力。积极发展家庭农场和种养大户，提高现代农业生产经营组织化程度。

大力培育生产性农业服务新主体，不断提高农民专业合作社规范化水平和服务带动能力。发展壮大农业专业化社会化服务组织，将先进适用的品种、投入品、技术、装备导入小农户。现代农业发展需要掌握农业技术、懂经营管理并且愿意扎根农村的优秀人才。面对农村人口空心化和老龄化等问题，需要通过教育政策、待遇政策和公共服务政策的配合，实现农村和城市人口的双向流动。鼓励有志在农村发展的青壮年投身农业现代化建设，培育一批懂技术、会管理的农业职业经理人。开展新型主体带头人轮训计划，加快培养一批有文化、懂技术、会经营的新型职业农民。

落实财政扶持、税费减免、设施用地、电价优惠等政策，重点支持新型农业经营主体发展农产品加工，对深耕深松、机播机收、疫病防治等生产服务给予补助。加大招商引资力度，引进和培育优势特色主导产业突出、精深加工水平高、上中下游产业配套、带动能力强的农业龙头企业集群。培育一批加销一体、专业化流通服务的现代农业流通企业，建设一批现代农产品物流园区。

强化财政扶持，破除融资约束，激发各类经营主体的发展活力。融资难是各类经营主体发展面临的普遍障碍，要通过财政补贴和创新金融制度，给予各类经营主体一定的资金支持和金融政策支持。加大信贷支农的力度，通过"金融输血"和"金融造血"进一步激发新型农业经营主体的发展活力。支持开展农业设施设备抵押贷款和生产订单融资，推广大型农机设备融资租赁。推动省级农业信贷担保公司向市（县）延伸。深入实施农业大灾保险试点，研究出台加快发展农业保险的指导意见，推动保障水平覆盖全部生产成本。

2.5.5　提高流域农产品质量

建立农产品质量安全标准、监管、执法、检测、追溯"五大体系"，着手组织制定和修订省级农业地方标准，成立农产品质量安全监管机构，积极开展无公害农产品产地、绿色食品和有机农产品原料基地的认证，发展绿色农产品、有机农产品和地理标志农产品，形成标准化生产、产业化运营、品牌化营销的现代农业新格局。

地理标志是产品质量和信誉的重要象征，可有力地提升流域特色农产品在农业产业市场的竞争力。加快推动优势区特色农产品生产基地建设，全面推行标准化生产，提高产品品质，做强做大优势区特色品牌产品，可以将特色资源优势转化为现实的出口竞争优势，扩大出口，优化出口结构。这些举措对于提高农业整体竞争力，广泛参与国际农业竞争具有重要意义。

2.5.6　加强农业产业的基础研究

目前云南省缺乏特色农业产业的基础研究队伍和技术，在科技支撑和保障方面也存在不足，制约了产业的发展。在特色产业栽培管理中，应科学施肥施药，提高产业生态化水平。以全膜覆盖、一次性施肥技术等绿色轻简技术开始应用，提高甘蔗产量和化肥农药减量化。甘蔗-咖啡立体生态栽培技术、化肥农药减施增效技术、病虫害生态防控技术等提高了咖啡的产业效益，降低了环境污染风险。另外，企业和科研单位应加大咖啡最佳烘焙工艺和拼配方案研究，推动区域小品牌向大品牌转变；基于优质原料采用低温冷萃冻干工艺生产精品速溶咖啡。精品微批次加工技术提升了咖啡精品率。固定的香蕉分级包装加工厂和设施设备、冷链物流体系等的缺乏限制了香蕉产业的发展，亟须加强该方面的技术研究。加强产业基础研究，加大科技投入和支撑，研发产业生态化和生态产业化关键技术，培养高素质的农业科研、生产、营销服务和管理人才，构建可持续绿色生态产业技术体系。

第3章 金沙江流域（云南）绿色生态农业发展模式研究

3.1 金沙江流域（云南）的自然生态环境

3.1.1 流域概况

金沙江为长江上游干流，穿行于我国藏、滇、川三省（区）之间，至四川宜宾纳岷江始名长江，全长 3496km（含通天河），流域面积 47.32 万 km^2，河道总落差 5142m，占长江干流总落差的 95%以上。金沙江流域是长江流域生态系统最脆弱、森林生态系统多样性最集中的地区，也是对长江流域社会、经济可持续发展中生态的可持续性最具影响的地区。金沙江流域（云南）地处青藏高原东南缘向四川盆地过渡地带，是长江上游的重要组成部分。从迪庆州德钦县羊拉乡德拉村附近进入云南，至昭通水富市向家坝镇进入四川境内，江面海拔由 2300m 降至出口处的 260m，全长 1560km。在云南的水域面积为 11.2 万 km^2，包括迪庆、丽江、大理、楚雄、昆明、曲靖、昭通 7 个地州市的 48 个县（市、区）。

3.1.2 地形

金沙江流域（云南）处在我国地势的第一阶梯、第二阶梯与第三阶梯的过渡地区，其西北部为横断山脉，地势西北高东南低；东北部为云贵高原的边缘，地势南高北低。流域范围内山高坡陡，海拔悬殊较大，坡度大于 25°的土地面积占 47.6%。其中，地处横断山脉的迪庆、丽江地区坡度大于 25°的土地面积分别高达 62.1%和 45.7%，滇东北的东川区、昭通地区坡度大于 25°的土地面积分别达到 61.5%和 43.8%，地貌格局极为复杂，使流域内气候系统、森林植被系统、社会经济系统及土壤侵蚀系统形成了分异规律。

金沙江干流分别以石鼓和攀枝花（雅砻江河口）为界，分上、中、下 3 段。其中，上段为西部高山峡谷区，中段为中部中山峡谷区和滇中高原区，下段为东部湿润、中山山嶺峡谷区。

1）西部高山峡谷区

流域西部由于高原地面抬升达 3500～4000m，是青藏高原的东南缘，属横断山区，形成了白芒雪山、哈巴雪山、玉龙雪山、中甸大雪山等一系列海拔在 5000m以上的高大山岭，与沿深大裂谷带形成海拔 1600～2000m 的金沙江及其主要支流，构成了高山和深切峡谷相间排列的地貌格局。本区高差在 3000m 以上，绝大部分地区是高山深谷相间并列，气候、土壤、植被垂直变化十分显著，处于半干旱向湿润过渡区，其生态类型具有多样性和垂直结构完整性特点，是云南省生物多样性复杂的中心区域之一。按垂直气候带划分，该区域的森林植被可分为山地寒温带亚高山森林带（海拔 3000m 以上，地带性植被是云杉、冷杉林）、山地温带针阔混交林带（海拔 2000～3000m，树种资源丰富）和山地亚热带半干旱灌丛带（海拔 2000m 以下，为干热河谷地带，地带性植被为半干旱灌丛）。

2）中部中山峡谷区和滇中高原区

流域中部中心地带以断块抬升为主，沿金沙江则以沉降为主，从而形成了北低南高的地貌格局。本区以滇中高原为主体，地处云岭山脉向东部分支的分水岭地带，包括高山峡谷区以东，直至滇东岩溶高原和北部金沙江河谷的广大地区。南部高原海拔 1800～2600m，北部河谷海拔 600～1600m，在河谷与高原面之间为严重的切割区，构成了高原、中等或深度切割区及河谷相间排列的地貌格局。在整个抬升的高原面上有较多断陷盆地，山地的坡度比较平缓，而在高原边缘及金沙江河谷则为较严重切割的中山峡谷地貌。本区处于干旱向半干旱过渡区，森林类型相对简单，海拔 1600m 以上为半干旱区域，主要植被类型为云南松针叶林或与尼泊尔桤木、栎类等形成的混交林；海拔 1600m 以下为干旱区域，主要是河谷区，植被类型以车桑子、余甘子等稀疏灌丛为主。

3）东部湿润、中山山嵊峡谷区

流域东部以断裂带的差异抬升和断块抬升为主，形成了由高山、高原平坝、中山山嵊与 200～600m 的金沙江河谷组成的南高北低的中山山嵊峡谷地貌。本区受昆明准静止锋控制，以湿润气候为主，为局部半湿润区。由于受人为活动的长期影响，森林植被遭到了破坏，之后被大面积的次生灌丛和灌草丛所取代，植被的垂直分布也不明显。森林分布地气候温和而潮湿，土壤为山地黄棕壤或黄壤，土层深厚，富含腐殖质。主要植被与四川盆地边缘山地的偏湿性常绿阔叶林十分接近，称为亚热带山地湿性常绿阔叶林。

3.1.3　气候

金沙江流域（云南）基本属于高原气候区，而下游巧家至水富段属于暖温带气候区。上、中游干湿季节分明，5～10 月为雨季，11 月至次年 4 月为干季，气候垂直差异明显；下游地区位于中亚热带，降雨表现为季节性强、强度较大，且流域下游的干热河谷夏季绵长且无冬季，春秋相连。金沙江流域气候分布具有区域性特征，该流域年平均气温为 12～20.3℃，金沙江河谷地带年平均气温约 22℃，呈现西高东低的规律，由 20.3℃过渡到 17.8℃。

3.1.4　土壤

金沙江流域面积宽广,属低纬度、高海拔的多山地区。由于流域内地貌类型复杂和不同生物气候带的错综分布,以及母质和岩石的多样,导致土壤类型多,分布上既有水平地带性,又有垂直地带性和地域性。

全区地势西高东低,从西向东倾斜,土壤水平地带分布与生物气候带基本吻合,自南而北大体可分为2个土壤带。

1) 红壤带

主要分布在北纬24°~27°,海拔2500m以下的广大地区。主要植被为亚热带常绿阔叶林、云南松林和灌丛草地。属中亚热带、北亚热带气候,年平均气温15.5℃,≥10℃积温4200~6000℃,年降水量1000mm左右。本带中部和东部为云贵高原,成土母质主要是深厚的古红土发育的山原红壤。西部为横断山脉,山高谷深,成土母质主要是页岩、片岩、泥质岩、石英质岩、花岗岩、片麻岩。东部多雨区还分布有黄壤。红壤带开发较早,是云南省粮、烟、油、果的主产区。

2) 棕壤带

分布在北纬27°以北,海拔2500m以上。本带分布着黄棕壤、棕壤、暗棕壤等棕壤系列为主的土壤带,其次还分布有亚高山草甸土、高山草甸土和高山寒漠土等高山土壤。植被主要为硬叶常绿阔叶林、针阔叶混交林、亚高山针叶林和高山灌丛草甸。年平均气温5~13℃,≥10℃积温650~3800℃,年降水量620~1100mm。成土母质包括淋溶土纲和高山土纲。

在流域范围内土壤的垂直分布十分明显,从低到高,土壤的垂直分布大体是:燥红土分布于河谷,海拔1000m(或1300m)以下的地段。红壤广泛分布于海拔2500m以下的地区。黄棕壤分布于滇西海拔2500~2700m、滇中海拔2300~2600m的区域。棕壤分布于滇西海拔2600~3200m,滇中海拔2400~3000m的区域。暗棕壤分布于滇西海拔3200~3500m、拱王山海拔3300~3700m的区域。棕色针叶林土分布于滇西海拔3500~3800m、拱王山海拔3700~4000m的区域。亚高山草甸土分布于滇西海拔3800~4200m的山体上。高山草甸土仅分布在滇西海拔3500~4400m的山体上。高山寒漠土仅在滇西海拔4200m以上的高山上有零星分布。

土壤垂直分布既受经度(垂直)地带性的影响,又受纬度(水平)地带性的制约。地势西高东低,从西至东,大致经度东移1°,纬度南移1°,其相应的地带性土壤分布海拔上限分别下降100~200m。山体高度不同,土壤垂直带谱也有差异。山体越高,高差越大,土壤类型越多,垂直带谱也越齐全。同一山体的不同坡向,水热条件各异,其土壤类型和分布海拔上限也有差异。对于同一土壤类型的分布海拔,西坡比东坡要高100~200m。

金沙江流域（云南）的土壤除有规律性的水平分布和垂直分布外，还受地形、水文、成土母质等因素的影响呈地域性分布：滇东高原古红土发育的山原红壤区；滇西山地红壤区；滇中以楚雄州为中心的紫色土区；滇东南喀斯特地貌发育，为石灰（岩）土区；滇东北为黄壤、黄棕壤土区；滇西北为高山土区；金沙江等燥热河谷有燥红土，呈条带状分布；河流沿岸阶地和冲洪积扇（裙）有新积土（冲积土）分布。

3.1.5　水文

1）河流水系

金沙江在云南省境内有 17 条较大支流，坝子（盆地）基本上分布在这些支流上。左岸集水面积在 0.1 万～0.5 万 km^2 的支流有交界河、五朗河、马过河等。右岸集水面积大于 0.5 万 km^2 的支流有龙川江、普渡河、牛栏江及横江；集水面积在 0.1 万～0.5 万 km^2 的支流有周巴洛河、腊普河、漾弓江、达旦河（桑园河）、渔泡江、万马河、勐果河、小江、以礼河等。集中耕地较多的是龙川江、普渡河、牛栏江和横江。

2）降水

金沙江流域是云南省降水量最少的一个流域，其降水特点是夏、秋降水较多，冬、春降水稀少，全流域降水量 989.1mm。湿季（5～10 月）降水量约占全年降水量的 80%，干季（11 月至次年 4 月）降水量约占全年降水量的 20%。

在水平分布上，金沙江流域的降水表现出由西向东逐渐增加的趋势，金沙江河谷地带的降水量从宾川的 600～800mm 增加到水富的 1000mm 以上。这种由西向东渐增的特征还反映在海拔影响降低的抵消作用上，如中部海拔 4061m 的乌蒙山和东部海拔 1695m 的罗汉坪，降水量都为 1600mm，若整个金沙江流域同时降雨，下游河段则容易形成较大洪峰。

在垂直方向上，金沙江流域的降水量表现出从河谷向两岸山区增加的趋势，在河谷两岸海拔<1000m 的地区，降水量仅为 600～700mm，在海拔 1800～2000m 的高原面上，降水量为 900～1000mm，而在禄劝乌蒙山和牛栏江上游五莲峰海拔 4000m 左右地区，降水量可增加到 1600m 左右。说明金沙江流域的降水以地形雨为主，海拔对降水量的抬升作用明显，高处侵蚀物容易被降水搬运到低处。

由于上述降水特点，金沙江下游地区的洪水由暴雨形成。据统计，金沙江下游平均每年有 5 次暴雨发生，最长暴雨历时 3～5h，但经常是历时短、强度高、范围小的局地暴雨。按>30mm 等值线，高值区主要集中分布在金沙江下游上段与下段，最高值分别为 62mm 和 58mm，而中段河谷地区一般为 30mm。

3）地表径流

金沙江流域的平均年径流量的空间分布与年降水量空间分布趋势大体一致。在垂直分布上，由河谷向两岸山区随海拔的增高而加大，河谷平坝平均每年径流深 100～300mm，而各支流的中上游随着海拔的增高，径流深增加到 500～1100mm。水平纵向（东西方向）分布也呈由西向东增加的趋势，平均年径流深高值中心呈南多北少格局。金沙江干、支流各年径流变差系数（C_v）的地区差异大，一般在 0.152～0.695，说明支流较干流年际径流变化大，最大年径流量与平均年径流量的比值，两侧支流为 1.1～2.9，干流为 1.23～1.37，说明金沙江干流年径流年际变化小于支流。元谋与宾川一带为高 C_v 值核心区，龙川江为另一个高 C_v 值核心区。

3.1.6　金沙江干热河谷

1）区域

金沙江干热河谷包括金沙江及其一级支流海拔1600m以下高山峡谷下部的河谷共同组成的具有南亚热带半干旱气候条件的区域，其近代生态环境是由特殊的地理位置和峡谷地貌的气候所致，其气候均为南亚热带非地带类型。金沙江干热河谷地跨上游（西部）鹤庆县至下游（东部）永善县，地理坐标为东经100°18′～103°36′，北纬 25°30′～28°。

干热河谷在流域中并不是连续分布的，土地分散于沿江流向大理州至昭通市共 7 个地州市中的 16 个县（市、区），循金沙江一级支流谷地呈树枝状分布，面积为33.9 万 hm²，组成了区域性的西、中、东三片。西片由鹤庆、永胜、宾川联结而成，占干热区面积的 25.7%；中片由华坪、元谋联结而成，占干热区面积的 38.3%；东片区由东川、会泽、巧家联结而成，加上其余 8 县（大姚、永仁、武定、牟定、禄劝、永善、昭通、鲁甸）也划入东片区，占干热区面积的 36.0%。全河谷区具有可供开发利用土地面积 22.8 万 hm²，占总土地面积的 67.3%。

2）气候

金沙江干热河谷年降水量为 558～801.2mm，年蒸发量为 2636～3830mm，是降水量的 3.4～6.0 倍，干燥度为 1.5～2.8；年平均温度为 19.9℃，最冷月（1 月）平均温度为 12.2℃，≥10℃积温为 5954.1～7986℃；年日照时数为 2179.4～2736h，为全省多日照区。

3）地貌

金沙江干热河谷河流深切，岭谷高差悬殊。分布于金沙江及其直流河谷的热区，谷深坡陡，多数地带呈"V"形峡谷，阶地不发育，立体性强。谷地、盆地、坝子、山地、丘陵、土林、泥石流、河漫滩涂等各种地貌交织，峡谷景观内呈多样化特征。水土流失面积 13.5 万 km²，占流域总面积的 36.4%。干旱缺水，水资源匮乏，土地质量退化，科技力量弱，作物资源开发不合理等抑制了区内光热资源潜力的发挥、作物资源和土地资源的合理开发利用，使该区生态环境脆弱。

4）土壤

金沙江干热河谷土壤类型多样化，由于高温干旱，降水量集中（6～10 月），燥热导致土壤矿化度低，土壤瘠薄，有机质含量低，抗侵蚀能力弱，以水土流失为主的土壤退化问题相当突出。

以土地利用难易程度、开发效益、土地坡度、土壤肥力、可耕作层厚度、水土流失程度等主要因素为依据，将金沙江干热河谷土地资源划分为 5 个等级。其中，一级地，土地质量好，平坦，土壤肥力较高，生产性能好，土地退化不明显，坡度小于 8°，水源基本有保证，可耕作层≥80cm，基本无水土流失，面积 5.9 万 hm²，为粮、蔬、蔗及热带水果、作物和非农业用地利用；二级地，土壤质量中等，绝大部分为旱地、轮歇地及丢荒地，坡度 8°～15°，水源季节性保证，可耕作层 50～80cm，粮作较不稳定，水土有片蚀现象，面积 3.6 万 hm²，适当解决水利条件后易为粮、热经作物开发利用，但要防止土地退化；三级地，土地质量差，不宜粮、蔬生产，干旱水蚀突出，坡度 15°～25°，灌溉无保障，水土有明显网状片蚀，面积 6.4 万 hm²，配套一定水利设施可发展木本长期经济作物，也可利用天然降水建设水保经济林与薪炭、肥源、饲草的多功能复合林地，是重点搞好水土保持的土地；四级地，土层浅薄，肥力低，坡度大（25°～35°），中等较宽沟蚀，使粮、经济林、果发展受限制，封禁自然植被，营造水土保持林，面积 6.9 万 hm²；五级地，坡度≥35°的陡坡，土林沟谷及泥石流滑坡地段，难于农林牧业利用，零星生长耐旱草灌，无成片可耕地，面积 11.1 万 hm²。

3.1.7　水土流失情况

近年来，沿线城市高强度开发使长江流域环境风险隐患突出，流域开发与环境协调发展矛盾日益突出，可持续发展面临挑战。资料显示，长江三峡大坝宜昌观测断面来沙中，约有 45.8%来自金沙江；金沙江多年平均输沙量达 2.4 亿 t，平均水土侵蚀量达 15.9 亿 t。

3.1.8　金沙江流域内的水电开发

金沙江水能资源蕴藏量达 1.21 亿 kW，占全国的 16.7%，可开发水能资源达 9000 万 kW，是全国最大的水电基地。金沙江下游的 4 个巨型梯级电站，总装机容量为 4.210 万 kW，年发电量为 1.843 亿 kW·h，规模相当于两个三峡电站。向家坝、溪洛渡坝水电站建成后目前已分别形成约 157km、194km 的库区深水航道，白鹤滩、乌东德坝后还将分别形成约 183km、200km 的库区深水航道，金沙江攀枝花至水富全段形成约 734km 的库区深水航道，将长江黄金水道从宜宾延伸至攀枝花。

中游河段的龙盘、两家人、梨园、阿海、金安桥、龙开口、鲁地拉、观音岩等水电站，规划总装机容量 2.058 万 kW。水电站除了发电功能之外，还有防洪和通航两大功能，下游 4 个梯级水电站梯级可以利用预留防洪库容 128 亿 m³ 错峰滞洪，提高宜宾市的防洪标准。随着梯级水电站的水库形成，淹没了需要整治的多处碍航滩险，700km 的梯级水库将成为行船安全的深水航区，还可在枯水季节增加下游航道流量，从而进一步提高下游航道枯水期的通航保证率。

3.2 金沙江流域（云南）农业农村经济发展情况

3.2.1 金沙江流域（云南）的地域、人口情况

金沙江流域流经云南省的迪庆州、丽江市、大理州、楚雄州、昆明市、曲靖市、昭通市 7 个州（市），涉及行政区面积 18.06 万 km²，人口约 2758.99 万人（2017 年），占当年全省人口的 57.47%，其中农业人口约 1567.28 万人，人口分布东北部密，西北部稀。该流域是少数民族集中居住的地区之一，少数民族人口约为 602.75 万人，境内有近 20 个民族。根据云南省 2019 年国民经济和社会发展统计公报统计数据显示，2019 年流域内 7 个州（市）农林牧渔生产总值 2178.26 亿元，占 2019 年全年全省生产总值（23 223.75 亿元）的 9.4%，占全年全省农业总产值（4935.74 亿元）的 44.13%。

为了深入了解金沙江流域（云南）的具体农业农村发展情况，调研沿金沙江干流所流经的迪庆州（德钦县、香格里拉市）、丽江市（玉龙县、古城区、永胜县、华坪县）、大理州（宾川县）、楚雄州（永仁县、元谋县、武定县）、昆明市（禄劝县、东川区）、昭通市（巧家县、永善县、绥江县、水富市）16 个县（市、区）对其农业农村经济发展情况开展实地调查研究，以明确金沙江流域（云南）农业生产布局对云南农业农村发展产业结构调整、特色产业发掘、绿色产业科学布局与生产生活方式转变的影响。

1）流域上段

金沙江流域（云南）上段调研涉及德钦县、香格里拉市、玉龙县、古城区，此区域地广人稀，除丽江市古城区外，面积均超过 6000km²，地形以山区为主，河谷、盆地面积较少。人口为 6.81 万～22.25 万人，少数民族人口占绝大多数，农业人口较多的县为德钦县和玉龙县，占比分别为 78.56% 和 84.76%，古城区农业人口占比较少，仅为 31.89%，森林覆盖率为 36.70%～76.00%（表 3.1）。

表 3.1　金沙江流域（云南）地域、人口情况

流域范围	县（市、区）	干流/km	面积/km²	山区占比/%	森林覆盖率/%	总人口/万人	少数民族占比/%	农业人口占比/%
流域上段	德钦县	250.0	7 273.0	100.00	36.70	6.81	97.70	78.56
	香格里拉市	375.0	11 613.0	93.50	76.00	17.94	84.00	49.50
	玉龙县	364.0	6 390.0	96.53	74.40	22.25	86.00	84.76
	古城区	80.0	1 255.4	95.00	69.80	15.74	79.00	31.89
流域中段	永胜县	215.0	4 950.0	74.60	56.96	40.68	34.42	74.56
	华坪县	52.6	2 200.0	97.00	72.66	17.53	32.40	51.17
	宾川县	25.0	2 562.7	83.34	53.84	36.57	24.40	68.80
	永仁县	27.0	2 189.0	97.00	70.10	11.14	64.40	76.39
	元谋县	46.5	2 021.0	44.30	43.63	22.18	41.40	86.52
	武定县	34.0	3 322.0	97.00	64.89	27.98	56.11	76.80
	禄劝县	91.0	4 234.8	98.40	56.00	48.73	32.70	85.02
	东川区	52.5	1 858.8	98.00	37.65	32.02	5.00	61.31
	巧家县	138.0	3 245.0	98.90	48.00	62.50	5.30	71.89
流域下段	永善县	168.2	2 778.0	99.00	40.20	48.18	9.30	80.39
	绥江县	80.0	761.0	88.30	70.14	17.11	0.66	63.94
	水富市	19.0	440.0	93.18	65.30	10.69	4.60	62.11

2）流域中段

金沙江流域（云南）中段调研涉及永胜县、华坪县、宾川县、永仁县、元谋县、武定县、禄劝县、东川区、巧家县，区域内面积 4000～5000km² 的是丽江市永胜县和昆明市禄劝县，面积 3000～3500km² 的是武定县和巧家县，其余各县的面积在 1800～2600km²；山区平均占比为 87.62%，其中山区面积最小的是元谋县，该县域内山区面积不到总面积的 50%，其余各县均在 70% 以上；区域内人口为 11.14 万（永仁县）～62.50 万人（巧家县），少数民族人口占总人口的 5.00%～64.40%，平均占比为 32.90%；农业人口比重较大，为 51.17%（华坪县）～86.52%（元谋县），平均占比为 72.50%；森林覆盖率为 37.65%～72.66%。

3）流域下段

金沙江流域（云南）下段调研涉及永善县、绥江县、水富市，此区域人口为 10.69 万～48.18 万人，平均人口为 25.33 万人，面积分别为永善县 2778.0km²、绥江县 761.0km²、水富市 440.0km²；山区平均占比为 93.49%，属于山区面积较多的区域；区域人口分别为永善县 48.18 万人、绥江县 17.11 万人、水富市 10.69 万

人；少数民族人口占比较少，3 个县皆不超过 10%；农业人口平均占比为 68.81%；森林覆盖率为 40.20%～65.30%。

3.2.2　金沙江流域（云南）的海拔、气候情况

1）流域上段

金沙江流域（云南）上段地处高海拔地区，最低海拔 1219m，德钦县、香格里拉市、玉龙县的海拔落差为 4000～5000m，古城区海拔落差较小，为 1981m，德钦县和香格里拉市的年平均气温不足 6℃，玉龙县和古城区的年平均气温分别为 12.9℃和 14.6℃。日照时数为 1877.1～2530.0h，由北向南逐渐增加。年降水量为 631.7～984.8mm。无霜期为 129.0～210.0d。

2）流域中段

金沙江流域（云南）中段地处中低海拔地区，最低海拔 600m（巧家县），区域内最高海拔为 2835.9（元谋县）～4344.1m（东川区），年平均气温为 14.5℃（永胜县）～23.3℃（元谋县），年平均日照时数为 2413.5h，年平均降水量为 821.6mm，宾川县和元谋县降水量较低，分别为 559.4mm 和 656.8mm，平均无霜期为 289.7d。

3）流域下段

金沙江流域（云南）下段地处中低海拔地区，最低海拔 267m（水富市），该区域永善县海拔落差最大，为 2819.5m，绥江县和水富市的海拔落差均不足 2000m，年平均气温 17.5℃，日照时数偏短，仅为 882.2～1097.7h，年降水量为 743.9～1100.08mm，平均无霜期为 296.7d（表 3.2）。

表 3.2　金沙江流域（云南）海拔及气候情况

县（市、区）	海拔/m	最低海拔/m	最高海拔/m	年平均气温/℃	日平均最低气温/℃	日平均最高气温/℃	日照时数/h	降水量/mm	无霜期/d
德钦县	3400	1841	6740.0	5.8	2.0	14.0	1980.7	631.7	129.0
香格里拉市	3300	1503	5545.0	5.7	2.0	14.0	1877.1	649.4	163.0
玉龙县	2400	1370	5596.0	12.9	8.0	20.0	2460.0	800.6	200.0
古城区	1981	1219	3200.0	14.6	9.0	21.0	2530.0	984.8	210.0
永胜县	2140	1056	3963.5	14.5	9.0	21.0	2403.0	953.0	212.0
华坪县	1150	1015	3198.0	19.8	15.0	28.0	2486.9	870.0	303.0
宾川县	1430	1104	3320.0	17.9	13.0	28.0	2719.4	559.4	260.0
永仁县	1536	926	2884.7	17.7	12.0	26.0	2636.8	849.9	315.0
元谋县	1120	898	2835.9	23.3	17.0	30.0	2563.0	656.8	365.0
武定县	1740	862	2956.0	15.1	10.0	24.0	2080.3	996.9	236.0
禄劝县	1679	746	4247.0	15.6	11.0	24.0	2350.0	807.2	234.0

续表

县（市、区）	海拔/m	最低海拔/m	最高海拔/m	年平均气温/℃	日平均最低气温/℃	日平均最高气温/℃	日照时数/h	降水量/mm	无霜期/d
东川区	1280	695	4344.1	20.3	16.0	28.0	2327.5	1000.5	317.0
巧家县	876	600	4041.0	21.1	18.0	28.0	2155.0	701.0	365.0
永善县	820	380	3199.5	16.6	14.0	22.0	1093.5	743.9	320.0
绥江县	460	381	2054.0	18.2	16.0	22.0	1097.7	1085.3	250.0
水富市	280	267	1986.4	17.8	13.0	22.0	882.2	1100.0	320.0

3.2.3 金沙江流域（云南）的农村经济发展情况

1）流域上段

金沙江流域（云南）上段 4 个县（市、区）的农业生产总值在当地生产总值中的占比普遍不高，玉龙县为 39.55%，其余 3 个县（市、区）占比均不超过 8%。此流域段中，德钦县的种植业产值在当地农业生产总值中占比较高，为 45.02%，其次为古城区、香格里拉市、玉龙县。古城区的畜牧业产值在当地农业生产总值中的比重最高，其次分别为玉龙县、香格里拉市、德钦县（表 3.3）。

表 3.3 金沙江流域（云南）的区域经济情况

县（市、区）	年份	生产总值/亿元	农林牧渔总值/亿元	产值/亿元			
				种植业	林业	畜牧业	渔业
德钦县	2017	39.47	2.91	1.31	0.57	0.77	0.02
香格里拉市	2017	120.64	8.01	3.39	0.80	2.58	0.10
玉龙县	2017	58.61	23.18	8.99	1.25	10.46	0.66
古城区	2017	126.94	10.05	4.28	0.16	5.12	0.35
永胜县	2019	96.41	38.52	19.19	1.59	15.54	1.47
华坪县	2019	62.22	15.60	9.81	0.62	4.55	0.48
宾川县	2019	129.37	100.42	82.91	2.23	13.14	1.31
永仁县	2019	49.90	19.58	5.64	6.83	6.70	0.41
元谋县	2019	84.49	35.53	26.57	0.44	7.43	0.51
武定县	2019	97.23	38.47	18.21	4.63	15.22	0.23
禄劝县	2019	132.83	54.43	26.70	3.66	23.36	0.24
东川区	2019	114.81	17.88	6.09	1.02	9.68	0.28
巧家县	2018	61.56	37.87	15.72	1.19	19.60	0.75
永善县	2019	128.29	26.07	—	—	—	—

续表

县（市、区）	年份	生产总值/亿元	农林牧渔总值/亿元	产值/亿元			
				种植业	林业	畜牧业	渔业
绥江县	2019	35.25	8.39	3.38	0.62	3.39	0.83
水富市	2019	73.37	4.70	1.67	0.50	1.61	0.55

2）流域中段

金沙江流域（云南）中段 9 个县（区）的农业生产总值在当地生产总值中的占比不均，由高到低依次为宾川县（77.62%）、巧家县（61.52%）、元谋县（42.05%）、禄劝县（40.98%）、永胜县（39.95%）、武定县（39.57%）、永仁县（39.24%）、华坪县（25.07%）、东川区（15.57%）。

其中，种植业产值在当地农业生产总值中占比过半的是宾川县（82.56%）、元谋县（74.76%）、华坪县（62.88%）；占比 40%～50%的是永胜县（49.82%）、禄劝县（49.05%）、武定县（47.34%）、巧家县（41.51%）；东川区和永仁县占比不足 40%，分别为 34.08%、28.80%。

畜牧业产值在当地农业生产总值中占比过半的是东川区（54.14%）、巧家县（51.76%）；其次为禄劝县（42.92%）、永胜县（40.33%）、武定县（39.56%），其余各县占比均不足 35%。

3）流域下段

金沙江流域（云南）下段 3 个县（市）的农业生产总值在当地生产总值中的占比依次为绥江县（23.80%）、永善县（20.32%）、水富市（6.41%）。

3.3　金沙江流域（云南）农业农村产业结构对水系的生态环境影响分析

3.3.1　金沙江（云南）水质状况

2020 年 1 月，金沙江（云南）水系干流水质为优，2～4 月、10～12 月水质为良，5～9 月水质为轻度污染。全年开展监测的主要河流断面中（国控和省控断面全年监测共计 999 个），水质优，符合Ⅰ～Ⅱ类标准的断面占 48.15%；水质良好，符合Ⅲ类标准的断面占 25.53%；水质轻度污染，符合Ⅳ类标准的断面占 14.81%；水质中度污染，符合Ⅴ类标准的断面占 4.90%；水质重度污染，劣于Ⅴ类标准的断面占 6.61%（表 3.4）。

表 3.4　2020 年度金沙江（云南）断面水质状况

时间	Ⅰ类	Ⅱ类	Ⅲ类	Ⅳ类	Ⅴ类	劣Ⅴ类	监测断面个数	污染情况
1 月	12	34	27	9	4	4	90	优
2 月	13	35	22	11	0	2	83	良好
3 月	14	36	20	15	4	1	90	良好
4 月	11	25	22	13	2	3	76	良好
5 月	10	25	16	11	8	7	77	轻度污染
6 月	10	20	26	8	5	7	76	轻度污染
7 月	5	22	18	15	7	11	78	轻度污染
8 月	7	24	15	15	7	10	78	轻度污染
9 月	4	28	19	17	5	5	78	轻度污染
10 月	7	32	30	11	4	7	91	良好
11 月	8	44	20	13	1	5	91	良好
12 月	16	39	20	10	2	4	91	良好
全年	117	364	255	148	49	66	999	

　　金沙江（云南）干流Ⅴ类水样占 4.9%，Ⅳ类水样占 14.8%，Ⅲ类水样占 25.53%，Ⅱ类水样占 36.44%，Ⅰ类水样占 11.71%。2019 年云南省环境状况公报显示，长江水系金沙江流域 91 个国控、省控断面中劣Ⅴ类水样有 2 个，Ⅴ类水样有 9 个，Ⅳ类水样有 13 个，Ⅲ类水样有 14 个，Ⅱ类水样有 49 个，Ⅰ类水样有 4 个。

　　2020 年 11 月 8～13 日通过金沙江流域调研工作的开展，采集了金沙江流域附近各类水样 49 个，检测了水样的总氮（TN）、总磷（TP）和 COD 指标，结合地表水质量标准（表 3.5）可以看出，采集的 49 个水样中，从 TN 浓度上来看，劣Ⅴ类水样占 30.63%，Ⅴ类水样占 10.24%，Ⅳ类水样占 16.34%，Ⅲ类水样占 26.51%，Ⅱ类水样占 12.24%，Ⅰ类水样占 4.04%；从 TP 浓度上来看，49 个水样均在Ⅱ类以上，Ⅱ类水样占 38.7%，Ⅰ类水样占 61.3%；从 COD 浓度上看，劣Ⅴ类水样占 4.13%，Ⅴ类水样占 4.14%，Ⅳ类水样占 8.14%，Ⅲ类水样占 14.23%，Ⅱ类水样占 36.74%，Ⅰ类水样占 32.62%。

表 3.5　地表水质量标准

指标/（mg/L）	Ⅰ类	Ⅱ类	Ⅲ类	Ⅳ类	Ⅴ类	劣Ⅴ类
TN	≤0.2	≤0.5	≤1	≤1.5	≤2	>2
TP	≤0.02	≤0.1	≤0.2	≤0.3	≤0.4	>0.4
COD	≤2	≤4	≤6	≤10	≤15	>15

在金沙江流域云南省境内从上游至下游各县（分别为德钦县、玉龙县、永胜县、华坪县、宾川县、永仁县、元谋县、东川区、巧家县、永善县、绥江县、水富市）设置水样采集点（表 3.6），样品总氮、总磷和 COD 指标情况详见图 3.1～图 3.3。

表 3.6　金沙江流域（云南）各县水样取样及测定情况

各县样品编号	取样点	各县样品编号	取样点
德钦县 1	德钦县奔子栏镇	巧家县 5	巧家县蒙姑镇以礼河四级电站
德钦县 2	德钦县奔子栏镇	永善县 1	永善县青胜乡青胜社区棉花土
玉龙县 1	玉龙县石鼓镇	永善县 2	永善县桧溪镇源胜村
玉龙县 2	玉龙县石鼓镇	永善县 3	永善县溪洛渡镇
永胜县 1	永胜县三川镇	永善县 4	永善县溪洛渡镇大石
华坪县 1	华坪县荣将镇	永善县 5	永善县溪洛渡镇桐堡
宾川县 1	宾川县桥甸镇	永善县 6	永善县务基镇四方碑
宾川县 2	宾川县力角镇	永善县 7	永善县黄华镇米贴村
永仁县 1	永仁县永定镇	永善县 8	永善县黄华镇
永仁县 2	永仁县莲池乡	永善县 9	永善县黄华镇二水段
元谋县 1	元谋县姜驿乡沙沟河	永善县 10	永善县莲峰镇新滩村
元谋县 2	元谋县江边乡龙街大桥	永善县 11	永善县莲峰镇 245 县道
元谋县 3	元谋县物茂乡 108 国道	永善县 12	永善县茂林镇
元谋县 4	元谋县黄瓜园镇 108 国道	绥江县 1	绥江县中城镇绍廷村
元谋县 5	元谋县元马镇 214 省道	绥江县 2	绥江县中城镇绍廷村
东川区 1	昆明市东川区铜都街道新建村	绥江县 3	绥江县中城镇绍廷村玉禅寺
东川区 2	昆明市东川区乌龙镇小三江口	绥江县 4	绥江县新滩镇水绥二级路
东川区 3	昆明市东川区阿旺镇阿旺段	绥江县 5	绥江县南岸镇林家坝
东川区 4	昆明市东川区阿旺镇阿旺段	绥江县 6	绥江县南岸镇土地房
东川区 5	昆明市东川区铜都街道 207 省道大白河	水富市 1	水富市云富街道
东川区 6	昆明市东川区铜都街道达德村	水富市 2	水富市云富街道
巧家县 1	巧家县崇溪镇昭巧二级公路	水富市 3	水富市云富街道万里长江第一港
巧家县 2	巧家县白鹤滩镇昆巧高速	水富市 4	水富市新安隧道
巧家县 3	巧家县蒙姑镇小河口	水富市 5	水富市邵女坪
巧家县 4	巧家县蒙姑镇小河口		

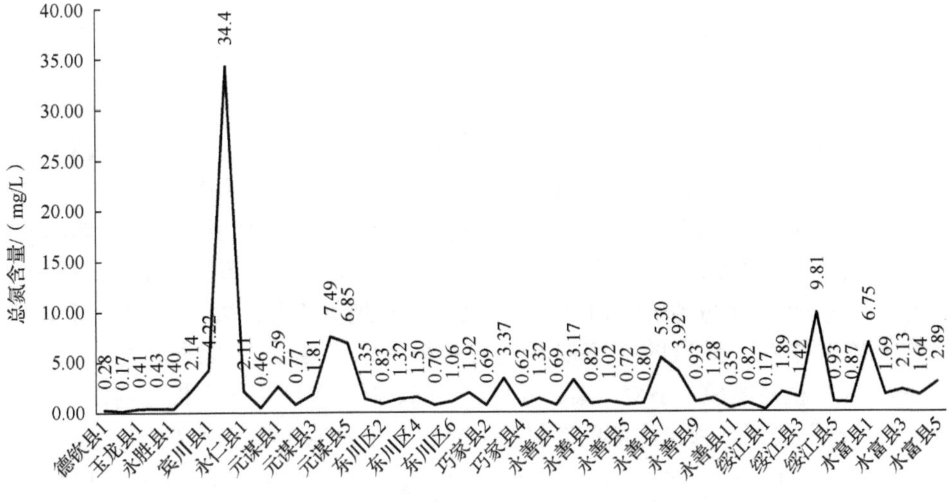

图 3.1　金沙江流域（云南）各县（区）水质样品总氮含量

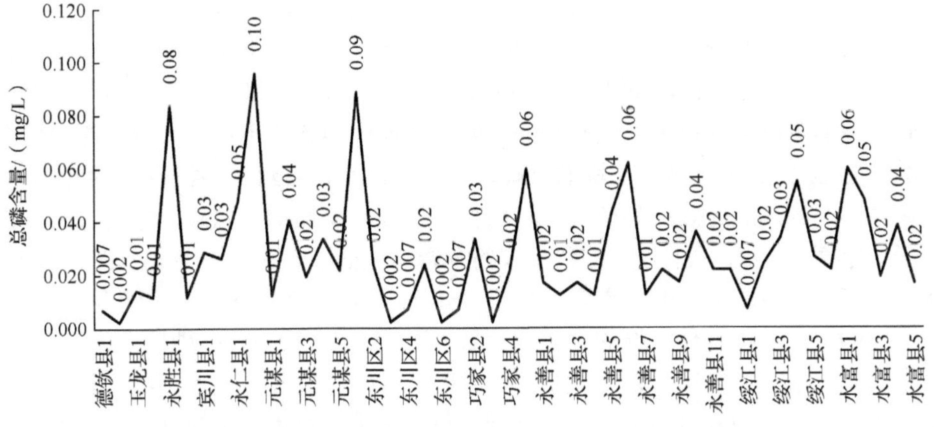

图 3.2　金沙江流域（云南）各县（区）水质样品总磷含量

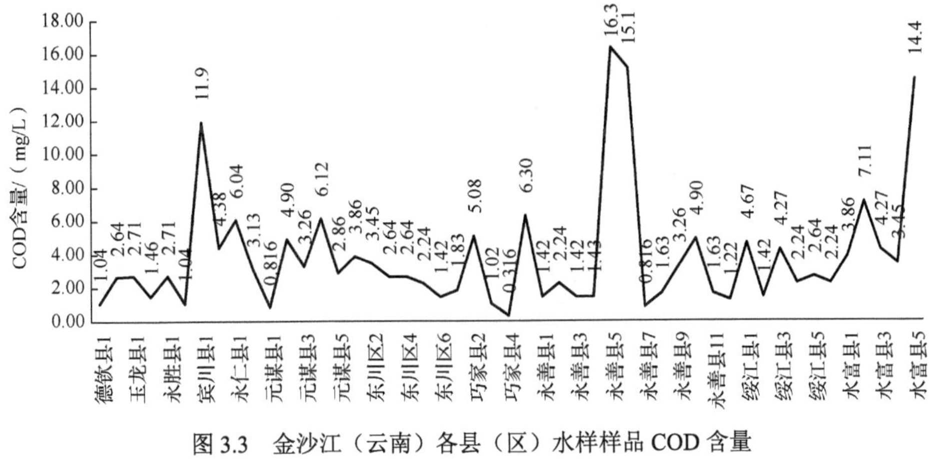

图 3.3　金沙江（云南）各县（区）水样样品 COD 含量

3.3.2　金沙江流域（云南）土壤状况

2020 年 11 月调研组采集了金沙江流域（云南）主要作物的 74 个土样，检测了土样的 pH 值、有机质、全氮、水解氮、全磷、有效磷 6 个指标（图 3.4～图 3.9）。其中，土壤 pH 值为 3.6～8.5，种植方竹的土壤 pH 值最低，种植花椒、油橄榄的土壤 pH 值最高；种植脐橙、油橄榄、花椒、桃、辣木、余甘子、酸角土壤的 pH 值在 8 以上，种植沃柑、板栗、猕猴桃、方竹、天麻、马铃薯的土壤 pH 值在 5 以下。土壤 pH 值除与种植作物有关外，还与采样地点相关，从表 3.7 中可看出永仁的土壤偏酸性，元谋的土壤偏碱性。种植辣木土壤的有机质含量最低，为 3.94g/kg；种植油橄榄、小麦、桑、方竹、天麻、马铃薯土壤的有机质均在 30g/kg 以上，种植马铃薯、天麻土壤的有机质含量远高于其他作物，分别为 74.2g/kg 和 60.3g/kg。土壤样品的全氮含量为 0.33～4.29g/kg，种植辣木土壤的全氮含量最低，马铃薯土壤的全氮含量最高，油橄榄、小麦、石榴、天麻、马铃薯土壤的全氮含量在 2g/kg 以上，沃柑、玉米、辣木、余甘子、酸角土壤的全氮含量低于 0.5g/kg。种植辣木土壤的水解氮含量最低为 20mg/kg，种植马铃薯土壤的水解氮含量最高为 334mg/kg，种植葡萄、脐橙、油橄榄、小麦、烤烟、石榴、水稻、桑、板栗、方竹土壤的水解氮含量为 100～200mg/kg，天麻、马铃薯土壤的水解性氮含量为 200～350mg/kg。种植辣木土壤的全磷含量最低，为 0.22g/kg；种植桃土壤的全磷含量最高，为 1.86g/kg；种植沃柑、核桃、板栗、猕猴桃、龙眼、方竹、砂仁、李子、青枣、辣木、余甘子、酸角土壤的全磷含量低于 0.5g/kg；种植玉米、小麦、桃、天麻、马铃薯土壤的全磷含量高于 1g/kg。种植花椒土壤的有效磷含量最低，为 0.6mg/kg；种植葡萄土壤的有效磷含量最高，为 90.3mg/kg；种植水稻、核桃、花椒、火龙果、猕猴桃、方竹、李子、龙眼、砂仁、天麻、辣木土壤的有效磷含量低于 5mg/kg；种植小麦、石榴、芒果、桃、黄瓜、青枣土壤的有效磷含量均高于 30mg/kg（表 3.8）。

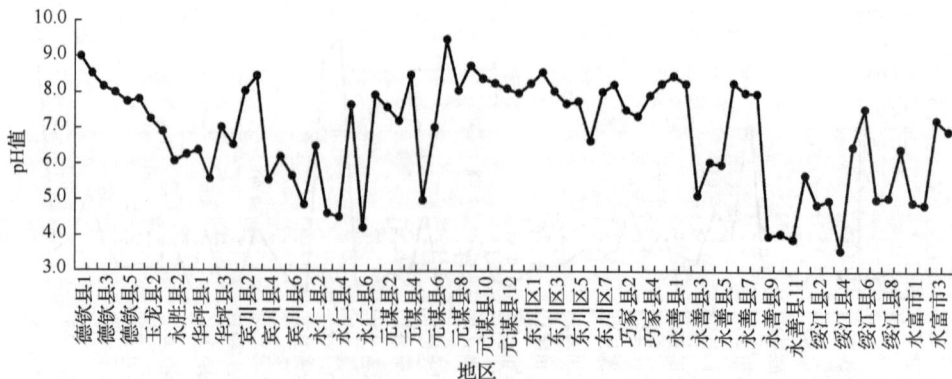

图 3.4　金沙江流域（云南）作物土壤 pH 值统计图

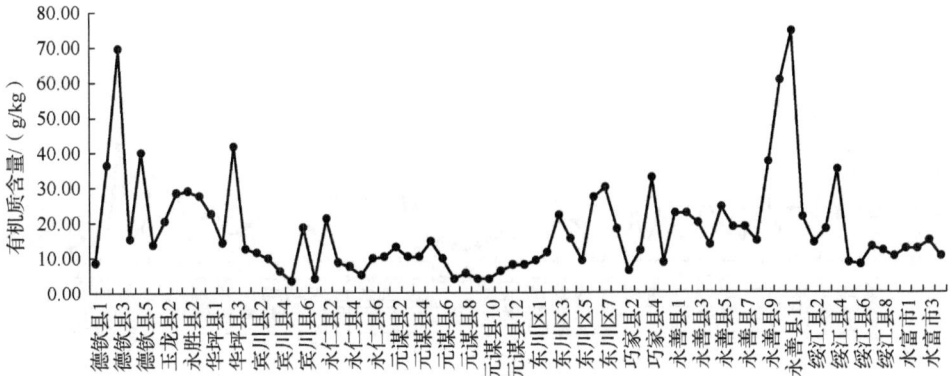

图 3.5 金沙江流域（云南）作物土壤有机质含量统计图

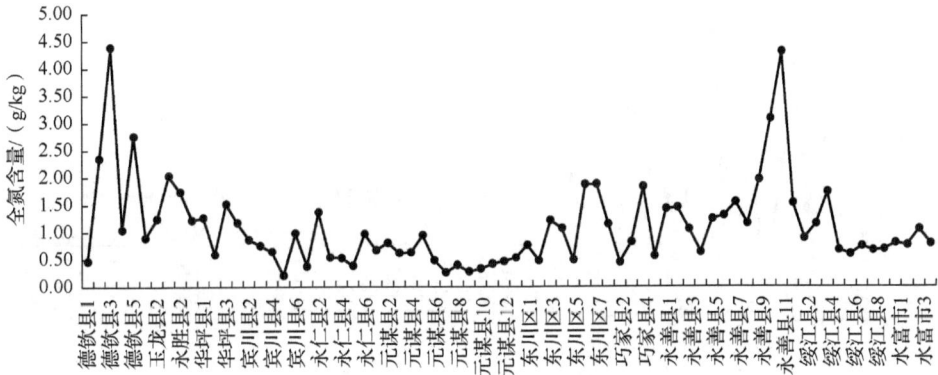

图 3.6 金沙江流域（云南）作物土壤全氮含量统计图

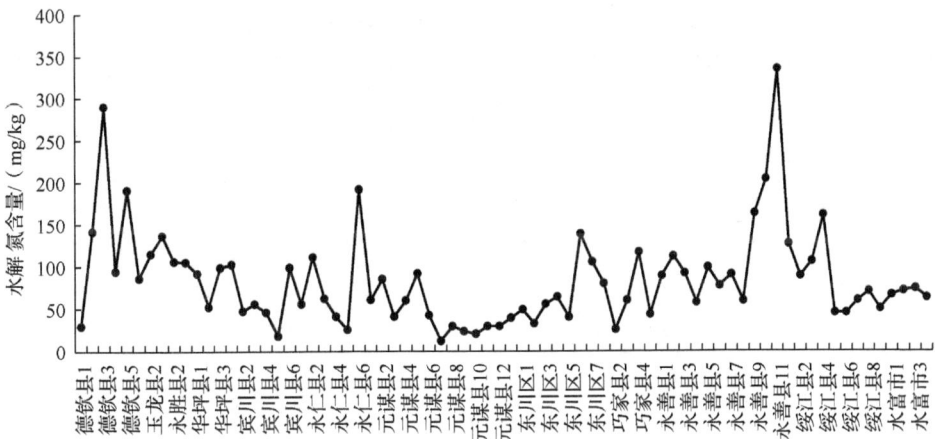

图 3.7 金沙江流域（云南）作物土壤水解氮含量统计图

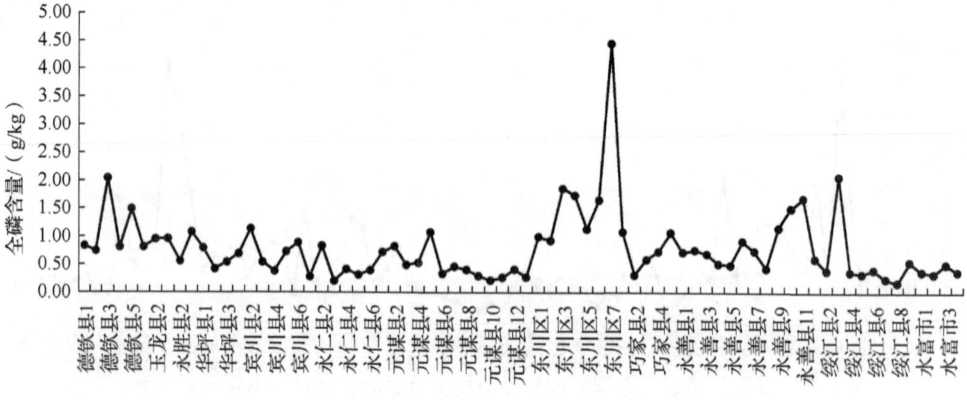

图 3.8　金沙江流域（云南）作物土壤全磷含量统计图

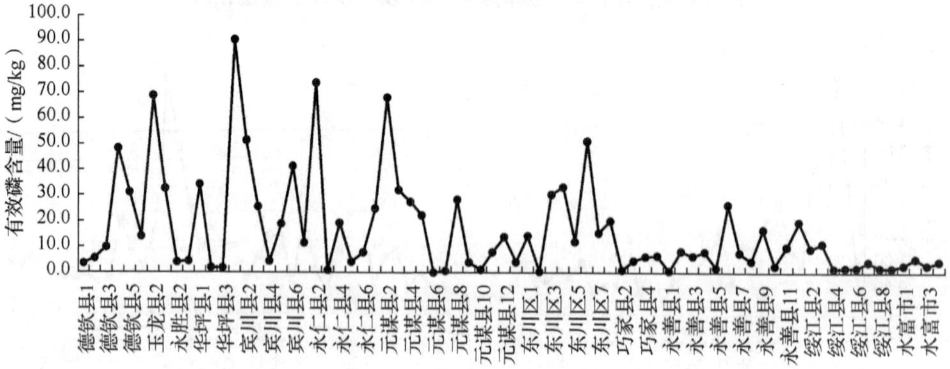

图 3.9　金沙江流域（云南）作物土壤有效磷含量统计图

表 3.7　金沙江流域（云南）作物土壤采样表

样品编号	采样地点	作物	样品编号	采样地点	作物	样品编号	采样地点	作物	样品编号	采样地点	作物
1	德钦	油橄榄	10	永胜	沃柑	19	宾川	桃	28	元谋	青枣
2	德钦	油橄榄	11	华坪	芒果	20	永仁	沃柑	29	元谋	芒果
3	德钦	葡萄	12	华坪	核桃	21	永仁	石榴	30	元谋	桃树
4	德钦	西瓜	13	华坪	花椒	22	永仁	芒果	31	元谋	芒果
5	德钦	小麦	14	宾川	葡萄	23	永仁	油橄榄	32	元谋	番茄
6	玉龙	大麦	15	宾川	枣	24	永仁	桑	33	元谋	小枣
7	玉龙	烤烟	16	宾川	柑橘	25	永仁	板栗	34	元谋	葡萄
8	永胜	石榴	17	宾川	石榴	26	元谋	番茄	35	元谋	辣木
9	永胜	水稻	18	宾川	玉米	27	元谋	黄瓜	36	元谋	余甘子

续表

样品编号	采样地点	作物	样品编号	采样地点	作物	样品编号	采样地点	作物	样品编号	采样地点	作物
37	元谋	酸角	47	巧家	石榴/甘蔗	57	永善	花椒	67	绥江	李子
38	元谋	荔枝、龙眼	48	巧家	火龙果	58	永善	白橘	68	绥江	李子
39	东川	蔬菜	49	巧家	桑树	59	永善	玉米/马铃薯	69	绥江	李子
40	东川	荒地	50	巧家	桃树	60	永善	天麻	70	绥江	砂仁
41	东川	桃树	51	永善	花椒	61	永善	马铃薯	71	水富	猕猴桃
42	东川	葡萄	52	永善	脐橙	62	绥江	水稻	72	水富	李子
43	东川	玉米/水稻	53	永善	枇杷	63	绥江	玉米	73	水富	枇杷
44	东川	玉米	54	永善	枇杷	64	绥江	猕猴桃	74	水富	龙眼
45	东川	水稻	55	永善	水稻	65	绥江	方竹			
46	巧家	玉米/红薯	56	永善	脐橙	66	绥江	砂仁			

表 3.8　金沙江流域（云南）作物土壤状况

作物	采样地	pH 值	有机质/（g/kg）	全氮/（g/kg）	水解氮/（mg/kg）	全磷/（g/kg）	有效磷/（mg/kg）
葡萄	宾川	6.5	12.5	1.17	103	0.69	90.3
油橄榄	奔子栏	8.5	36.3	2.34	142	0.74	5.5
西瓜	奔子栏	8	15.3	1.04	94	0.81	48.4
小麦	奔子栏	7.7	40	2.75	191	1.48	31
大麦	玉龙	7.8	13.6	0.9	86	0.81	14
烤烟	玉龙	7.2	20.4	1.25	115	0.95	68.7
石榴	永胜	6.9	28.4	2.03	137	0.96	32.5
水稻	永胜	6.1	28.9	1.74	106	0.55	4
芒果	华坪	6.4	22.4	1.27	92	0.79	34.2
核桃	华坪	5.6	14.2	0.59	52	0.42	1.8
板栗	永仁	4.2	9.65	0.97	192	0.39	7.9
沃柑	永仁	4.9	3.97	0.38	55	0.28	11.6

续表

作物	采样地	pH 值	有机质/(g/kg)	全氮/(g/kg)	水解氮/(mg/kg)	全磷/(g/kg)	有效磷/(mg/kg)
火龙果	巧家	7.3	11.8	0.81	60	0.59	4.7
桑	巧家	7.9	32.5	1.82	117	0.74	6.3
玉米	东川	7.8	8.99	0.49	40	1.13	12.1
桃	东川	8.1	21.9	1.21	55	1.86	30.4
猕猴桃	水富	4.9	12.4	0.8	66	0.38	2.9
龙眼	水富	6.9	10.1	0.78	63	0.38	4.3
方竹	绥江	3.6	34.8	1.73	161	0.37	1.6
砂仁	绥江	6.5	8.43	0.67	45	0.34	1.9
李子	绥江	5.1	11.8	0.66	70	0.18	1.9
脐橙	永善	8.3	22.5	1.45	112	0.76	8.4
枇杷	永善	6.1	13.5	0.63	57	0.52	8.1
花椒	永善	8.5	22.4	1.42	89	0.72	0.6
天麻	永善	4.1	60.3	3.07	204	1.5	2.7
马铃薯	永善	3.9	74.2	4.29	334	1.68	10.1
番茄	元谋	7.9	10.1	0.67	60	0.72	24.8
黄瓜	元谋	7.6	12.9	0.81	85	0.83	68
青枣	元谋	7.2	10.1	0.62	41	0.49	32.1
辣木	元谋	8.4	3.94	0.33	20	0.22	1.1
余甘子	元谋	8.3	6.19	0.42	29	0.27	8
酸角	元谋	8.1	7.85	0.47	29	0.41	13.9

3.3.3　种植业对金沙江（云南）水质的影响

金沙江流域耕地面积 547.07 万亩，其中水富市、德钦县的耕地面积较小（≤10万亩）；永胜县、华坪县的耕地面积较大（>80 万亩）；宾川县、巧家县的耕地面积相似，约为 66 万亩；元谋县、永善县、玉龙县的耕地面积为 39 万～50 万亩，香格里拉市、古城区、永仁县、绥江县的耕地面积相对小，为 15 万～20 万亩。

水富市、古城区、华坪县的化肥施用量低于 1 万 t，对金沙江水质的影响小。古城区的耕地面积小，且以发展旅游业为主。华坪县虽耕地面积大，但重点发展特色水果产业，如优质晚熟芒果产业、核桃产业、花椒产业等，果树种植面积广，种植时间长，肥料除施化肥外，还重点施以农家肥，因此对金沙江水质的影响小，同时，多数果树种植于坡地，有利于保持水土，恢复生态。德钦县、玉龙县、永仁县、元谋县的化肥施用量为 1.0 万～2.0 万 t，宾川县、永善县的化肥施用量相对较高，分别为 5.00 万 t 和 4.42 万 t（表 3.9）。

表 3.9　金沙江流域（云南）各县（市、区）的耕地面积和化肥施用量

州（市）	县（市、区）	耕地面积/万亩	化肥施用量/万 t
迪庆州	德钦县	10	1.20
	香格里拉市	18.45	2.20
丽江市	玉龙县	39.78	1.89
	古城区	19.65	0.71
	永胜县	87.31	3.52
	华坪县	85	0.45
大理州	宾川县	65.97	5.00
楚雄州	永仁县	15.46	1.20
	元谋县	49.14	1.97
昆明市	东川区	19.65	2.65
昭通市	巧家县	65.7	4.67
	永善县	46	4.42
	绥江县	15.45	3.22
	水富市	9.51	0.38
合计		547.07	33.48

从耕地面积和化肥施用量综合分析，德钦县和永善县的施肥强度较高，分别为 120.0kg/亩 和 96.1kg/亩，其次为永仁县和宾川县，分别为 77.6kg/亩和 75.8kg/亩，超过 6 个县（市、区）的施肥强度在 50kg/亩以下，其中玉龙县、永胜县、元谋县、水富市 4 个县的施肥强度为 40～50kg/亩，华坪县虽耕地面积大，但施肥强度较低，这与该地的种植模式与产业布局密切相关。因此，金沙江流域的种植模式与产业布局应充分利用光热资源和区位优势，形成两岸山区特色热带水果区、平原蔬菜产业区的布局，加强金沙江流域绿色生态屏障建设，科学合理地施用肥料，以减少种植业对金沙江水质的影响。

3.3.4　畜禽养殖业对金沙江（云南）水质的影响

金沙江流域（云南）内，猪、牛、羊牲畜的出栏数为 482.0 万头（万只），出栏数为 336.6 万头（万只），其中永胜县、巧家县、玉龙县的牲畜出栏数较多，分别为 106.5 万头、65.9 万头、60.6 万只；巧家县、玉龙县的牲畜存栏数较多，分别为 57.9 万头、65.4 万头。家禽的出栏数为 644.8 万羽，家禽的存栏数为

631.3 万羽，其中东川区、巧家县家禽出栏数较多，分别为 223 万羽和 109.5 万羽，永胜县的家禽存栏数较多，为 234 万羽。

畜禽养殖会产生很多排泄物，这些排泄物主要包含氮元素和磷元素，它们会随着排泄物溶解入水中，从而导致金沙江水体中的氮元素、磷元素含量过高，使水质恶化，造成污染。同时，排泄物中还存在病原微生物，会造成金沙江水体微生物污染。目前，金沙江流域畜禽养殖多呈现出分散的农户养殖、养殖大户和规模化集中养殖区并存的现象，且养殖规模不断扩大，畜禽污染也随之增加，环境污染治理难度大，探索经济适用的畜禽污染处理技术，防治畜禽养殖污染，是解决环境污染的重要手段之一。

畜禽养殖在带动金沙江流域经济发展的同时，畜禽粪便污染成为了金沙江流域潜在的发展瓶颈，大量畜禽粪便的无害化或资源化处理必将成为金沙江流域畜牧业规模化发展的基本前提。根据金沙江流域畜禽养殖的特点，建议畜禽粪便处理政策从以下方面考虑。首先应以预防为主，提高养殖户对污染的认知程度，同时政府给予一定的相关信息技术支持和污染治理补贴。其次，应分地区进行粪便处理，对于水富市、绥江县等养殖规模较小的地区，做好畜禽粪便的还田利用工作；对于巧家县、玉龙县等养殖规模大的地区，须严格控制畜禽粪便产生量，降低畜禽污染排放，可采用厌氧发酵生产沼气的方法，减少各县（市、区）的畜禽污染物产生量。

3.3.5　水产养殖业对金沙江（云南）水质的影响

金沙江流域由于海拔高差大、地形地貌等自然条件多样，气候差异明显，区域内有热带、亚热带、温带、寒温带等多个气候带，区域内生态环境极为复杂，从而孕育了生物资源的复杂性和多样性，物种间的分化剧烈，动物、植物和微生物多样。因此，鱼类资源和种类也非常丰富，淡水渔业高原特色突出，各种冷水性、温水性和热带暖水性的水生生物都能在云南省找到最适宜繁衍生息的自然条件；云南省水产品年产量于 2015 年达到 69.71 万 t。目前，云南省名特优新水产品养殖种类有 40 余种，规模生产品种主要有罗非鱼、鲟、虹鳟、鲈、鳜、罗氏沼虾、观赏螺旋藻等。

云南省水资源丰富，水产生产环境状况总体良好。截至 2011 年，已建成大中型水电站水库总库容 297 亿 m^2，远期可达 1600 多亿 m^2；金沙江流域地处长江上游，工业污染相对较少，拥有良好的养殖生态环境，淡水水产品的质量安全系数高，2019 年全省主要河流国控、省控监测断面水质优良率达到 84.5%，比 2018 年提高 0.7 个百分点；主要出境、跨界河流断面水质达标率为 100%；湖泊、水库水质优良率为 82.1%。

云南省修建电站形成的电站库区水面将达 240 万亩，其中金沙江流域 65 万亩。

结合金沙江流域各县（市、区）调研情况，统计已有的金沙江流域各县渔业产值情况，金沙江流域渔业产值在 6.49 亿元以上，水产养殖面积在 11.04 万亩以上，但是渔业资源的利用率还很低。

云南省在水产养殖污染防治和水生生态保护上加强管理，先后印发和制定了《关于加快推进水产养殖业绿色发展实施意见》和《关于加强长江水生生物保护工作实施意见》，如何做到在保护水域生态环境和水生生物多样性的基础上，充分发挥金沙江流域（云南）的渔业资源优势将是渔业发展的重点。

3.4　金沙江流域（云南）绿色生态内涵和发展空间构架

3.4.1　金沙江流域（云南）绿色生态发展的重要意义

在云南省生态保护红线"三屏两带"的空间分布格局中，金沙江流域在全省生物多样性维护、水源涵养、水土保持三大红线类型的生态系统服务功能中起着举足轻重的作用，金沙江约 70% 的面积、60% 以上的自然岸线纳入生态保护红线，对维护长江上游水源涵养功能，保持水土，保护水资源、水生态及水环境发挥重要作用。

1）滇西北高山峡谷生物多样性维护与水源涵养生态保护红线

金沙江流域中涉及的迪庆、大理、丽江 3 个州（市），是全省海拔最高的地区，为典型的高山峡谷地貌分布区。此处位于三江并流核心区域，受季风和地形影响，立体气候极为显著，动植物物种多样性极其丰富。金沙江流域已建有云南白马雪山国家级自然保护区、香格里拉哈巴雪山省级自然保护区、三江并流世界自然遗产地等保护地。

2）金沙江干热河谷及山原水土保持生态保护红线

滇川交界的金沙江河谷地带，涉及昆明、楚雄、大理、丽江 4 个州（市），面积 0.87 万 km²，占全省生态保护红线面积的 7.35%。此处以中山峡谷地貌为主，气候高温少雨。植被以干热河谷稀树灌木草丛、干热河谷灌丛、暖温性针叶林等为代表。重点保护物种有林麝、中华鬣羚、穿山甲、黑翅鸢、红瘰疣螈、攀枝花苏铁、云南红豆杉、丁茜、平当树等珍稀动植物。已建有云南轿子山国家级自然保护区、楚雄紫溪山省级自然保护区、元谋省级风景名胜区等保护地。

3）金沙江下游小江流域水土流失控制生态保护红线

该区域位于云南省东北部，涉及昆明、曲靖、昭通 3 个市，面积 0.73 万 km²，占全省生态保护红线面积的 6.17%，是高原边缘的中山峡谷区，四季分明，夏季高温多雨、冬季温和湿润。植被以半湿润常绿阔叶林、落叶阔叶林、暖温性针叶林、亚高山草甸等为代表。重点保护物种有金钱豹、云豹、小熊猫、大灵猫、大鲵、南方红豆杉、珙桐、连香树、异颖草等珍稀动植物。已建有云南大山包黑颈鹤国家级自然保护区、药山国家级自然保护区、乌蒙山国家级自然保护区、云南会泽黑颈鹤国家级自然保护区等保护地。

金沙江作为长江全流域水资源保护的核心区域，生物多样性宝库和全流域生态安全的关键区域，对整个长江流域发挥着重要的屏障作用，其生态环境的变化极大地影响着长江流域生态系统的稳定。金沙江流域（云南）地域辽阔，跨越多个气候区，具有独特的地理气候和土壤条件，动植物资源十分丰富，而且不少动植物资源起源古老、特有性高，是我国重要的生物资源宝库。由于地理条件复杂，地带交错性明显，金沙江流域的环境表现出极大的脆弱性，容易诱发山地自然灾害，加之巨大的人口生存压力和盲目、不合理的资源开发，金沙江干热河谷生态退化问题严重。生态环境问题的加剧，不仅影响当地社会经济发展，更威胁长江中下游的生态安全，成为整个流域生态环境问题的症结，是长江流域生态保护和重建的攻坚地段。

3.4.2　金沙江流域（云南）绿色生态内涵

1）优化空间布局，推进农业绿色发展

金沙江流域是云、贵、川资源"金三角"地区的重要构成部分，也是发展高产优质高效农业和热带亚热带经济作物的重要生产基地。干热河谷宜农耕地较少，主要集中在河谷阶地与台地，质量等级较高、开发程度高；宜林牧土地较多、质量较低、开发程度小，存在陡坡、裸岩、裸土、石砾等限制因素，水分限制是土地开发难以扩展的最主要障碍因素。金沙江干热河谷面积 3260km², 干暖河谷面积 2200km², 干温河谷面积 1130km²，占横断山区干旱河谷总面积的 57.8%，分别占干热、干暖、干温河谷总面积的 67.4%、27.7% 和 41.3%，各类型区域相对集中，较好地代表了干旱河谷农业及生态发展的现状。对于地形地貌变化复杂、地质构造运动剧烈、气候类型多样、土壤种类繁多、人口素质差异大和社会经济不平衡的金沙江流域来说，进一步调整农业产业结构，优化空间布局，合理利用土地，打造云南区域特色经济发展的核心地带，推进农业绿色发展，是流域内绿色生态农业发展的关键举措。

2）发展特色生态农业，破解区域发展难题

金沙江流域干热、干暖、干温河谷的典型地段均有地理空间上明显的旱作带及耕作带的典型分区，年降水量为 610～817mm，80%～90% 集中在每年的 6～9 月，年蒸发量为 2600～3700mm，是年降水量的 4～6 倍。一般年平均气温 22.4℃，≥10℃积温 7800～8800℃，且具有农业耕作制度上从"干热-干暖-干温"梯度上"1 年 3 熟（双季稻+旱作）-1 年 2 熟（单季稻+旱作）-1 年 2 熟（旱作 2 熟）"的变化，成为冬春季叶菜、热带亚热带瓜果等重要的生产基地，有"金沙江畔的大菜篮"等美誉；与此同时，优异的农业环境条件也造成区域复种指数高，病虫害发生频率高，农药化肥使用量大而频繁等问题。另外，该区域长期面对生态脆弱、植被修复困难的问题，突出的水热矛盾及土壤退化制约了区域的生态文明建设进程：20 世纪 50 年代区域森林覆盖率为 12.8%，80 年代末期森林覆盖率下降为 5.2%。尽管该区域一直在努力开展生态植被修复等工作，但是现在仍以每年 0.32%的速率递减，某些典型地段土壤侵蚀模数高达 2547t/km^2。在典型区元谋等地段开展的"种草养蓄-生态圈养"等模式不仅促进了区域农牧业的发展，而且通过优质牧草种植及荒山草坡封育促进了脆弱植被的修复及保护，取得了良好的效果。因此，从长远来看，依据"农业生态化"发展特色生态农业，依靠"生态农业化"促进区域植被等生态要素的重构，系统统筹区域整体与局部的问题，是破解未来干热河谷区域发展难题的关键。

　　3）大力发展水土保持农业、高效节水农业

　　金沙江农业综合开发主要是土地资源、生物资源、水资源和其他资源的开发与利用。流域内干热河谷地区山高谷深的地貌形态为多种生物共存创造了"避难所""微生境"条件，处于生物多样性热点地段；干热河谷极好的光热等条件为农作物生长提供有利环境，成为整个流域山区人口和城镇分布集中的核心地带，为区域多元民族聚集创造了条件，如金沙江干热河谷聚集的傈僳族、白族、彝族等；同时，河谷深切的地形也为孕育中国西南水电能源梯级站群提供了得天独厚的条件。区域气候与地理地质条件，也造就了干热河谷典型退化生态系统，环境脆弱、水土流失、干旱燥热的河谷脆弱生态系统和特殊的交错带分布格局，决定了该区域具有低阈值生态安全和高风险生态退化的特点，整体表现出光热资源丰富且支撑了热带-亚热带特色农林经济发展需求。该区域水热矛盾突出、植被覆盖率低、水土流失、生态环境强烈退化、植被恢复困难，是我国西南生态安全屏障构建的核心区，水土流失重点防治生态功能区，以及美丽乡村建设、乡村振兴战略等实施的困难地。

　　缺水使干热河谷旱地以一季农作物为主，冬季水田也因水的缺乏而休闲，对于更多的后备耕地资源，因水资源缺乏而难于开发。干旱缺水是土地生产潜力发挥的严重阻碍，耕地生产力只是光温生产潜力的 60%～70%，同时随着干热程度的变化，典型地区的耕地单产相应变化。

　　鉴于流域内土壤侵蚀严重、地质构造复杂、山地灾害严重、生态环境脆弱等原因，在流域内进行农业综合开发时，本着以保护促开发的理念，必须十分注意环境保护和治理工作，融开发与保护治理于一体。水土保持型农业即以强化降水就地入渗和防治水土流失为中心，以土地资源合理利用为前提，以建设基本农田、植被和发展经济林果、养殖业为主导，达到农、林、牧、果综合发展，生态经济良性循环的目的。同时，充分利用金沙江中游各级电站水库来调节水库的灌溉水资源，加大水利设施投入，发展高效节水农业，夯实金沙江流域内的农业发展基础。

3.4.3　金沙江流域（云南）发展空间构架

金沙江流域（云南）光热条件优越，是发展冬春蔬菜、热带经济作物、高效农业、冬季农业的适宜地带，暖冬气候特征明显，具有 2～3 熟的热量条件，同时域内干热河谷地区光能资源充足，如典型区元谋的番茄、洋葱、豆类等冬早蔬菜早已享誉国内外，而其他（如芒果、葡萄、香蕉、龙眼、凤梨、释迦、火龙果、荔枝、金丝枣、黑腰枣、余甘子、酸角、澳洲坚果、咖啡、胡椒、腰果、仙人掌、芦荟等）作物在干热河谷区均可种植。目前，金沙江流域（云南）依托其独特的气候条件和丰富的光热资源，紧紧围绕云南高原特色农业和云南"绿色食品牌"打造，重点发展冬早蔬菜为主的"云菜"和以芒果、柑橘、鲜食葡萄、青枣等水果为主的"云果"两大特色农业产业发展。依据其具备的绿色生态农业发展内涵，可将整个流域范围顺势定位为金沙江干热高效农业产业带，在整个高效农业产业带下根据区域基础条件的不同，进一步划分为平原蔬菜产业区、沿江两岸特色热果区。

1）平原蔬菜产业区

金沙江流域（云南）冬季温暖少雨，是蔬菜生长的天然温室，具有适合冬春季节喜温蔬菜生长的环境条件，是我国重要的冬春喜温蔬菜种植区域，也是弥补1～4 月蔬菜淡季的重要生产供应基地。近几年来，以元谋、宾川、华坪为主的云南干热河谷区的蔬菜种植面积约 38.0 万亩，产值在 20.0 亿元左右（表 3.10）。金沙江干热河谷区虽然蔬菜种植面积较少，占全省蔬菜种植面积的 2.9%，但是得益于区域气候资源优势，干热河谷蔬菜种植成为云南省冬春外销蔬菜产区，也是我国重要的"南菜北运"基地，产值相对较高，蔬菜平均亩产值为 5000 元，是其他蔬菜种植区平均亩产值的近 2 倍。蔬菜产业也成为干热河谷适宜种植区农民增收致富和乡村振兴的重要特色农业产业。

表 3.10　云南干热河谷区蔬菜种植情况统计表

产区	主要蔬菜种类	面积/万亩	年产量/万 t	年产值/亿元
元谋	番茄、菜豆、洋葱、青食毛豆、黄瓜、青食玉米	20.45	68.16	13.61
宾川	香葱、大蒜、青蚕豆、花椰菜、甘蓝	12.97	24.02	4.8
华坪	豌豆、甘蓝	4.37	6.51	1.3
合计		37.79	98.69	19.71

以金沙江流域内的元谋县冬早蔬菜产业发展状况为例，该县位于滇中高原北部，地处金沙江干热河谷地带、长江经济带上游，是云南干热河谷最典型地区，属南亚热带干热河谷气候，年平均降水量 658mm，年平均蒸发量 1752mm，年平均气温 21.4℃，年日照时数 2562.8h，四季不分明，素有"天然温室"之称，全年

基本无霜。县域地势呈四周高、中间低，由南向北倾斜的"簸箕凹"形，境内最低海拔 898m，最高海拔 2835.9m，县域面积的 40%处于海拔 1350m 以下。干热河谷区，是全省坝区面积最大的干热河谷区，是全国少有的冬早蔬菜露天种植区，是云南省最大的冬早蔬菜主产区，蔬菜品种丰富多样，一年四季瓜果飘香，月月有新鲜蔬菜上市。

元谋干热河谷区蔬菜产业起步较早，历经 40 多年的发展，在云南省农业科学院热区生态农业研究所及其他相关研究所的支撑下，现已形成规模化种植、商品化生产、产业化经营的格局，蔬菜产业已成为区域不可替代的支柱产业和富民产业。全县冬早蔬菜单季种植面积在 20 万亩以上，外销量近 70 万 t，产值 16 亿元左右，占全县农林牧渔业总产值的 50%以上。2018 年冬至 2019 年春菜季，全县种植冬早蔬菜 20.84 万亩，累计外销蔬菜 60 万 t，外销蔬菜平均价格每千克 2.92 元，农民卖菜总收入达 17.55 亿元，农民人均可支配收入连续 16 年保持楚雄州第一。因产业发展成效显著，元谋县先后被农业农村部评为全国 100 个无公害蔬菜试验基地县、全国首批农产品质量安全县、首批中国特色农产品优势区、中国冬早蔬菜之乡、云南省唯一的长江上中游冬春蔬菜重点区域基地县；2012 年被省政府确定为全省第一批高原特色农业示范县，2019 年被云南省政府列为云南省"一县一业"特色县（蔬菜），还被商务部、农业农村部指定为"商品蔬菜基地""南菜北运基地"，被誉为"金沙江畔的大菜园""挂在成昆线上的菜篮子"。同时，在云南省的 2018 年、2019 年绿色食品"十大名品"评选中，元谋县共有 6 个果蔬农产品入选，成为全省拥有"十大名品"个数最多的县。

元谋县积极抓住国家实施"一带一路"、长江经济带战略、乡村振兴战略，通过扩大内需加快结构调整。中国—东盟自由贸易区、中国面向东亚和南亚辐射中心、农业和农村全面深化改革、农业现代化建设等一系列政策为该区域的发展带来机遇。云南省人民政府发布的《关于创建"一县一业"示范县加快打造世界一流"绿色食品牌"的指导意见》等文件，为充分发挥主体功能优势，坚持园区化、规模化、区域化、绿色化、品牌化发展提供思路，以深化农业供给侧结构性改革为重点，积极调整优化产业结构，提升农产品质量安全水平，做优绿色蔬菜产业，加大农村土地流转、积极引进培育新型农业经营主体，达到提升蔬菜产业发展水平的目的。

2）沿江两岸特色热果区

目前，金沙江流域以发展芒果、柑橘、香蕉、火龙果、葡萄、毛叶枣、龙眼、荔枝、李、猕猴桃、花椒等热带水果和经济作物为主。由于冬季仍然有一定的低温条件，部分温带水果品种仍然可以正常开花结果，如桃、李、梨可比北方地区早熟 2～3 个月，早熟优势明显，且成熟期处于水果淡季，市场价格高，利用便捷的交通条件可以销往北方市场，扩大销售范围，成为这一地区冬早蔬菜销售结束后，通过错季供应方式继续外运销售的特色农产品。销售结束后又可继续晚熟芒果、柑橘、香蕉、火龙果、葡萄、龙眼、荔枝等热带水果的销售，使这一地区成为全年都有外销鲜果鲜菜品种的产区，区域内华坪县和宾川县于 2019 年被云南省政府列为云南省"一县一业"特色县（水果产业）。热带水果生产是云南省干热河谷地区经济的重要组成部分，也是区域生物资源开发的重要内容。近年来，随着区域基础设施条件的改善和农业科技的发展进步，云南省热带水果生产有了较快发展，无论是面积还是产量均具有一定规模，2018 年云南省香蕉总产量 205.3 万 t，葡萄总产量 101.3 万 t，柑橘总产量 98.1 万 t，芒果总产量 61.1 万 t，主产区均是干热河谷区，其中最具特色、优势且发展迅速的是芒果和鲜食葡萄。

芒果是云南省重要的热带经济作物之一，目前云南芒果产业得到了较快发展，截至 2018 年，云南省芒果种植面积 111 万亩，产量 61.1 万 t，成为继广西壮族自治区之后的全国第二大芒果产区，在云南省热区经济中占有重要的位置。

近几年随着我国葡萄种植区的南移，云南省鲜食葡萄产业发展迅速，已成为我国葡萄的主要种植区之一。据云南省农业农村厅统计，在近几年的水果种植中，葡萄种植面积增速最快，在所有果树中经济效益最好。2017 年全省水果种植面积 790 万亩，产量 795 万 t。其中，葡萄增速最快，在所有果树中经济效益最好。2010～2013 年均以接近 10 万亩的速度递增；2014 年后增长速度逐步放慢，2018 年鲜食葡萄栽培面积超过 60 万亩。由于云南省葡萄上市期能避开全国其他产区的集中上市时间，因此价格相对较高，2018 年云南省市场鲜食葡萄售价：4～6 月为 15～25 元/kg，7～10 月为 8～10 元/kg，11～12 月为 15～20 元/kg，1～3 月为 10～18 元/kg，每亩平均产值达 1.5 万元。但'阳光玫瑰'品种价格偏高，平均批发价为 50～100 元/kg，每亩产值高达 10 万元以上。鲜食葡萄总产值 139.95 亿元，葡萄产业也成了云南省乡村振兴战略中的重要产业。云南省葡萄产业的发展，得益于云南金沙江干热河谷区独特的气候资源。云南省干热区主要种植的鲜食葡萄占全省葡萄种植面积的 80% 以上，约 44.54 万亩，金沙江流域（云南）的葡萄种植主要分布在宾川、元谋、永仁、永胜等地区。上述地区所种植的葡萄大多采用错季栽培（促早和延迟）栽培技术，使云南省成为国内最早熟或最晚熟葡萄栽培产区。云南省露地栽培可以实现 3～11 月均有鲜食葡萄上市，在云南省年平均气温>20℃的地区，随着破眠剂、设施避雨促成栽培、滴灌节水及病虫害的综合防治技术等集成成熟技术的推广应用，该区域葡萄可以实现周年生产；在年平均气温>17℃的地区，栽培'夏黑'等早熟品种可以进行两熟生产。促早栽培葡萄大多在 3～6 月上市，价格为全年最高；延迟栽培葡萄在 12 月至翌年 1 月上市，价格为全年第二高。葡萄错峰上市，价格优势明显，产业发展潜力巨大。

云南省干热区葡萄产业发展优势明显，但目前也存在不少问题，一定程度制约着产业的发展。

（1）盲目追求早熟。近几年种植户盲目追求早熟，采用大棚设施+地膜等措施，把成熟期提前到 2 月底至 3 月中旬，导致市场销售受阻，致使 80%以上的种植户遭受损失。其次是修剪过早（一般在头年 10 月中下旬），枝条成熟老化不够，营养还没有完全回流，导致树势弱，发芽后不整齐，花少、退化现象突出，造成葡萄园减产，品质下降，价格下滑。

（2）品种结构单一，难以适应市场发展需求。前些年'红地球'和'夏黑'的种植面积过大，近年又大量种植'阳光玫瑰'，这些品种均在短期内发展较快，优良早熟葡萄品种储备少，成熟上市过于集中，形成销售高峰，价格波动较大，市场抗风险能力薄弱，难以满足市场需求。

（3）市场体系不健全。云南省葡萄产业组织化程度低，分散单家独户的生产经营占主导地位。专业合作社数量少，发挥作用小，品牌意识薄弱，市场竞争力不强。全省 70%以上为单家独户种植（农户及个体经商者），30%为规模化种植；95%的产品靠外商收购，价格基本由收购商确定，种植户基本没有自主定价权，5%的产品靠农户路边及果园零售。

（4）管理粗放，病虫害严重。大部分规模种植地缺乏真正落地的实用田间管理技术，致使田间管理粗放，重产量轻品质，大量使用化肥，缺乏有机肥，土壤越来越板结，甚至出现酸化、盐碱化；栽培架式及模式落后，果园通风透光弱，病虫害严重，大量使用农药，致使口感、品质较差。

金沙江流域乡土资源丰富，从外引进并已筛选、优化的畜、禽、果、蔬等动、植物资源丰富。例如，仙人掌、芦荟、金丝枣、黑腰枣、余甘子、酸角等保健医用植物资源；香蕉、龙眼、菠萝、荔枝、西瓜等热带果树资源；澳洲坚果、咖啡、胡椒、腰果、剑麻等经济林木资源已在干热河谷内试种获得成功，为干热河谷开发准备了新特生物资源库，为亚热带区域内的干热河谷的开发准备了基础条件。另外，一批多功能的速生、适生绿化树种如印楝、金合欢等已在干热河谷地区试验推广。

3.5　金沙江流域（云南）绿色生态农业的发展建议

针对长江上游的绿色生态屏障建设及区域农业产业发展需求，以干热河谷特色经济作物为依托，充分发挥金沙江干热河谷的区域优势和特色产业优势，遵循以保护促发展的理念，促进金沙江流域（云南）特色作物的科学利用途径和流域热区资源的合理化开发。具体建议如下：

（1）构建适宜金沙江干热河谷流域的特色经济物种筛选和品种体系，建立长江上游特色作物及乡土植物种质资源库，为本区域的高原特色农业发展提供有力的物种保障和技术支撑。

（2）以金沙江流域特色作物及乡土物种的高效综合利用研究为核心，对不同作物开展适宜区域的高效集约化栽培和绿色生物防控技术研究，为长江上游（金沙江流域）绿色生产模式研究提供技术支撑。

（3）针对流域内生态脆弱、土地资源紧缺和利用率不高等问题，开展立体种养、复合种植等高效复合种植体系研究，为流域生态保护和区域农业可持续提供技术支撑。

（4）依托企业及产业发展，开展特色作物产品的多元化利用研究，拓展特色作物产业链的延伸，为驱动区域经济发展提供技术支撑。

（5）对流域内不同特色经济作物产业及模式的生态效益、经济效益进行系统评价，总结对金沙江流域发展有增益效应的特色农业发展模式和关键技术，促进区域的持续发展。

第4章 怒江流域（南段）绿色生态农业
发展模式研究

4.1 怒江流域（南段）的自然生态情况

4.1.1 怒江流域（南段）的地理位置

根据地形地貌和生态特征可把云南境内怒江流域划分为三类地理单元：高山峡谷、中山宽谷和中山盆地。

云南怒江流域自然和旅游资源都比较丰富，但由于交通不便利，经济比较落后，开发相对滞后。流域中游的怒江大峡谷素有"东方大峡谷"的美誉，且由于流域内聚居着不同的民族，形成了独具特色的民族风情和文化。怒江目前是中国唯一没有建造水电站的河流。

4.1.2 怒江流域（南段）的地形地貌

怒江源头北侧以唐古拉山为分水岭与长江的源头毗邻，东侧以他念他翁山-怒山为界与澜沧江流域相邻，西侧和西南侧以念青唐古拉山-伯舒拉岭为分水岭与雅鲁藏布江的支流帕隆藏布流域、拉萨河流域相邻；怒江流域中下游（云南境内）则以高黎贡山为界和恩梅开江相邻。怒江流域内河谷深切，地形起伏剧烈，岩体受风化作用强烈，断裂发育，断层纵横交错。怒江流域中下游的云南段，位于横断山区的西侧，河谷自六库开始逐渐变宽，呈现出上紧下疏的帚状特征；流域左岸的碧罗雪山山脉一直向下游延伸至保山市隆阳区，右岸近似南北走向的高黎贡山山脉延伸至龙陵县，已为丘陵盆地所代替。怒江流域上游（嘉玉桥以上）地处青藏高原腹地，地势开阔，河道海拔多在 3125m 以上，其中河源市的平均海拔为 5200m，平均坡降为 2.53‰；两侧山峰海拔可达 6000m 以上；区内既有终年积雪的险峻山峰，又有较为平缓的山丘。河源至索曲河口以上，河谷宽阔且深切呈宽"U"形，河道曲折多叉支，河岸沼泽分布广泛。索曲河口至嘉玉桥段河流的下切作用剧烈，水流湍急，坡高岸陡，河谷为"V"形峡谷。怒江流域嘉玉桥至泸水的中游段位于横断山脉的西侧，河谷两岸为深切达 1000~2000m 的"V"形峡谷，该段为著名的怒江大峡谷，属世界自然遗产"三江并流区"的西部部分；该段为两侧高山挟持，险滩水急，为怒江流域地形最陡峭的河段；怒江大峡谷的谷底宽为 100~150m，最窄处仅有 60~80m，水面宽 80~120m，河床比降约 3‰，最大比降 20‰；河谷左岸有怒山与碧罗雪山，右岸为绵延的高黎贡山，两岸山脉海拔在 4000m 以上，最高峰梅里雪山海拔达 6740m，终年积雪，发育有现代冰川。流域泸水以下的下游段,河谷地形逐渐开阔,河道海拔 520~803m,平均比降 0.69‰。河谷形状因两岸地势变化,以宽"V"形与"U"形谷交替出现,沿岸的阶地平坝逐渐增多,海拔多在 2000~3000m;其中以怒江坝面积为最大,怒江坝长约 50km,宽约 10km,多为一些低矮山丘组成。怒江下游段的河道比降较小,且河床少险滩,水流也较平缓,但出境前的惠通桥至南信河口段的河谷又逐渐变窄,两岸险滩增多,水流湍急。

4.1.3　怒江流域(南段)的气候特点

怒江流域属低纬高原亚热带山地季风气候,立体气候特点突出,显著的高差导致流域纵跨亚热带、温带和寒带等多种气候带,同时也孕育出了多种森林类型,且该植被分布具有显著的水平地带性和垂直分带特征:南部为季风常绿阔叶林地带,北部为半湿润常绿阔叶林地带;水平带基准面以上山地的气候、植被随海拔升高而变化,从河谷到山顶形成了河谷稀树灌木草丛、暖性针叶林、季风常绿阔叶林、半湿润常绿阔叶林、中山湿性常绿阔叶林、温凉性针叶林、山顶苔藓矮林、寒温性针叶林、寒温性竹林、寒温性灌丛、草甸、岩石裸露地的垂直分布特征。怒江流域植被属泛北极植物区系与古热带植物区系的荟萃地,区系成分南北交错、东西汇合、新老兼备,地理成分复杂,特有现象突出,是世界著名的植物标本模式产地,成为我国从南到北植物带谱的缩影。

4.1.4　怒江流域(南段)的河流水系

怒江的水系组成因流域地形地貌特征的差异在上、下游呈现出不同的特征。流域上游青藏高原段支流呈羽状分布,下游云南段支流左岸发育。怒江流域面积 100km^2 的支流有 59 条,其中大于 1000km^2 的支流有 37 条,大于 5000km^2 的支流有 6 条,即下秋曲、索曲、姐曲、玉曲(伟曲)、枯柯河(孟波罗河)、南汀河;其中索曲发源于唐古拉山南麓,流域面积 1.32 万 km^2,是流域面积最大的支流。玉曲发源于类乌齐南部的瓦河山麓,是怒江流域河流最长、水能资源理论蕴藏量最大的支流;南汀河发源于云南省临沧市凉山南麓,出国界流入缅甸后下行 23km 汇入怒江,中国境内全长 265km。此外,南卡河为另外一条单独出境后的支流。

中国境内的怒江水系多年平均年径流深为 506mm,源头区年径流深仅 150mm 左右,由源头至洛隆县嘉玉桥附近逐渐增加至 350mm 左右。中游年径流深主要表现为垂直分异和一定程度的东西分异,两侧山地径流深大于河谷,西侧的高黎贡山东坡径流深(900~1200mm)大于东侧的怒山西坡径流深(500~700mm),河谷地带只有 300~500mm。虽然怒江流域下游(泸水以南)河谷两侧山体明显降低,但年径流深仍表现出一定的垂直分异和东西分异,两岸山地年径流深 500~800mm,流域西侧山地径流大于东侧,河谷径流仅 200~400mm,"泸水市上江乡-保山市道街镇"段形成一个径流深的低值区,只有 200~300mm。怒江水系的两支单独出境水系的年径流深较大,为 700~1200mm,由河口向其上游逐渐降低。

4.1.5　怒江流域（南段）各县（市、区）自然生态情况

1. 镇康县自然生态情况

镇康县位于云南省西南边境，临沧市西部，地处南汀河下游和怒江下游南北两水之间，地理坐标为东经 98°40′～99°22′、北纬 23°37′～24°15′，县境北依怒江天堑与危陵县分界，南与耿马县毗邻，东与永德县接壤，西接缅甸果敢县掸邦高原。镇康县地处横断山系南末端，属滇西南中低山窄谷地貌。地势东高西低，河谷深切，山脉纵横交错，地形破碎，山峦重叠，山势陡峻，主山脉不明显，岩溶发达。地形东宽西窄，河谷纵横，山峦起伏，海拔悬殊，98%的土地面积属于山区和半山区。

镇康县属低纬山地南亚热带季风气候，雨量充沛，日照充足，干湿季分明，立体气候明显。最高海拔 2978m，最低海拔 510m，最大高差 2468m，全年平均日照时数 2232.6h，日照百分率 50.5%，平均气温 18.8℃，正常年无霜期 333d，年降水量 1600～2000mm，80%的降水集中在 5～10 月，绝大部分地区冬无严寒，夏无酷暑。有林地面积 1108km²，其中林地 207.86 万亩，草地 212.3 万亩，占全县土地总面积的 43.7%，森林覆盖率 67.1%。镇康县城是目前临沧市唯一的省级园林化县城。

2. 永德县自然生态情况

永德县位于云南省临沧市西北部，地理坐标为东经 99°05′～99°50′、北纬 23°45′～24°27′，地处滇西横断山系纵谷区南部，四周与耿马、镇康、龙陵、施甸、昌宁、凤庆、云县等为邻，总面积 3296km²。永德县气候总体属南亚热带与北热带交汇的河谷季风气候。以海拔 1500m 左右地带为代表，多年平均气温 17.4℃，极端最高气温 32.1℃，极端最低气温 2.1℃，常年降水量 1283mm。冬无严寒，夏无酷暑，干湿两季，但地带性垂直分布典型，小区气候突出。分属北热、南亚热、中亚热、北亚热、暖温、寒温 6 个气候带，通常分为河谷热区、半山温热区、高山冷凉区 3 个气候区。热区面积约占县总面积的 30%。永德县年平均日照时数为 2196.1h，太阳辐射总量为 133.58kJ/cm²。永德县有高等植物 3000 余种，有三叶橡胶、冷杉、蒲葵、雪莲、红豆杉等，尤以野生南药诃子占优势，其资源、产量位居全国第一。森林覆盖率为 38.6%，活立木蓄积量为 524.5 万 m³。境内有 23 万亩省级大雪山自然保护区，被称为南亚热带天然动植物园。

3. 龙陵县自然生态情况

龙陵县位于云南省西部，地理坐标为东经 98°25′～99°11′、北纬 24°07′～24°50′。以东南西北为序，分别与施甸县、永德县、镇康县、芒市、梁河县、腾冲市、隆阳区等相接壤。县域东西最大距离 64km，南北最大跨度 78km，总面积 2884km²。

龙陵县年平均气温 15℃。由于地形复杂、垂直高差大，局部又分为北热带、南亚热带、中亚热带、北亚热带、南温带、中温带、北温带 7 种气候区。龙陵县兼具低纬、高原季风气候特点，形成四季温差小、干湿季分明、垂直变异突出的亚热带山原季风气候。西南部受印度洋暖湿气流的影响，形成西面迎风坡多雨，夏无酷热；东部背风地区雨量适中，无寒暑剧变的特点。

龙陵县属滇西横断山脉南延的高黎贡山山系，被怒江和龙川江所环抱，山高谷深、沟壑纵横，98%是山地，县内最高海拔 3001.6m，最低海拔 535m。全县林地总面积 334.73 万亩，有林地面积 283.4 万亩，森林覆盖率达 70.08%。县内立体气候明显，年平均气温 15℃，年均降水量 2112.6mm，有"滇西雨屏"之称。县内生物资源极其丰富，有野生动物 468 种、野生植物 2492 种，盛产云南松、杉木、滇楸、椿木、楠木、木莲等优质木材。县内的小黑山省级自然保护区，分布着世界上最大的珍稀濒危植物桫椤（树蕨）群。

4. 施甸县自然生态情况

施甸县地处滇西南边陲，怒江东岸，地理坐标为东经 98°54′～99°21′、北纬 24°16′～25°00′。施甸县东至昌宁县枯柯河，西以怒江为界与龙陵县相望，南至勐波罗河与永德县相连，北与隆阳区毗邻。县城位于县境中部，县境东西最大横距 45km，南北最大纵距 79km，总面积 2009km²，其中，坝区面积 186km²，占全县总面积的 9.26%；山区面积 1517km²，占全县总面积的 75.51%；半山区面积 306km²，占全县总面积的 15.23%，施甸坝面积 89.7km²，占全县总面积的 4.46%。境内地形属怒山尾翼山地峡谷区，地势大致北高南低，三面有江河环绕，两山夹一坝。高山、丘陵纵横交错，地势北高南低，海拔高差较大。东北部四大山的主峰大水河头山最高海拔 2895.4m，西南部的三江口最低海拔 560m。山脉主体为南北走向，靠怒江东岸的山脉分两股：一股由北向南延伸，由大篱山、弥勒喜山、老坎山、董家山头、五里凹山等组成；另一股由南部的亮头向北延伸，由木莲花山、大亮山、大尖山、象山等组成。全县河流 69 条，总长 586.6km，径流总量 7.38 亿 m³，年产水量 21.8 亿 m³。现能控制利用的占 2.6%，属怒江水系，主要有怒江、勐波罗河、施甸河、姚关河、太平河。

施甸县气候属中亚热带为主体的低纬山地季风气候。年平均气温 17.6℃；最冷月（1 月）平均气温 9.9℃，热月（6 月）平均气温 21.8℃；活动积温 5786℃。极端最高气温 32℃（1968 年 6 月 30 日），极端最低气温-3.2℃（1985 年 1 月 16 日）。全年无霜期 273d，初霜日 12 月 3 日，冬霜日 3 月 4 日。年平均降水量 883.2mm，年平均降水日数 153.9d。降水多集中在 5～10 月，降水量 777.8mm，占全年降水量的 88.1%。年平均相对湿度 76%。年日照时数 2274.1h。处于西风带气候，风向多为南风和西风，风力一般 1.2m/s（1 级），1975 年 5 月 4 日最大风速 23m/s（9 级），局部山地达 25m/s（10 级）。自然灾害主要是洪灾。其次是风灾、冰雪和霜冻。

5. 隆阳区自然生态情况

隆阳区位于云南省西部，横断山脉南段，地理坐标为东经 98°43′～99°26′、北纬 24°46′～25°38′。地处怒江山脉尾部、高黎贡山山脉之中，镶嵌于澜沧江、怒江之间，东邻大理州永平县、保山市昌宁县，南接保山市施甸县、保山市龙陵县，西与腾冲市相连，北与怒江州泸水市、大理州云龙县交界，东距省会昆明 486km，西离中缅边境 279km，全境东西宽 78km，南北长 96km，隆阳区面积 4855.51km²。境内山脉起伏盘错，最高海拔 3655.9m，最低海拔 648m，城区海拔 1653.5m。保山坝子的面积最大，为 149.9km²。

隆阳区气候属西南季风区亚热带高原气候类型，加之低纬度、高海拔和海拔高程差异较大的复杂地形，使隆阳区形成 "一山分四季，十里不同天" 的立体气候，热、温、寒 3 种气候类型俱全。隆阳区大部分地区冬无严寒，夏无酷热，四季如春，树木终年常绿。最冷月（1 月）的平均气温 8.5℃，最热月（7 月）的平均气温 20.7℃，年平均气温 15.5℃，年极端最高气温 32.4℃，年极端最低气温 -3.8℃。全年无霜期 290d 以上，冬春两季降水量较少，夏秋两季降水量较多，年平均降水量 966.5mm。全区有高等植物 1700 余种，珍奇植物有秃杉、树蕨、乔松、铁杉、冷杉、香柏、云杉、高山栎、实竹、楠木、红椿、红花木莲、长蕊木兰、滇藏木兰、长喙厚朴、中缅木莲、多花含笑、山玉兰、永昌杜鹃、香果、香樟、鹅掌楸、水青土、云南黄连、银杏、董棕、红花油茶、雪上一枝蒿、大叶乌头、龙眼、云南铁杉、苍山冷杉、怒江落叶松、垂枝香柏、滇藏杜英、印度木荷、西南木荷、大头茶、滇樟、西南桦、野樱桃。部分古树奇树分别是：潞江新城农场的古柠檬、中国人民解放军第六十四医院内的古攀枝花、玉皇阁旁的古榕、水寨平坡的古柏树、瓦窑四棵树的古茶花、蒲缥黄土坡的古红椿、金鸡将台寺的古榕、宝山寺的古桂花、沙坝施家山的大茶花、实验小学的榕树包柏、榕树包紫薇、榕树包棠梨等。

6. 芒市自然生态情况

芒市，傣语称 "勐焕"，是云南省德宏州首府，地理坐标为东经 98°05′～98°44′、北纬 24°05′～24°39′，东西长约 71km，南北宽约 62km，总面积 2987km²，东、东北接龙陵县，西南连瑞丽市，西、西北与梁河县、陇川县隔龙川江相望，南与缅甸交界，国境线长 68.3km，是通往瑞丽、陇川、盈江、梁河的交通枢纽，也是中国通往南亚、东南亚的重要门户。

芒市地处低纬高原，热量丰富，气候温和，属南亚热带季风气候，具有夏长冬短、干湿分明、冬无严寒、夏无酷暑、日照时间长、雨量充沛、冬季多雾等特点。年平均气温 19.6℃，最热月（6 月）平均气温 24.1℃，最冷月（1 月）平均气温 12.3℃，年积温 7170℃。年平均降水量 1654.6mm，雨季（5～10 月）降水量占全年降水量的 89%，年平均降水日数 170d，日照时数 2252.9h，蒸发量 1723.6mm，无霜期 315d。芒市地处亚热带地区，终年丰富的热量和充沛的降水量形成了复杂的植被类型。境内有高等植物 257 科 2564 种，主要优势树种为思茅松、西南桦、尼泊尔桤木、木荷、栎类。

4.2　怒江流域（南段）农业农村经济发展情况

怒江流域由于地处我国西南边陲，交通不便，经济和社会发展相对落后，许多地区依然依靠十分原始低效的农业生产维持生计和社会运转。改革开放以来，随着生产力的发展和经济体制的改革，农村经济向商品经济转化，怒江流域的产业结构不断地调整和优化。从产业结构来看，近 30 年来怒江流域取得了跳跃式发展。通常，随着经济的发展和人均国民收入水平的提高，三次产业演进的规律为：第一产业比重不断下降，第二产业比重由快速上升逐步转为下降，第三产业则经历上升、徘徊、再上升的发展过程，逐步成为国民经济中最大的产业。产业结构的重心出现由"一二三""二三一"到"三二一"的方向演变。但是，怒江流域并没有经历以第二产业为主的发展阶段，从第一产业主导阶段直接进入第三产业的主导阶段，这明显有别于同时期全国和云南省"二三一"的产业结构演进状态。导致产业结构跨越式发展的原因主要是，怒江流域地处边疆，工业基础十分薄弱，除了水能资源外，缺乏可大规模开发利用的优质自然资源，无法自发地实现工业化。

怒江流域种植的作物主要有核桃、坚果、玉米、茶叶、橡胶、甘蔗、咖啡、水稻、甘蔗、中药材、石斛、豌豆等。坚果类种植面积大，是农民重要经济来源，种植的粮食作物以玉米为主。水土流失和农药、化肥的使用对怒江水会造成污染（表 4.1）。

区域内主要畜牧业养殖方式如下：生猪采用圈养、牛采用放养、羊采用放养、家禽采用散养。区域内畜禽总产量为 19.6 万 t，畜禽粪便流失将导致污染水源（表 4.2）。

区域内土壤 pH 值平均为 6.4，土壤偏酸性，种植坚果、茶叶、橡胶等的土壤酸化严重，土壤 pH 值下降到 4.6，需要做土壤酸性改良，修复退化土壤，以便可持续利用土壤。土壤有机质含量平均为 27.0g/kg，全氮含量平均为 1.5%，水解氮含量平均为 106.8mg/kg，全磷含量平均为 0.8%，有效磷含量平均为 25.4mg/kg，总体上该区域土壤肥力偏低，磷供应不足，部分土壤有机质含量偏低（表 4.3）。从区域内水系水质调查情况来看，土壤水质良好，达到地表水Ⅲ类或Ⅱ类水质，受污染程度低（表 4.4）。区域内农业特（优）异物种资源以永德县诃子为代表，诃子资源主要分布于怒江干流东岸及支流勐波罗河、永康河、大勐统河等流域的低热河谷地带，全县境内有天然分布的野生诃子林面积 31.3 万亩，是全国最大的诃子产地（表 4.5）。

表 4.1 怒江流域内农业种植与生产方式调查表

县(市)	种植作物	面积/万亩	总产量/万t	单产/(kg/亩)	均收入/(元/亩)	施肥量	使用农药量	生产方式	对水系或湖泊的影响
永德	核桃	108.94 挂果68（初产18，盛产50）	干果：3.06	45（干果）	808.8（按挂果计）	10 458t	67t	机防与人工喷洒相结合，人工施肥	减少水土流失，但农药、化肥的使用污染水源
	澳洲坚果	55.35 挂果6.2（盛产1，初挂果5.2）	青皮果：0.72 干果：0.24	200~300（鲜果）	3 188.7（按挂果计）	22 416t	36.2t	机防与人工喷洒相结合，人工施肥	减少水土流失，但农药、化肥的使用污染水源
	玉米	50.84	13.16	250	600	11 184t	66t	机防与人工喷洒相结合，人工施肥	农药、化肥的大量使用增加水土流失，污染水源
	茶叶	17.55	1.64	93	2 800~3 000（第一产业）	2 281t	3.2t	机防与人工喷洒相结合，人工施肥	农药、化肥的大量使用污染水源
镇康	核桃	72.60（挂果面积：72）	4.07	56.12	280.6	无	无	机防与人工喷洒相结合，人工施肥	减少水土流失，但农药、化肥的使用污染水源
	坚果	44.16（挂果面积：17.89）	1.10	61.75	1 852.5	25~50kg复合肥，20kg尿素	极少	机防与人工喷洒相结合，人工施肥	减少水土流失，但农药、化肥的使用污染水源
	玉米	25.28	4.91	194.35	427.5	25kg复合肥，15kg尿素	除草剂、病虫害防治药物	机防与人工喷洒相结合，人工施肥	农药、化肥的大量使用增加水土流失，污染水源
	橡胶	13.82（开割面积5.17）	0.29	55.47	699	极少	极少	机防与人工喷洒相结合，人工施肥	减少水土流失，但农药、化肥的使用污染水源
	甘蔗	13.67	5.64	4 129.10	1 775	80~120kg/亩复合肥	除草剂、病虫害防治药物	机防与人工喷洒相结合，人工施肥	农药、化肥的大量使用增加水土流失，污染水源
	咖啡	11.02（收获面积7.21）	0.81	112.07	1 793	20~40kg/亩复合肥	极少	机防与人工喷洒相结合，人工施肥	农药、化肥的大量使用污染水源
	茶叶	9.43（采摘茶园面积9.05）	0.71	78.6	1 181.3	不施肥	不打药	机防与人工喷洒相结合，人工施肥	农药、化肥的大量使用污染水源

续表

县(市)	种植作物	面积/万亩	总产量/万t	单产/(kg/亩)	均收入/(元/亩)	施肥量	使用农药量	生产方式	对水系或湖泊的影响
龙陵	玉米	16	5.58	348.9	767.4	40kg	4kg (L)	机防与人工喷洒相结合、人工施肥	农药、化肥的大量使用增加水土流失、污染水源
	水稻	12	5.11	426.5	1 130.2			机防与人工喷洒相结合、人工施肥	农药、化肥的大量使用增加水土流失、污染水源
	茶叶	10.9	0.75	68.8	1 674.7			机防与人工喷洒相结合、人工施肥	农药、化肥的大量使用污染水源
	甘蔗	5.02	26.30	5 241.5	2 192.3	80kg	6kg (L)	机防与人工喷洒相结合、人工施肥	农药、化肥的使用污染水源
	中药材	8.18	0.88	107.6	7 995.1			机防与人工喷洒相结合、人工施肥	农药、化肥的大量使用污染水源
	石斛	1.21	0.36	296.4	23 801.7	160kg水溶肥	30~40kg (L)	机防与人工喷洒相结合、人工施肥	农药、化肥的大量使用污染水源
	核桃	48（挂果面积：28）						机防与人工喷洒相结合、人工施肥	农药、化肥的大量使用污染水源
施甸	玉米	29.3	11.23	383.4	920	40kg复合肥、40kg尿素		机防与人工喷洒相结合、人工施肥	农药、化肥的大量使用增加水土流失、污染水源
	豌豆	10.3	6.19	601.1	3 000	烟后种植基本不施肥		机防与人工喷洒相结合、人工施肥	农药、化肥的大量使用增加水土流失、污染水源
芒市	玉米	21.59	7.26	336	670	60kg	0.4kg (L)	机防与人工喷洒相结合、人工施肥	农药、化肥的大量使用增加水土流失、污染水源
	水稻	24.97	12.32	493	1 085	15kg	0.5kg (L)	机防与人工喷洒相结合、人工施肥	农药、化肥的大量使用增加水土流失、污染水源
	茶叶	13.471 8	0.967	72	1 450	40kg	0.5kg (L)	机防与人工喷洒相结合、人工施肥	农药、化肥的大量使用增加水土流失、污染水源
	甘蔗	12.4	5.56	4 485	2 018	120kg	8kg (L)	机防与人工喷洒相结合、人工施肥	农药、化肥的大量使用污染水源
	中药材	2.057 4	0.27	133	9 310	80kg	5kg (L)	机防与人工喷洒相结合、人工施肥	农药、化肥的大量使用污染水源
	石斛	0.762 1	0.21	272	20 400	80kg水溶肥	7kg (L)	机防与人工喷洒相结合、人工施肥	农药、化肥的大量使用污染水源

表 4.2　怒江流域内主要畜牧业养殖方式调查表

县（市）	养殖种类	数量/（万头、万只、万羽）	产量/t	主要养殖方式	对水系或湖泊的影响
永德	生猪	存栏：59.87，出栏：75	53 600	圈养	粪便污染水源
	牛	存栏：9.2，出栏：2.8	6 300	放养	粪便污染水源，破坏植被
	羊	存栏：9.23，出栏：4.7	1 800	放养	粪便污染水源，破坏植被
	家禽	存栏：128.3，出栏：151.3	3 200	散养	粪便污染水源，破坏植被
镇康	生猪	存栏：8.07，出栏：9.26	7 606	圈养	粪便污染水源
	牛	存栏：4.61，出栏：1.11	1 366	放养	粪便污染水源，破坏植被
	羊	存栏：5.97，出栏：3.38	712	放养	粪便污染水源，破坏植被
	家禽	存栏：61.87，出栏：100.37	1 518	散养	粪便污染水源，破坏植被
龙陵	生猪	存栏：32.67，出栏：38.13	30 084	分户养殖	粪便污染水源
	肉牛	存栏：6.98，出栏：4.18	6 182	分户养殖	粪便污染水源
	肉羊	存栏：4.13，出栏：1.96	360	分户养殖	粪便污染水源
	家禽	存栏：91.21，出栏：97.44	1 716	分户养殖	粪便污染水源
施甸	生猪	存栏：61.1，出栏：101.5	75 588	分户养殖	粪便污染水源
	牛	存栏：9.17，出栏：4.5	5 262	分户养殖	粪便污染水源
芒市	生猪	存栏：19.83，出栏：25.04	237.67	分户养殖	粪便污染水源
	肉牛	存栏：9.67，出栏：8.77	96.38	分户养殖	粪便污染水源
	肉羊	存栏：5.54，出栏：4.54	9.15	分户养殖	粪便污染水源
	家禽	存栏：171.47，出栏：332.16	48.25	分户养殖	粪便污染水源
	马、驴、骡	存栏：0.18，出栏：0.06	0.51	分户养殖	粪便污染水源

表 4.3　怒江流域内土壤检测指标

种植作物	取样点	pH 值	有机质/（g/kg）	全氮/%	水解氮/（mg/kg）	全磷/%	有效磷/（mg/kg）
核桃土样	永德县德党镇海拔 1580.4m，东经 99°13′12″，北纬 23°58′12″	6.4	20.8	1.17	102	0.91	13.3
茶叶土样	永德县德党镇海拔 2119.7m，东经 99°10′47″，北纬 23°57′00″	5.4	28.1	1.92	158	1.06	8.2
核桃土样	镇康县忙丙乡海拔 1931.9m，东经 99°7′48″，北纬 23°55′48″	6.5	40.5	2.78	231	1.43	14.2
茶叶土样	镇康县忙丙乡海拔 1950m，东经 98°55′12″，北纬 23°46′12″	4.9	81.5	3.54	177	0.83	2.0
玉米土样	镇康县凤尾镇海拔 1161.1m，东经 99°03′36″，北纬 23°53′24″	5.4	36.0	1.77	121	1.04	31.6

续表

种植作物	取样点	pH 值	有机质/(g/kg)	全氮/%	水解氮/(mg/kg)	全磷/%	有效磷/(mg/kg)
坚果土样	镇康县凤尾镇海拔 1100.9m，东经99°03′00″，北纬 23°52′48″	5.9	30.3	1.47	108	0.66	2.4
坚果土样	镇康县南伞镇田坝村海拔 1098.1m，东经 99°13′12″，北纬 23°58′12″	4.6	12.9	0.75	65	0.31	0.7
橡胶土样	镇康县南伞镇道水村海拔 649.6m，东经 98°58′48″，北纬 23°49′12″	4.6	32.6	1.86	124	0.44	0.4
甘蔗土样	镇康县勐堆乡勐棒村海拔 914m，东经 98°54′36″，北纬 23°57′00″	7.3	18.5	1.18	72	0.53	11.2
褚橙土样	龙陵县勐糯镇褚橙基地海拔 889.2m，东经 99°03′00″，北纬 24°15′00″	6.5	11.8	0.71	50	0.51	15.2
甘蔗土样	龙陵县勐糯镇海拔 942.6m，东经 99°02′24″，北纬 24°20′24″	6.0	24.7	1.33	102	0.95	9.8
玉米土样	龙陵县碧寨乡海拔 720.6m，东经 99°01′48″，北纬 24°31′48″	8.1	31.7	1.68	118	1.28	163.4
核桃土样	龙陵县碧寨乡白花树海拔 1229.2m，东经 99°04′12″，北纬 24°35′24″	8.0	16.2	1.10	59	0.69	3.4
石斛土样	龙陵县镇安镇海拔 1612.9m，东经 98°28′48″，北纬 24°26′24″	7.3	22.6	1.05	57	0.57	22.3
茶叶土样	龙陵县镇安镇海拔 1747.6m，东经 98°28′48″，北纬 24°26′24″	4.6	38.1	1.71	153	0.78	16.6
玉米土样	施甸县万兴乡万兴山海拔 778.8m，东经 99°03′00″，北纬 24°33′00″	7.8	16.5	0.70	59	0.87	24.9
核桃土样	施甸县万兴乡万兴山海拔 1846.5m，东经 99°10′48″，北纬 24°20′24″	6.9	26.4	1.51	110	0.78	6.2
甘蔗土样	隆阳区芒宽乡海拔 794m，东经 98°52′12″，北纬 25°18′36″	6.5	23.4	1.26	111	1.43	100.2
沃柑土样	隆阳区芒宽乡海拔 737.7m，东经 98°52′12″，北纬 25°13′48″	8.3	16.5	0.88	59	0.61	8.6
荔枝土样	隆阳区百花岭海拔 800m，东经 98°48′36″，北纬 25°08′24″	6.4	16.6	0.86	69	0.61	16.9
芒果土样	隆阳区白花村海拔 709.4m，东经 98°54′00″，北纬 24°50′24″	6.6	22.0	1.28	138	0.89	62.5

表 4.4 怒江流域内（水系或湖泊）水质情况调查表 （单位：mg/L）

所属县（区）	取样点	总氮	总磷	COD
镇康县	镇康县海拔 599.2m，东经 99°05′24″，北纬 24°14′24″	0.40	0.18	6.32
龙陵县	龙陵县勐糯镇海拔 622m，东经 99°02′24″，北纬 24°22′48″	0.47	0.20	17.3
龙陵县	龙陵县平达乡三江口海拔 618.8m，东经 98°58′12″，北纬 24°19′12″	0.46	0.21	15.7
龙陵县	龙陵县碧寨乡海拔 633m，东经 99°02′24″，北纬 24°22′48″	0.33	0.15	14.9
施甸县	施甸县惠通桥海拔 653.2m，东经 99°11′24″，北纬 24°26′24″	0.37	0.06	7.14
隆阳区	隆阳区芒宽乡海拔 758.6m，东经 98°52′12″，北纬 25°19′48″	0.43	0.07	7.55
隆阳区	隆阳区芒宽乡勐赖怒江大桥海拔 737.7m，东经 98°52′12″，北纬 25°19′48″	0.35	0.11	7.96
隆阳区	隆阳区潞江镇海拔 688.6m，东经 98°52′12″，北纬 25°36′00″	0.40	0.12	6.73
隆阳区	隆阳区百花村海拔 663.3m，东经 98°54′00″，北纬 24°50′24″	0.43	0.09	6.73

表 4.5 怒江流域内（水系或湖泊）农业特（优）异物种资源调查表

物种名称	取样点	当地适宜自然生态条件（描述生长海拔、气温、相对湿度、降雨、水分、土壤等）	生产栽培方式	物种产品（描述农产品质量、特殊功效、加工、食用方式等）	产业发展潜力（市场情况、规模化基地条件）
诃子	永德县德党镇	永德县诃子资源主要分布于怒江干流东岸及支流勐波罗河、永康河、大勐统河等流域的低热河谷地带，集中分布于海拔 700～1500m，诃子喜温暖湿润，分布区内年平均温度为 20.9℃，年降水量 1000～1500mm；对土壤的要求不高，但以疏松、肥沃、湿润、排水良好的地块生长较好；幼苗期需要一定的荫蔽	野生	果实为有核浆果，呈椭圆形，如大枣，色黄褐，味酸涩。药用有清热生津、敛肺化痰、涩肠止血、下气等功用，对喉炎、肠炎、菌痢、胃炎有疗效。加工产品有诃子汁、诃子酒、诃子粉、诃子牙膏、诃子膏药等系列产品	目前，全县境内有天然分布的野生诃子林面积 31.3 万亩，是全国最大的诃子产地。永德县将诃子产业作为全县乡村振兴的重点产业，相继出台一系列扶持政策，计划用 3～5 年或更短时间打造出科技含量高、经济效益好、具有一定知名度的永德县标志性系列产品

4.2.1 镇康县农业农村经济发展情况

2019 年农村农业稳步发展，2019 年全县农业总产值 212 815 万元，同比增长 5.6%（可比价），全县农业实现增加值 130 327 万元，同比增长 5.7%（可比价）。农作物总播种面积 685 672 亩，其中，粮食作物播种面积 456 913 亩。粮食作物产量 86 367t。其中，秋粮 74 307t，夏粮 12 060t。经济作物播种面积 167 581 亩。在农业生产条件方面，农业机械总动力 10.37 万 W，大中型农用拖拉机 3301 台，小型农用拖拉机 1237 台，手扶式拖拉机 849 台。

4.2.2　永德县农业农村经济发展情况

2019 年永德县完成地区生产总值 764 972 万元，按可比口径计算，同比增长 8.3%。其中，第一产业实现增加值 215 129 万元，同比增长 5.5%，第二产业实现增加值 190 252 万元，同比增长 10.2%，第三产业实现增加值 359 591 万元，同比增长 8.8%。三次产业比重由 2018 年的 26.1∶25.2∶48.8 调整为 28.1∶24.9∶47.0，人均 GDP 达 19 911 元，同比增长 8.2%。非公有制经济实现增加值 399 316 万元，同比增长 8.8%，占地区生产总值的 52.2%。

全年农业总产值 345 804 万元，同比增长 19.4%（现价），实现农林牧渔业增加值 219 587 万元，同比增长 5.5%（可比价）。

农作物总播面积 1 256 119 亩，同比下降 0.6%；茶园面积 197 763 亩，同比增长 13.1%；烤烟种植面积 48 063 亩，同比下降 18.6%；核桃种植面积 1 056 607 亩，同比增长 0.7%；澳洲坚果种植面积 542 083 亩，同比增长 7%；咖啡豆种植面积 21 658 亩，同比下降 0.2%。

全年粮食总产量 202 011t，同比增长 1.8%。其中，小春产量 22 993t，同比增长 0.4%；大春产量 179 018t，同比增长 2%。主要粮食品种中，稻谷产量 22 506t，同比下降 20.5%；小麦产量 5731t，同比下降 7.1%；玉米产量 141 309t，同比增长 2.9%。

全年油料产量 1209t，同比增长 17.7%；烤烟产量 6128t，同比下降 11.3%；茶叶产量 16 529t，同比增长 3.1%；核桃产量 38 127t，同比增长 18.3%；水果产量 44 626t，同比下降 12.7%；澳洲坚果产量 3524t，同比增长 51.6%；咖啡豆产量 422t，同比下降 49.6%；橡胶产量 3989t，同比下降 0.1%。

全年肉类产量 70 173t，同比增长 4.6%。其中，猪肉产量 62 181t，同比增长 3.5%；牛肉产量 4670t，同比增长 18.2%；禽蛋产量 2369t，同比增长 57.8%；生猪存栏 569 962 头，同比下降 4.8%；生猪出栏 757 378 头，同比增长 3.5%。

4.2.3　龙陵县农业农村经济发展情况

2019 年，全县地区生产总值 1 084 637 万元，按不变价格计算（下同），增长 10.2%。其中，第一产业增加值 265 106 万元，增长 5.6%；第二产业增加值 461 946 万元，增长 15.2%；第三产业增加值 357 585 万元，增长 6.7%。全部工业增加值 293 605 万元，增长 13.6%；建筑业增加值 168 576 万元，增长 18.8%。第一产业拉动 GDP 增长 1.4 个百分点，第二产业拉动 GDP 增长 6.7 个百分点，第三产业拉动 GDP 增长 2.1 个百分点。三次产业比重由 2018 年的 23∶41.8∶35.2 调整为 24.4∶42.6∶33，人均生产总值 36 918 元（用常住人口计算），增长 9.8%。

农业生产平稳，全县完成农林牧渔业总产值 384 346 万元（现价），增长 5.7%，全年粮食作物播种面积 50.5 万亩；粮食产量 14.96 万 t，增长 1.6%，实现产值 44 304 万元。2018～2019 榨季，甘蔗面积 10.3 万亩（县内），甘蔗产量 26.13 万 t，下降 14.4%；油料面积 9436 亩，油料产量 873t，增长 0.7%，实现产值 633 万元；茶叶可摘面积 9.4 万亩，与上年持平，产干茶 7513t，增长 0.03%，实现产值 18 154 万元；烤烟面积 4.88 万亩，增长 2.7%，产量 6700t，增长 3.88%，实现产值 18 894 万元；石斛面积 810 万平方米，产鲜条 3600t，增长 5.6%，实现产值 28 800 万元。

全县当年造林面积 35 600 亩，森林资源继续保持林木总生长量大于消耗量的良性循环，森林覆盖率 70.08%。

4.2.4　施甸县农业农村经济发展情况

2019 年施甸县实现地区生产总值 71.7 亿元，同比增长 8%，其中：一、二、三产业分别完成 17.7 亿元、23.5 亿元、30.5 亿元，三次产业占比优化为 25：33：42；财政总收入 9.5 亿元，增长 2.7%，一般公共财政预算收入 6.1 亿元，增长 7.4%；财政总支出 35.6 亿元，增长 15.5%，一般公共财政预算支出 32.9 亿元，增长 8.1%；城镇、农村常住居民人均可支配收入分别增至 30 116 元和 11 360 元，增长 8% 和 10.3%；金融机构存款余额 91 亿元，下降 4.2%，贷款余额 81 亿元，增长 19.6%；社会消费品零售总额 20.4 亿元，增长 12%。

建设特色产业基地 35 万亩；粮食播种面积 51.22 万亩，总产量 16.63 万 t；烤烟种植面积 8.76 万亩，交售烟叶 23.5 万担，实现产值 3.5 亿元、税收 7702 万元；种植蔬菜面积 11.1 万亩、中药材面积 2.5 万亩、水果面积 5.2 万亩；生猪出栏 100 万头，牛出栏 4.5 万头，肉类总产量 8.2 万 t。完成集体产权制度改革清产核资工作，粮食生产功能区和重要农产品生产保护区划定 30.01 万亩。被农业农村部认定为第二批"国家区域性良种繁育基地"。实施千亿斤增粮项目，建设高稳产农田 1.8 万亩。

4.2.5　隆阳区农业农村经济发展情况

2019 年隆阳区实现地区生产总值 960.7 亿元，比上年增长 9.8%。其中，第一产业增加值 204.8 亿元，增长 5.6%；第二产业增加值 367.2 亿元，增长 14.1%；第三产业增加值 388.7 亿元，增长 7.5%。人均生产总值 36 548 元，增长 9.5%。三次产业结构占比由上年的 19.8：37.6：42.6 调整为 21.3：38.2：40.5。

2019 年全年实现农林牧渔业总产值 321.5 亿元，比上年增长 5.7%。其中，农业产值 160.1 亿元，增长 9.6%；林业产值 27.0 亿元，增长 6.3%；畜牧业产值 123.3 亿元，增长 1.9%；渔业产值 6.8 亿元，下降 8.5%；农林牧渔服务业产值 4.3 亿元，增长 6.7%。实现农业增加值 207.7 亿元，增长 5.6%。

全年粮食总产量 145.61 万 t，比上年增长 1.25 万 t，增产 0.87%。全年烟叶产量 6.85 万 t，增产 0.99%。烤烟产量 5.95 万 t，增产 1.41%。甘蔗产量 123.81 万 t，减产 6.21%。茶叶产量 5.35 万 t，增产 2.36%。年末生猪存栏 272.6 万头，比上年末增长 2.2%。牛存栏 67.5 万头，比上年末增长 6.0%。羊存栏 63.3 万只，比上年末增长 5.9%。

年末全市拥有农业机械总动力 159.2 万 W，比上年末增长 3.2%。大、中、小型拖拉机 18 842 台，比上年末增加 102 台。排灌动力机械 14 310 台，比上年末增加 359 台。联合收割机 1218 台，比上年末增加 22 台。小型耕整地机械 74 365 台，比上年末增加 5331 台。农产品初加工动力机械 69 623 台，比上年末增加 1648 台。

全年共完成人工造林面积 20.1 万亩，森林面积达到 1951.9 万亩，森林覆盖率 68.25%。

全年新增有效灌溉面积 6.9 万亩，累计达到 239.7 万亩。年末拥有各种水库 422 座，增加 12 座。水库累计库容达 14.7 亿 m^3，农村集中式供水覆盖率达到 97.76%。

4.2.6　芒市农业农村经济发展情况

2019 年芒市实现生产总值 1 561 941 万元，按可比价计算，比上年增长 7.8%。其中，第一产业实现增加值 295 572 万元，增长 5.6%，拉动生产总值增长 1 个百分点；第二产业实现增加值 287 075 万元，增长 5.2%，拉动生产总值增长 1.1 个百分点；第三产业实现增加值 979 294 万元，增长 9.3%，拉动生产总值增长 5.7 个百分点。三次产业结构占比为 18.9∶18.4∶62.7。

2019 年实现农林牧渔业总产值 423 946 万元，按可比价格计算，比上年增长 5.7%。其中，农业产值 285 955 万元，增长 6.7%；林业产值 44 112 万元，增长 2.3%；牧业产值 61 204 万元，增长 4.8%；渔业产值 16 673 万元，增长 2.7%；农林牧渔服务业产值 16 002 万元，增长 6.4%。

2019 年农作物总播种面积 1 031 330 亩，比上年增长 1.5%。其中，粮食播种面积 549 750 亩，下降 7.5%；油料种植面积 7223 亩，下降 15.4%；甘蔗种植面积 124 074 亩，增长 7.6%；蔬菜及食用菌种植面积 222 874 亩，增长 25.9%；烟叶种植面积 53 938 亩，下降 1.1%；瓜类（果用瓜）种植面积 20 078 亩，增长 8.6%；药材类种植面积 20 574 亩，增长 5.1%，其中石斛种植面积 7621 亩，下降 8.4%；其他农作物种植面积 32 819 亩，增长 15.8%

2019 年粮食总产量 219 490t，比上年增长 0.1%。油料产量 781t，下降 14%；甘蔗产量 556 480t，增长 5.1%；蔬菜及食用菌产量 209 697t，增长 27.1%。烟叶产量 7457t，下降 0.1%；瓜类（果用瓜）产量 26 947t，增长 10.5%；药材类产量

3396t，下降 19.5%，其中石斛产量 2072t，下降 17.1%；其他农作物产量 34 539t，增长 15%。

茶园 2019 年末面积 134 718 亩，比上年下降 0.5%；核桃年末实有面积 74 668 亩，下降 5.8%，橡胶年末实有面积 72 851 亩，下降 1.1%；咖啡年末实有面积 46 177 亩，下降 13.7%；坚果年末实有面积 165 017 亩，增长 12.7%；竹子年末实有面积 137 136 亩，下降 2.4%。

2019 年茶叶产量 9669t，比上年下降 0.1%；核桃产量 443t，增长 65.9%；橡胶（干胶片）产量 1094t，下降 55.6%；咖啡（干咖啡豆）产量 5460t，下降 27.4%；坚果产量 3252t，增长 40%；竹子产量 162.46 万根，增长 19.4%。

2019 年肉类总产量 19 676t，比上年增长 11.7%；禽蛋产量 947.8t，增长 34.1%；牛奶产量 228t，下降 8.1%；水产品产量 12 860t，增长 1.8%。年末生猪存栏 99 180 头，增长 3.6%；牛存栏 48 363 头，下降 6%；羊存栏 27 708 只，增长 27.2%；家禽存栏 857 374 羽，增长 26.9%。生猪出栏 125 178 头，增长 0.3%；牛出栏 43 874 头，增长 19.7%；羊出栏 22 676 只，下降 8.0%；家禽出栏 1 660 808 羽，增长 4.1%。

4.3 怒江流域（南段）农业农村产业结构对水系的生态环境影响分析

4.3.1 镇康县农业农村产业结构

根据自然规律和经济发展规律，在国家大量的惠农政策扶持下，通过退耕还林、还草，全县加快了种植业结构调整步伐。从粮作结构上看，主要是增加小春复种面积，减少大春种植面积，如增冬玉米、晚稻、马铃薯、蔬菜等种植面积，通过水改旱、退耕还林，减少夏玉米、水稻种植面积；减少了粮食种植面积以扩大效益较高、耗工较少、时限较短的泡核桃、橡胶、茶叶、坚果、咖啡、甘蔗等产业，通过产业结构调整，使粮食作物之间、粮食作物与经济作物之间关系更为合理。但是，随着新兴产业快速发展和传统产业不断壮大，产业争地、粮经争地问题日益突出，特别是在坝区、缓坡地，传统作物种植受到挤压，种植面积不断萎缩。高产水稻种植面积减少；甘蔗种植不断向高海拔突破，由于气候不适，管理粗放，单产相对较低，为了保证产量，唯有扩大面积，造成了耕地资源浪费。同时，种植业科技含量较低，仍普遍处于粗放经营的状态，粮经作物单产普遍偏低，全县粮食平均单产仅 179kg，甘蔗平均单产仅 4.1t，茶叶平均单产 70kg，产品附加值也较低，大多数农产品均以初级农产品出售，效益普遍不高。虽然全县已发展特色产业 10 余种，但是区域特色普遍不明显，产业集中度不高，规模小，效益低，大产业、小企业、小规模现象突出，农业产业优势、特色、品牌、规模尚未形成。企业与农户的利益联结机制尚未形成，农民进入市场的组织化程度仍较低。

目前，镇康县按照"传统支柱产业做优，特色优势产业做大"的思路，加快发展高效农业，坚持市场导向和龙头企业带动，推进以外销核桃、甘蔗、橡胶、茶叶、咖啡、坚果为重点的特色产业开发，采取做优坚果产业、做大核桃产业、做稳甘蔗产业、做强橡胶产业、做特色咖啡产业、做精茶叶产业等措施，着力打造全县六大高原特色产业群。主要举措如下：一是以科技投入为重点，提高单产为目标，基础设施配套为保障，着力提升核桃、蔗糖、橡胶、茶叶等传统产业发展水平；二是加快发展烤烟、咖啡、澳洲坚果等新兴产业。同时，对一些发展粗放的、没有优势的、不具备规模化发展的低价值作物，逐步退出种植，推动农业产业结构优化升级。

4.3.2　永德县农业农村产业结构

永德县按照"宜茶则茶、宜药则药、宜蔗则蔗、宜果则果"的发展思路，以市场为导向，以企业为依托，坚持"缺基地抓发展、有基地抓提升"的原则，综合考虑海拔、气候、区域等因素，将特色优势突出、发展潜力巨大、带动增收明显的坚果、茶叶、核桃、烤烟、蔗糖、芒果、蔬菜、中药材、畜牧、诃子10个特色产业作为全县农业产业发展工作重点，努力实现重点特色产业发展规模化、效益化、绿色化、体系化、品牌化。围绕"强基础、创品牌、兴产业"目标，高质量建设澳洲坚果"一县一业"特色县，推进澳洲坚果矮化密植基地发展和提质增效。加强诃子用途研究开发，争取"永德诃子"地理标志产品保护通过国家市场监督管理总局审查。积极申报"永德熟茶"地理标志证明商标，加快实施高端茶"一饼一码"，叫响"好熟茶·永德造"公共品牌。但是，永德县的基础设施制约依然突出，交通、水利等重大项目建设滞后。目前，永德县积极整合系列涉农项目资金，加强原料基地道路、水利等基础设施建设，引导和支持通过土地流转、承包租赁等方式，以及龙头企业、农村专业合作组织、村集体经济组织、专业大户等各类市场主体积极参加原料基地建设，努力实现"路水配套、机械耕作、健康种苗、科学管理、效益提高"的新时期特色产业发展新格局。

4.3.3　龙陵县农业农村产业结构

龙陵县因地制宜地发展甘蔗、"两烟"、核桃、茶叶、石斛、中药材、黄山羊、肉牛、中华蜜蜂等特色产业，形成"一村一品""一村多品"的产业格局。龙陵县把产业链培育作为增加产业体量、优化产业结构、壮大产业集群、增强县域经济竞争力的重要抓手，在巩固提升粮、蔗、茶、"两烟"、黄山羊等传统产业的同时，着力培育石斛、褚橙、肉牛三大全产业链，推进"生产+加工+科技+品牌"一体化发展，推动三次产业深度融合、快速发展。通过强化石斛种苗培育、种质资源保护、标准化建设、质量安全管理、产品研发、品牌培植等措施，大力培植发展石斛产业。龙陵已成为全国石斛生产第一县。

4.3.4　施甸县农业农村产业结构

近几年来，施甸县在乡村振兴工作中将农业产业发展置于重要位置，初步形成了"一江两河热区经济带、东西两山温凉种养殖带、姚关施甸两坝田园观光带"的三大产业带发展格局。传统产业依旧是农业产业发展的主流。总的来看，粮食生产在第一产业中所占比例依旧很大，生猪养殖仍然是畜牧业的重点，核桃种植依旧是林果业的主流，烤烟产业的支柱地位依旧明显，甘蔗产业仍然是热区群众增收的主要渠道。近年来，在市场经济的推动作用下，农业新兴产业得到了快速发展，并自发地形成新的产业发展布局。一是蔬菜产业已形成优势区域与季节互补的发展格局，在烟收获后种植鲜食豆类为主的蔬菜，已形成了规模稳定、效益突出的特色产业。2019 年年底，全县蔬菜种植面积达到 11.1 万亩(不含复种面积)。二是中药材种植得到温凉山区群众普遍认可，适宜种植区划带逐步形成。2019 年年底，全县中药材种植面积达 2.5 万亩。三是茶叶产业稳步发展。茶叶产业由于受自身发展（市场、品牌、栽培周期、环境条件）的限制，全县种植面积多年来始终稳定在 4.7 万亩左右。总的来说，农业产业化进程比较缓慢。从产业结构上看，农业规模化以从事种、养殖业等初级原料生产为主，全县农业产业化整体规模不大、层次不高。在产业化带动农民增收方面，各农民专业合作社经营整体效益不高。全县从事农产品加工的企业数量虽多，但布局不合理，发展不平衡，整体水平较低。同时，在加工中存在着加工初级产品、传统产品、低档次产品多，精深加工产品、高科技产品、名牌产品少等问题，产品缺乏市场竞争力。农村主导产业不突出，产业化程度较低。

4.3.5　隆阳区农业农村产业结构

优越的立体气候、丰富多样的生物资源、精良的耕作技术使隆阳区成就了卓越的农业文明，素有"滇西粮仓"之称。正是在这样的发展基础上，隆阳区始终把农业农村工作摆在经济建设的重要位置。改革开放以来，围绕农业供给侧结构性改革主线，深入贯彻落实党在农村的各项方针政策，尤其是党的十八大以来，隆阳区大力推进高原特色农业，高原特色农业产业产值稳居全省前列。与此同时，隆阳区连续多年被评为全国粮食生产先进县、国家产粮大县、国家生猪调出大县等称号，还是全国最大的小粒咖啡生产基地和中国甜柿之乡。

近几年来，隆阳区以发展农业规模化，不断提高农业绿色化、优质化、特色化、品牌化水平，从而实现农业持续增效、农民持续增收、农村和谐稳定。

隆阳区以农业规模示范基地打造品牌效应，万亩茶园种植示范基地、万亩中药材种植项目、万亩咖啡基地、万亩热带特色水果园、万亩优质商品蔬菜基地和千亩红心火龙果基地 6 个示范区建设稳步推进，产业发展逐步走上轨道，企业不断壮大，效益不断增加，并打造出"康露春牌高山红茶""凤叶牌凤溪玉叶红茶绿茶""云天红牌甜柿""黄泥塘牌藕粉""比顿牌咖啡""百益和牌核桃"等云南名牌农产品。

虽然保山市隆阳区不断加大农业产业的布局和调整力度，但仍存在农业产业和产品结构雷同、发展产业一哄而上的现象；多数产业布局分散，没有形成规模化，发挥不出规模效益；对传统产业缺乏巩固提升力度，农民抵御市场风险的能力不强；农产品比较效益低、资源比较优势未得到充分发挥等问题。另外，受市场和资源的双重约束，产业调整优化难度大，产业布局不合理，产业争地现象日益凸显，产业发展难以向最佳适宜区集中，规模化、集约化的布局和发展步履艰难，优势难以得到发挥。而且，近年来地方政府加大了农田水利设施建设力度，实施了高标准农田建设项目、中地产田地改造项目、石漠化综合治理项目、农业综合开发项目及一些水利设施建设项目，但保山市隆阳区大部分田地基础设施依然脆弱，靠天吃饭的比重很大，特别是大部分山区、半山区的土地更缺乏水利灌溉设施及田间生产道路，阻碍农业现代化的发展步伐。

4.3.6 芒市农业农村产业结构

芒市严格落实粮食安全行政首长负责制，2019 粮食播种面积 55 万亩，产量 21.9 万 t，实现 16 年连增。烟叶、鲜食玉米、马铃薯等冬季农作物播种面积达 37 万亩，实现产值 9.1 亿元。柑橘、菠萝、百香果等特色果业快速发展，新增种植面积 3.5 万亩，产值达 4.9 亿元。咖啡、茶叶、蚕桑等优势产业持续巩固，坚果、石斛、草果等林产业稳步增长。畜牧业发展更加规范，肉蛋奶总产量 2.1 万 t，产值 5.6 亿元。国家级现代农业产业园、高标准农田、糖料核心基地等项目建设和"两区"划定工作快速推进。农业机械化水平不断提高，芒市被评为全国率先基本实现主要农作物生产全程机械化示范市。绿色食品和有机食品认证企业达 7 家，居德宏州首位。完成 8 个土地整治项目，新增耕地 4380 亩。修建灌溉沟渠 77.2km，解决农田灌溉 2.85 万亩。实现农林牧渔业总产值 40 亿元，增长 12.9%。

4.3.7 农业对怒江水系的生态环境影响

化肥、农药、地膜等农业投入品的不合理使用，秸秆等农业废弃物的不充分利用，畜禽粪便的随意排放是造成农业面源污染的主要因素。为了进一步提高怒江流域耕地质量，减少农业面源污染对怒江水质的破坏，进而提升农产品品质，流域内各县（市、区）大力推广种养废弃物还田、增加有机肥、测土配方施肥、水肥一体化等措施，单质肥料施用量大幅减少，复合肥、配方肥、缓控释肥、水溶性肥等新型肥料的施用量大幅增加。这些措施有利于提高肥料利用率，化肥使用总量逐年减少，减少化肥对环境的污染。

怒江流域（南段）各县（市、区）的畜牧养殖大多采用圈养或散养方式，农户养殖的畜禽粪便大多堆肥还田或任意地堆积于路边及房前屋后。流域内少量规模化养殖产生的粪便主要供果园及花卉基地利用，只有少量粪便及冲刷圈舍的污水外流而污染环境。由于各县区积极采取畜禽粪便资源化综合利用、减少化肥的施用量等关键措施保护怒江水质及自然生态平衡。《2019 年云南省环境状况公报》显示，目前怒江水系水质良好。

4.4　怒江流域（南段）绿色生态内涵和发展空间构架

4.4.1　怒江流域（南段）绿色生态内涵

怒江绿色生态内涵是相对于怒江健康来说更为宽泛的概念，它不仅关注怒江自身结构和功能等的状态，而是赋予其更多的延伸含义。怒江并不是孤立存在的，它与所流经的区域有着千丝万缕的联系。因为怒江的健康与否不仅会对周围的生态环境有着影响，反过来看，流域周边存在要素对怒江的健康影响更大，所以怒江流域的绿色生态内涵应该更多地强调一种与外在存在的关系。

目前，我国的长江、荆江、珠江等流域水患频繁，水质恶化，并且在有些地方形成了有雨即涝、无雨即旱的局面。这并不是河流自然演进的结果，而是由于流域内城乡的不合理发展，以及不重视河流的自然演进过程所造成的。对于这些问题，我们应当从引起它们改变的城乡空间角度来入手，并且从空间规划策略入手寻求解决问题的办法。

由于人类的经济发展和城市建设对怒江健康有影响，维护怒江健康要约束人类的行为，如降低排污量、减少人工建筑等。约束人类行为并不是要人类坐守原生态，无所作为，而是要对河流积极诱导，对不稳定因素加以约束，用工程、生物、人文等措施，达到保持怒江健康与满足人类需求的平衡。

现在要解决的问题就是需要尽快找到这种平衡，找到联系人与怒江健康关系维系的纽带，也就是维持怒江绿色生态健康的"门槛"。河流系统与城乡空间是有着密切的联系的，土地利用方式不同，对土壤的影响程度也不同，同样不同的土壤质量对于河流生态系统也有着不同的影响。

健康的河流生态系统应具备以下特征：具有良好的恢复能力和自我维持能力，即对污染能稀释、降解，对干扰能化解排除；既能满足原生态系统基本的水需求，又能满足河流生态系统生物、河岸生态系统生物生存的基本需要；具有相对稳定性，河流特征不出现重大改变，对邻近的生态系统和人类没有大的危害；而且能够发挥正常的生态功能的状态。

4.4.2　怒江流域（南段）发展空间构架

（1）流域具有整体流动的自然属性，以流域为单元，水量水质、地上水地下水相互依存，组成一体，上下游、左右岸、干支流的开发利用、治理互为影响。流域内上中下游、干支流，共同形成了一条河流不可分割的组成部分，它们之间有着密切的利害关系。上游的污染直接损害下游的安全，下游的社会经济发展需要上游来水的水量与水质符合使用要求。如果上游任意截取水量，或者向下游肆意排污，其结果将危害整个流域，最终也会危害自己。因此，怒江的污染控制，不管是上游、中游、下游，还是支流、干流，或者左岸、右岸，只有从流域整体出发，才可能真正从水生态系统平衡的角度，全面考虑水污染控制问题。

河流以线性形态存在，在区域范围内与众多城镇串联，同时河流的流动性使河流所串联的城镇之间产生了一种联系。也就是说，上游的城镇对于河流的利用和污染情况会直接或间接地对中下游的城镇产生影响。历史上产生的下游城市受到上游城市河流污染而出现事故的情况屡见不鲜。因此，对于河流的使用不是自家的事情，而是大家的事情，河流相关区域范围内的城镇一定要统一规划、统一协调，才能保证公众的利益不受影响。怒江流域（南段）生态经济的上、中、下游各段具有鲜明的个性和优势，以此作为基本经济发展的单元可以避免产业趋同，可以实现优势互补及不同层次产业在空间上的有效传递。流域不同部位的优势是在自然条件、区位条件、经济发展等基础上形成的。上游的优势是生物资源、矿产资源和旅游资源丰富，劳动力廉价；劣势是地形复杂、交通、信息闭塞，基础设施落后，人口素质差、技术落后、资金能源缺乏。中游是上游与下游的承接和过渡地带，优势兼有，劣势并存。在这一格局下进行地域分工，优势互补，则可实现全流域和谐发展，共同繁荣。

（2）由于产业对于河流的水质和水量等都会造成一定程度的影响，因此在进行区域产业规划的时候一定要注意考虑产业对水资源的需求情况，尽量做好结构调整和产业类型的选择，不然会对河流健康产生较大的影响。

以流域健康保护和促进为基础的区域布局结构，建议按照上、中、下游进行组团式的空间结构进行布局。确定组团之间的空间距离要建立在流域健康保护的基础之上。基于此目的，主要体现在流域健康在水质方面的内涵，河流水体的自净水域空间的生态系统提供了水体自然净化的功能。降落到地面的水经过土壤、植被、落叶及腐殖质的层层过滤，最终将洁净的水体渗透到地下或缓释到河流之中。同时，流动的河水本身也具有自净的功能，上游的微量污染物在河水微生物的作用之下，被逐渐分解，随着河水的流动，在下游又成为洁净的水体。因此，在自然状态之下，河水始终保持清洁状态，这也是"流水不腐"的道理。

基于此，河流并非完全不允许污染的产生，而是不能超过河流自身净化能力，而且必须要给予河流一定的净化距离，因此，这个距离就是区域城乡组团空间布局的依据和参考，并且针对流域自身在规模和原本水环境容量的情况进行距离的调整。这个距离的大小在水文和生态学领域已有研究，主要集中在流域水质模型方面，在进行区域规划的时候必须将此内容作为主要内容一并考虑。当然，这个依据并不是绝对的，只是针对流域健康来说比较合理的一种手段而已。

（3）区域的土地利用方式和强度对于河流健康的影响非常大，区域土地利用中经常会出现将自然林地变成农业耕地，以及城市建设用地的情况，这些都是对河流健康的威胁所在。因此，必须协调好区域土地利用的方式和关系，在满足人类发展需求的时候尽量保证土地利用的合理性，以维护河流的健康。

不同的土地利用方式对于怒江流域的影响也是不同的。根据有关研究，可以看到对河流健康最有利的是林地，其次是耕地和园地等利用方式，与城市建设有关的用地对河流健康的影响是最大的。因此，在区域规划中，要通过退耕还林、封山育林等方法，加大区域森林面积，并且禁止人类对林地的开采和滥用。这样才能够为区域内的河流提供一个较好的保护屏障。此外，还应在合理利用耕地和园地等农业用地的基础之上，适当保障其用地面积。

农田的利用方式与面源污染密切相关，应从整体利益考虑，调整农业土地利用结构，合理利用农业土地资源，科学地建立农业生产结构。农业区划既要满足农业经济的发展，满足人民群众对农产品的需求，又要符合生态环境保护与改善的要求，走可持续发展之路。例如，蔬菜基地作为菜篮子工程建设的重要基地，在农业社会结构调整中应立足于提高生产技术水平，建设无公害生产基地，在水环境敏感地区如水淹地周边一定范围内不设置传统的蔬菜生产基地，以防止面源污染直接污染、影响河流健康。

4.5　怒江流域（南段）绿色生态农业的发展建议

紧紧抓住大力发展高原特色农业和庄园经济的历史机遇，牢牢把握加快发展现代农业、贯彻乡村振兴战略的重大方向，牢固树立新发展理念，按照"扩规模、培基地、树品牌、提档次"的整体思路和"产、工、销、科"一体化经营方式，坚持质量兴农、绿色兴农、品牌强农，推进重点产业区域化、特色化、规模化、集约化，补齐短板弱项，延伸产业链、提升价值链、完善利益链，带动农民增收，努力使怒江流域（南段）重点特色农业产业发展成为特色鲜明、优势明显、品牌响亮、竞争力强和效益良好的现代化农业产业。发展绿色生态农业应遵循以下四个原则。

1. 坚持绿色发展的原则

牢固树立"绿水青山就是金山银山"的生态理念，遵循"优质、高效、生态、安全"的现代农业发展要求，深入挖掘生态优势，坚持"产业发展生态化、生态建设产业化"的理念，使特色农业与生态保护高度统一，大力发展生态安全的特色农产品，提高生态系统的稳定性和持续性，实现农业经济系统和自然生态系统的同步优化。结合怒江流域的实际情况，推广和发展林果产业，如发展种植澳洲坚果、柑橘、芒果等产业。

2. 坚持龙头带动的原则

充分发挥市场在资源配置中的决定性作用，把市场需求作为产业发展的基点，积极引进和培育一批农产品加工企业，按照"企业管两头、政府管中间"的原则，充分发挥龙头企业在产业发展中的引领带动作用，企业抓好基地和市场，政府抓好引导和服务，督促引导好龙头企业立足实际，进一步延伸产业链，提高综合利用率，提升综合效益。

3. 坚持突出优势的原则

始终把资源环境保护贯穿到农业产业化发展的各个方面和环节，有效发挥怒江流域在土地资源、气候条件、生态环境、特色资源等方面的优势，选择产业基础较好、竞争力较强、特色优势明显的重点产业，集中力量进行重点培育和打造，形成有规模、有特色、有内涵、有品牌的重点产业发展模式。

4. 坚持科技创新的原则

把高原特色农业产业化与农业综合开发、农业现代化建设、农业科技教育与推广等工作结合起来，着力提高广大农民和农业经营组织的科技素质，不断提高农业产业链的科技含量和最终产品档次，实现特色农业的跨越式发展。

第5章　怒江流域（北段）高山峡谷区
绿色生态农业发展模式研究

5.1　怒江流域（北段）自然生态概况

5.1.1　地形与气候

怒江州位于云南西北部，地理坐标为东经 98°09′～99°39′、北纬 25°33′～28°23′。处于"世界屋脊"青藏高原南延部分横断山脉西段，是闻名于世的高山深切割地貌"东方大峡谷"。境内地势北高南低，南北走向的高黎贡山和碧罗雪山并行排列，怒江从两座大山之间川流而过，构成了狭长的高山峡谷地貌。境内最高点为高黎贡山主峰嘎娃嘎普，海拔 5128m，最低点为泸水市境内的蛮云村冷水沟，海拔 738m。

境内 98%以上的面积是高山峡谷，可耕地面积极少，约占全州土地面积的4.72%。耕地沿山坡垂直分布，76.6%的耕地坡度均在 25°以上，可耕地中高山地占 28.9%，山区半山区地占 63.5%，河谷地占 7.6%。在河谷江边，分布着面积大小不同的许多冲积扇、冲积堆和冲积裙，是怒江州的主要农作区。境内较大的冲积扇和冲积堆有蛮英坝、丙贡坝、赖茂坝、六库坝、灯笼坝、上帕坝、永拉嘎坝、丙中洛坝等。

因受气候、母质、地形、生物、时间等成土因素的综合影响，境内形成的土壤种类型较为复杂。境内土壤共有 11 个种类、29 个土属，55 个土种，其中水稻土 29 个，旱地土 35 个，形成水平、垂直、区域性分布的特点。怒江州泸水、福贡、贡山 3 个县（市）土壤偏酸。土壤有机质含量高，钾元素丰富。海拔 1500m以下的河谷江边，主要为赤红壤、红壤；海拔 2000m 左右的半山区，主要为黄红壤、黄棕壤；海拔 2500～3000m 的高山区主要为棕壤、暗棕壤；海拔 3000m 以上，依次为灰棕森林土和高山草甸土。

境内天气变化大，气候各异。怒江州气候既具有云南省年温差小、日温差大、干湿季分明、四季之分不明显的低纬高原季风气候的共同特点，又因地形地貌和纬度差异的影响，具有北部冷、中部温暖、南部热，高山寒冷、半山温暖、江边炎热的独特立体气候特征。怒江州北部的福贡县、贡山县一年有两个雨季，一个是 2～4 月的"桃花汛"或"春汛"，一个是 5～10 月的主汛期。

怒江州境内最低海拔 738m，最高海拔 5128m，年平均气温 15.8℃，最热月平均气温 22.2℃，最冷月平均气温 9.1℃，极端日最高气温 40.3℃，极端日最低气温 -10.2℃。年平均降水量 1301.9mm，最多月平均降水量 214.1mm，最少月平均降水量 18.6mm；福贡县、贡山县 2～4 月平均降水量 591.4mm，占全年降水量的 36%，5～10 月平均降水量 899.7mm，占全年降水量的 55%；泸水市、兰坪县 5～10 月平均降水量 827.15mm，占全年降水量的 84%。年平均风速 1.1m/s，风向多为南风，年平均日照时数 1576.8h，年平均蒸发量 1420.2mm。

显著的海拔高差和复杂的地域环境影响了热量条件的再分配，各地温度有较大差异。一般在海拔 1400m 以下的低热河谷区，气温最高，热量丰富，年平均气温 18.4℃，最热月气温 21.7～24.7℃，最冷月气温 11.1～13.6℃，年极端最低气温 -28～3.7℃，≥10℃积温 5530～5019℃；在海拔 1800～2300m 的中高山区，年平均气温 13.1℃，最热月气温 17.8～19.3℃，最冷月气温 3.2～9.1℃，年极端最低气温 -2.8～10.2℃，≥10℃积温 5019～3223℃；在海拔 2300m 以上高山区，年平均温度 11.0℃以上，最热月气温 17.8℃以上，最冷月气温 3.1℃以下，年极端最低气温 -10.2℃以下，≥10℃积温 3223℃以下，为气温最低、热量最差的地区。

5.1.2　自然资源

怒江州属泛北极植物区和古热带植物区交会地带的中国喜马拉雅植物区，容纳了寒温性、暖热性等植物类型，成为地域性植物类型组合较为丰富的地区之一，是天然的植物基因库，长期以来为国内和世界植物学科研者所瞩目。怒江州已知有高等植物 200 余科 600 余属 3000 余种。怒江州有林地面积 64.9 万 hm²，森林覆盖率 70%，用材林树种以冷杉、云南松、云杉、铁杉为主，珍稀名贵树种有红豆杉、秃杉、椴木、红椿、楠木、珙桐、紫檀、香樟等。列入国家级保护植物的有 42 种。药用植物资源十分丰富，据 1984～1988 年的普查，已知中药材资源 356 种，其中药用植物 314 种。76 个中国药材资源重点保护品种，怒江州有 51 种，珍稀名贵药材有虫草、阁草花、天麻、贝母、癫头参、红景天、黄连等。观赏花卉有珙桐、杜鹃、茶花、兰花等上千个品种。

经考察，已知脊椎动物 488 种，其中国家级保护动物 40 余种，鸟类 284 种（8 种为世界濒危鸟种），兽类 128 种，爬行类动物 30 种，两栖类动物 30 种，鱼类 44 种。其中，戴帽叶猴、羚牛、赤斑羚、大鼯鼠、黑鹇、灰腹角雉等，是中国珍稀动物。濒危动物有王锦蛇指名亚种、熊猴、滇金丝猴、中国穿山甲、云豹、印支虎、黑麝、菲氏麂、血雉、白腹锦鸡等 55 种。为更好地保护动物资源，国家将泸水市和保山市毗邻的高黎贡山地段，以及泸水市、福贡县、贡山县境内的碧罗雪山海拔 3000m 以上的地带，划为国家级自然保护区，总面积达 32.3 万 hm²，占云南省国家级自然保护区总面积的 43.9%，占怒江州总面积的 22%，被列入保护的动植物物种共有 1500 多种。

5.1.3　区域农业农村经济发展情况

区域北半段（泸水以北）农村经济发展较为落后，人均耕地有限。受制于陡坡地形（坡度大于 25°）和分散的田地，耕作机械化程度极低，大部分田地依靠人力锄耕。少数地区，如河谷两岸的旅游通道、贡山县丙中洛镇和独龙江乡等地区旅游业收入较高，人均收入高于其他地区。当地农村居民可支配收入以泸水市最高，农村常住居民人均可支配收入达 7248 元；其次是贡山县，农村常住居民人均可支配收入达 7021 元；福贡县最低，农村常住居民人均可支配收入为 6240 元。

近年来，随着乡村振兴力度的加大，结合边疆补助、生态林补偿补助等收入，农村居住环境大幅改善，住宅以砖混结构为主，部分地区住宅墙体为木质和竹编，基本消除了人畜混居的情况。

5.2　怒江流域（北段）农业农村产业结构对水系生态环境的影响分析

怒江流域（北段）位于云南省西北部、横断山脉北段的碧罗雪山和高黎贡山之间、怒江大峡谷的中北段，是云南"三江并流"世界自然遗产的重要区域，也是怒江沿岸的重要人居区和核心种植区。该区域面积超过 1 万 km² （其中泸水市 3203.04km²、福贡县 2756.44km²、贡山县 4379.24km²），人口约 33.2 万人（其中泸水市 19.1 万人、福贡县 10.6 万人、贡山县 3.5 万人），有独龙族、傈僳族、怒族、普米族、景颇族、白族、藏族等 22 种世居少数民族，少数民族人口占比超过 90%，是"边疆、民族、低收入、山区、宗教、直过"特征最集中的典型代表。山峰林立，沟壑纵横，地势崎岖，以及"山高谷深，平地少"是泸水市全境地貌的最大特点。特殊的地理环境、多样的气候类型，构成境内极为丰富的自然资源，被生物学家誉为"植物王国""哺乳动物祖先分化的发源地""世界雉鹑类的乐园"等。

5.2.1　农业产业结构现状

怒江流域（北段）农业经济已形成以服务业为主、工业为辅，农业经济体量进一步缩小但仍是重要基础的格局。以 2019 年为例，泸水市的三产占比为 13.6∶31.5∶54.9，福贡县为 18.9∶24.0∶57.2，贡山县为 17.6∶28.2∶54.2。可见农业经济体量已明显小于工业和服务业，而未来以旅游业为代表的服务业对经济贡献比率将继续提升。因此，如何充分挖掘域内丰富的动植物资源，发展旅游业和拉动固定资产投资建设，是区域农业发展的关键所在。

怒江州为高山峡谷地区，耕地少，坡度大，种植业发展受到诸多因素的制约，不具有综合优势，但种植业产值在农业内部产业中仍占有较大比例。虽然林业和牧业资源丰富，但产值比例较小。域内农业产业结构的调整需要整合农、林、牧资源，挖掘牧业、林业发展空间，积极培育特色牧业、林业产业，实现农、林、牧资源共享、优势互补、综合利用、协调发展的立体复合生产经营模式，构建怒江州农、林、牧业协调发展的立体生态农业格局，有利于生态环境和农民增收、发挥山区优势和实现可持续发展的低碳经济道路。

5.2.2　种植业情况分析

目前域内种植的特色经济作物或种类主要有草果、核桃、茶叶等（表 5.1）。经过多年发展，草果已成为域内种植面积最大、最重要、最核心的产业。

表 5.1　怒江流域（北段）农业种植与生产方式调查表

种植作物	面积/万亩	总产/t	单产/(kg/亩)	亩均收入/元	施化肥量/(kg/亩)	生产方式	对水系的影响
冬玉米	0.69	1 192.94	172.89	864.45	75	传统农业	轻微
夏玉米	13.94	29 314.43	210.29	420.58	60	传统农业	轻微
水稻	2.27	10 314.88	454.40	1 483.16	75	传统农业	轻微
小麦	1.51	1 171.00	77.55	124.08	50	传统农业	轻微
荞麦	0.33	289.31	87.67	280.54	60	传统农业	轻微
马铃薯	3.92	27 079.75	690.81	1 381.62	100	传统农业	轻微
红薯	0.53	4 726.06	891.71	1 783.42	60	传统农业	轻微
大豆	1.30	964.47	74.19	667.71	0	传统农业	无
草果	99.94	6 396.16	6.40	128.00	0	生态种植	无
茶叶	4.03	256.31	6.36	636.00	0	生态种植	无
花椒	1.01	508.00	50.00	2 000.00	0	生态种植	无
山胡椒	1.07	62.60	5.84	58.00	0	生态种植	无
核桃	55.00	2 118.49	3.85	38.00	0	生态种植	无
红花油茶	0.62	1 240.60	200.00	1 600.00	80	生态种植	无

1）主要作物的类别及产量

2019 年怒江州粮食播种面积 6.21 万 hm^2，产量 15.89 万 t，农村人口 48.51 万人，其中泸水市分别为 2.17 万 hm^2、5.57 万 t、15.07 万人，福贡县分别为 0.76 万 hm^2、1.94 万 t、11.01 万人，贡山县分别为 0.14 万 hm^2、0.34 万 t、2.97 万人。此外，怒江州甘蔗种植面积 265hm^2，油料作物种植面积 1853hm^2，全年各种作物种植总面积达 8.13 万 hm^2。

怒江州稻谷、小麦、玉米、豆类（蚕豆）、薯类的种植面积分别为 0.41 万 hm^2、

0.58 万 hm²、2.00 万 hm²、1.68 万 hm²（0.36 万 hm²）、0.98 万 hm²，其中泸水市分别为 0.19 万 hm²、0.09 万 hm²、0.80 万 hm²、0.58 万 hm²（0.14 万 hm²）、0.40 万 hm²，福贡县分别为 0.03 万 hm²、0.01 万 hm²、0.24 万 hm²、0.25 万 hm²（0.06 万 hm²）、0.16 万 hm²，贡山县分别为 0.01 万 hm²、0.00 万 hm²、0.04 万 hm²、0.04 万 hm²（0.01 万 hm²）、0.04 万 hm²。

怒江州稻谷、小麦、玉米、豆类（蚕豆）、薯类产量依次分别为 2.52 万 t、0.94 万 t、7.28 万 t、1.80 万 t（0.31 万 t）、2.53 万 t，其中泸水市分别为 1.33 万 t、0.08 万 t、2.50 万 t、0.50 万 t（0.08 万 t）、1.01 万 t，福贡县分别为 0.19 万 t、0.04 万 t、1.33 万 t、0.15 万 t（0.03 万 t）、0.16 万 t，贡山县分别为 0.03 万 t、0.01 万 t、0.16 万 t、0.03 万 t（0.00 万 t）、0.09 万 t。

甘蔗在怒江州仅种植于泸水市，产量为 1.78 万 t。怒江州的油料（花生、油菜籽）、茶叶、水果等作物产量依次分别为 0.11 万 t（0.02 万 t、0.04 万 t）、0.01 万 t、0.88 万 t，其中泸水市分别为 0.02 万 t（0.00 万 t、0.02 万 t）、0.005 万 t、0.23 万 t，福贡县分别为 0.03 万 t（0.011 万 t、0.012 万 t）、0.005 万 t、0.01 万 t，贡山县分别为 0.02 万 t（0.011 万 t、0.004 万 t）、0.00 万 t、0.03 万 t。此外，2019 年全州蔬菜和中药材的产量分别为 8.742 万 t、4238t。

怒江州耕地面积约为 96.36 万亩，包括泸水市 19.09 万亩（其中水田 4.44 万亩）；福贡县 11.82 万亩（其中水田 1.80 万亩），坡度在 25°以上的占 85%以上；贡山县 5.11 万亩（其中水田 0.39 万亩）。2019 年怒江州施用化肥量 8098t，其中泸水市、福贡县、贡山县分别为 3387.59t、1129.73t、149.48t。

综合分析流域耕地面积和化肥施用情况，怒江州耕地平均施肥强度为 8.40kg/亩，泸水市、福贡县、贡山县耕地施肥强度分别为 17.75kg/亩、9.56kg/亩、2.93kg/亩。因此，域内总体上施肥强度较大的地区有泸水市和福贡县，贡山县施肥强度较弱，呈现出从北到南迅速增加的趋势。

2）不同县域种植业基本情况

至 2020 年年底，泸水市草果种植面积已达 20.64 万亩，但存在种植技术简单、管理粗放、销售渠道单一等问题。主要原因如下：一是水、肥、农药等人为干预少，草果呈"半野生"状态，造成单位面积植株数和花序数量明显减少，落果增加，产量下降；二是种植地零散、规模效应不明显。目前，草果产业提质增效的具体措施有："伐密补（植）稀"，改造低产园地，培育高产优质品种，加强科学施肥、排水灌溉、除草、培土、修剪、病虫害防治等田间管理，加大种植和加工基地规划及建设力度，有效控制人力、物力成本，发展电商，畅通销售渠道等。

泸水市还有玉米、水稻、小麦、荞麦、水果、蔬菜等作物的规模种植，特别是在热量条件较好的上江镇、鲁掌镇、大兴地镇、六库镇等地种植有冬玉米，以及柑橘、芒果、枇杷、火龙果、香蕉、荔枝等热带水果，豇豆、黄瓜、甘蓝、番茄等蔬菜，还在称杆乡、古登乡、三河村、六库街道等气候相对凉爽的地区开展了云黄连、椶木、吴茱萸、党参、黄精、桔梗、重楼、黄花倒水莲、秦艽、天门冬、云当归、灵芝等中药材种植。

福贡县经过多年的发展，高原特色生态农业初具规模，初步形成了以"五种二养"为主导产业，即五种：种植草果、茶叶、油茶、花椒，核桃；二养：养殖蜜蜂、土鸡等的特色生态农业。现已成立福贡老姆登高山茶种植农民专业合作社，主要种植红茶和绿茶等有机产品，种植规模达 1800 亩；福贡云能产业开发有限公司，主要种植草果 50 000 亩、竹笋 200 亩；福贡金叶核桃种养殖农民专业合作社，主要种植核桃 770 亩；怒江州经济作物产品开发有限责任公司，主要产品是茶叶，种植规模 4800 亩。后续将大力发展以草果为主，花椒、山胡椒为补充的怒江州绿色香料产业及茶叶、核桃、油茶为主的特色生态农业。

贡山县草果种植面积达 23.3 万亩。为持续加快推进草果提质增效项目建设，通过生产道建设、生产便桥架设、生产索道建设使农户的草果种植、运输、销售等更加便捷，以持续增产、增收不断壮大贡山县草果产业发展。

与域内粗放的草果产业形成对比的是正在贡山县大力发展的羊肚菌产业。羊肚菌也是域内的乡土优势物种。经过科学合理的设施农业种植后，每亩纯收入可达 2100 元，远超草果、红花油茶和茶叶等作物的利润。以羊肚菌为代表的集约化农业有力地弥补了域内山多田少的农业短板，发挥了地区特色资源所长，因此相关模式预计可进一步研究推广。在稳定以"公司+合作社+农户"发展模式，在短、中、长期产业振兴相结合的基础上，着力在羊肚菌产业发展新模式上下功夫，逐年加大投资及规划编制力度。

另外，持续推进特色经济作物及中药材发展，加大黄豆、水稻、花生、旱谷、黄精等种植力度。目前，贡山县以草果、山药、羊肚菌为首的高原特色农业产业体系已初具规模。

3）域内不同作物及其土壤特征

域内土壤垂直分布明显，分别有黄棕壤土、棕壤土、暗棕壤土、棕色暗针叶林土、高山亚高山灌丛草甸土等。农业土壤多为山地黄棕壤土，河谷两岸冲、洪积母质上发育有水稻土。2020 年 10 月采集到怒江流域（云南境内泸水以北）主要作物土样 13 份，检测了样品的 pH 值、有机质、全氮、水解氮、全磷、有效磷含量。域内主要作物土壤的 pH 值为 4.0～8.2；有机质含量为 23.0～74.9g/kg，而水冬瓜（椶木）+茶树在高海拔（2009.44m）地带套种的土壤有机质含量可达238g/kg；全氮含量为 1.08～6.47g/kg；水解氮含量为 91～591mg/kg；全磷含量为0.59～1.92g/kg；有效磷含量为 3.7～98.5mg/kg。由表 5.2 可知，域内耕地土壤可呈极强酸性(pH<4.5)、强酸性(pH=4.5～5.5)、酸性(pH=5.5～6.5)、中性(pH=6.5～7.5)或碱性(pH=7.5～8.5)；有机质含量可达三级(2.01%～3.00%)至一级(>4%)，有机质含量、全氮含量明显高于华南和滇西地区平均水平（有机质含量 24.3～28.5g/kg、全氮含量 1.13～1.5g/kg）。

其中，玉米种植地从南到北广泛分布于域内，怒江东岸居多，地面坡度 0～45°，海拔 858.68～1841.65m，年降水量 1326～1663mm、年平均气温 13.03～19.32℃、土壤 pH 值为 4.9～8.0、微生物生物量碳含量 47.19～342.13mg/kg、全碳含量 9.3～35.6g/kg、全氮含量 0.60～4.00g/kg（其中铵态氮和硝态氮含量分别为 2.40～11.40mg/kg、0.23～35.07mg/kg；水解氮含量 103～329mg/kg）、全磷含量 0.39～2.18g/kg（有效磷含量 14～27.2mg/kg）、全硫含量 0.04～0.40g/kg、C/N 为 11.14～15.50、C/P 为 5.49～29.00、N/P 为 0.46～2.50。

表 5.2　怒江流域（云南境内泸水以北）主要作物土壤状况

土样编号	作物	东经	北纬	海拔/m	pH 值	有机质/（g/kg）	全氮/（g/kg）	水解氮/（mg/kg）	全磷/（g/kg）	有效磷/（mg/kg）
1	玉米	98°34′48″	28°04′46″	1586.34	7.8	74.9	4.00	283	1.58	25.5
2	水稻	98°36′23″	28°01′31″	1836.09	6.6	44.5	2.16	178	0.66	9.3
3	玉米、白菜（轮作）	98°40′36″	27°42′41″	1727.50	6.8	32.1	1.62	162	0.92	27.2
4	水冬瓜+草果	98°46′12″	27°36′50″	1484.28	5.3	28.2	1.24	111	0.69	3.9
5	玉米	98°49′15″	27°25′34″	1358.82	6.2	66.4	3.25	329	1.50	22.3
6	玉米	98°52′50″	27°10′16″	1317.94	5.7	28.7	1.44	151	0.95	24.2
7	水冬瓜+茶树	98°53′22″	27°06′25″	2009.44	4.0	238	6.47	591	0.86	3.7
8	草果+核桃树	98°53′02″	27°06′22″	1820.43	6.8	58.5	2.59	203	0.65	13.3
9	草果+水冬瓜	98°52′10″	26°57′56″	1374.20	5.4	47.2	2.16	185	0.86	23.6
10	白菜	98°52′38″	26°50′49″	1166.34	8.2	29.8	1.31	127	0.78	42.8
11	玉米	98°54′58″	26°33′24″	1841.65	5.8	38.8	2.12	196	1.92	98.5
12	水稻	98°50′53″	26°00′35″	873.81	7.6	23.0	1.08	91	0.59	8.4
13	玉米	98°50′22″	25°57′30″	858.68	8.0	25.3	1.39	103	0.77	14.0

域内的稻田总面积较小，从南到北有零星分布，在可利用冰雪融水的部分地区（如丙中洛镇秋科当村）分布面积较大。稻田的海拔为 873.81～1836.09m，土壤 pH 值 6.6～7.6、有机质含量 23.0～44.5g/kg、全氮含量 1.08～2.16g/kg（其中水解氮含量 91～178mg/kg）、全磷含量 0.59～0.66g/kg（其中有效磷含量 8.4～9.3mg/kg）、N/P 为 1.84～3.29。

域内的菜地总面积非常小，但从南到北均有零星分布，常与玉米轮作。菜地的海拔一般为1166.34～1727.5m,土壤pH值6.8～8.2、有机质含量29.8～32.1g/kg、全氮含量1.31～1.62g/kg（其中水解氮127～162mg/kg）、全磷含量0.78～0.92g/kg（其中有效磷含量27.2～47.8mg/kg），N/P为1.68～1.76。

草果地在域内较为常见，以怒江西岸居多。截至2020年底，草果种植面积在怒江已达110万亩，其中挂果面积40万亩。林下草果种植模式在域内较为丰富，其中以草果+水冬瓜套种模式较为常见。草果+水冬瓜的种植海拔一般小于2000m,土壤pH值5.4、有机质含量47.2g/kg、全氮含量2.16g/kg（其中水解氮111～185mg/kg）、全磷含量0.86g/kg（其中有效磷含量23.6mg/kg），N/P为1.79～2.51。

草果+核桃树套种模式相对少见，海拔一般在1800m左右，土壤pH值6.8、有机质含量58.5g/kg、全氮含量2.59g/kg（其中水解氮含量203mg/kg）、全磷含量0.65g/kg（其中有效磷含量13.3mg/kg），N/P为4.00。

水冬瓜+茶树套种模式也有分布，海拔常高于2000m,土壤pH值4.0、有机质含量238g/kg、全氮含量6.47g/kg（其中水解氮含量591mg/kg）、全磷含量0.86g/kg（其中有效磷含量3.7mg/kg），N/P为7.49。

5.2.3　养殖业情况分析

1）域内养殖业基本情况

2020年受非洲猪瘟和畜禽养殖环境大力整治的影响，生猪养殖总量明显减少。为了保证市场肉禽的供应，采取从相邻县（市）调运生猪、活禽、冷冻肉产品等，严格执行落地产地检疫，畜禽运输车辆备案、清洗及消毒等管理制度。

2）域内不同县域养殖业现状

截至2020年6月底，泸水市生猪存栏166 647头，同比减少16.69%，比第二季度增加2046头，增长1%。其中，能繁母猪存栏39 583头，同比增加11.19%，比第二季度增加6834头，增长20%；生猪出栏133 622头，同比减少8.93%；其中，存栏50头以上的生猪规模养殖场（户）为69家（户），目前仍在建设的规模养殖场有4个。全市牛存栏37 445头，同比减少18.84%，比第二季度增加433头，增长1%。牛出栏9471头，同比增加18.06%，比第二季度增加1730头，增长21%；羊存栏131 924只，同比减少13.74%，比第二季度减少4965只，减少3%；羊出栏65 063只，同比减少5.57%，比第二季度增加20 861，增长47%；全市鸡存栏751 095羽，同比增加11.69%，比第二季度减少64 414羽，减少7%；鸡出栏437 485羽，同比减少4.45%，比第二季度增加149 544羽，增长51%；猪肉产量10 031.4t，同比减少8.85%，比第二季度增加3643t，增长57%；牛肉产量1059t，同比增加17.94%，比第二季度增加189t，增长21%；羊肉产量956.52t，同比减少7.49%，比第二季度增加280.52t，增长41%；禽肉产量725.07t，同比增加5.54%，比第二季度增加 273.07t，增长 60%；鸡蛋产量 2110.4t，同比减少 21.05%，比第二季度增加 688.4t，增长 48%。

截至 2020 年 6 月底，福贡县拥有 10 余个规模化养鸡场，土鸡存栏 491 249 羽，比 2019 年年末增加 165 000 羽，增幅 46.55%，出栏 176 782 羽，与去年同期持平，并且正在建设一个阿克几鸡保种扩繁基地，预计建成后年扩繁阿克几鸡 20 万羽；全县养殖中华蜂 16 573 箱，"甜蜜事业"稳固发展。

贡山县中华蜂养殖规模达 2.02 万箱，建成养殖基地 121 个，培育基地能人 121 人，培育养殖能手 600 多人，带动建档立卡户 1750 户（次），并且计划继续加大投资，持续推进"甜蜜事业"健康发展；生猪存栏 21 589 头，山羊存栏 11 006 只，牛存栏为 7396 头，家禽存栏 176 941 羽；稻田养鱼 400 亩，池塘养鱼投放鱼苗 140 户，新建鱼塘 4 个，畜禽渔业生产发展势头良好（表 5.3）。

表 5.3　区域内主要畜牧养殖情况

县（市）	猪			牛			羊			家禽			禽蛋	蜂蜜	水产品
	存栏量/万头	出栏量/万头	肉产量/万t	存栏量/万头	出栏量/万头	肉产量/万t	存栏量/万头	出栏量/万头	肉产量/万t	存栏/万羽	出栏/万羽	肉产量/万t	产量/万t	产量/t	产量/万t
泸水市	19.90	21.13	1.59	4.31	1.03	0.12	14.17	11.43	0.17	72.25	79.82	0.12	0.37	65	0.05
福贡县	6.55	7.73	0.43	0.86	0.28	0.03	3.08	3.95	0.07	33.71	27.78	0.04	0.08	165	0.00
贡山县	2.16	2.77	0.15	0.74	0.18	0.02	1.10	0.44	0.01	17.69	14.62	0.02	0.01	35	0.01

从总体上看，2020 年全州畜禽养殖业发展良好，但仍存在不足。下一步要充分利用"怒江蜂蜜"和"特色畜禽"绿色食品牌，打造绿色食品产业链，推广特色优质农产品，如绿色蜂蜜、高黎贡山猪、独龙牛、阿克几鸡等，强化产品管理监督力度，引进先进技术，加强对产品的精深加工，展示品牌良好对外形象，保证内部需求的同时加大对外输出途径，把品牌做好做大。

其次，要加强规模化畜禽养殖。虽然目前加大力度推广标准化规模养殖，但仍存在农户散养、品种杂、规模小、驾驭市场能力差、环境污染突出等现象（表 5.4）。因此，强化科技服务，提升规模化水平十分重要。应进一步引进龙头企业，扩建规模化养殖场，淘汰生产性能差的品种，引进优良品种，加大对农户的技术培养，提高科学饲养水平，进一步加大畜禽疫病防控力度，稳定全州畜牧兽医技术推广人员队伍，加强科学养殖专业技术型人才的培训。做好产品检疫检测工作，杜绝疫病传染传播。认真开展畜禽污染治理排查工作，推广干稀分离、雨污分流等实用治污技术和畜-沼-农作物种养结合的生态养殖模式，逐步实现养殖场废物无害化、资源化处理，实现资源循环利用，提高环保效果和养殖效益。

表 5.4　区域内主要畜牧业养殖方式调查表

养殖种类	主要养殖方式	对水系或湖泊的影响
中华蜂	农户蜂箱散养+规模化养殖	无影响
鱼类	稻田养鱼、池塘养鱼	轻微影响
家禽	农户散养+规模化养殖	轻度影响
羊	农户散养+规模化养殖	轻度影响
猪	农户散养+规模化养殖	粪便污染
牛	农户散养+规模化养殖	粪便污染

5.2.4　产业结构对水系生态环境的影响

区域作物以传统种植方式为主，极少使用化肥农药，主要农作物草果属于半野生状态。目前，地方政府重视退耕还林还草，林果基地、中药材基地逐渐增多，水土流失现象明显减少。

怒江流域云南段从北到南有多条入江支流，我们采集了其中 10 条主要河流的水样进行测定分析，结果如表 5.5 所示，TN、TP、COD 浓度分别为 0.24~1.06mg/L、0.02~0.37mg/L、1.60~13.0mg/L。旺基独村委会和施底村采的水样中 TN 含量最高，施底村采的水样中 TP 含量最高，雾里村采的水样中 COD 含量最高。

表 5.5　怒江流域主要入江河流 TN、TP 和 COD　　　　（单位：mg/L）

采样地点	TN	TP	COD
密瓦	0.67	0.16	12.8
雾里村	0.55	0.27	13.0
双拉村	0.81	0.31	4.20
双拉村	0.25	0.02	1.60
茨开社区	0.24	0.02	3.80
妮你朵村	0.64	0.15	8.60
旺基独村委会	1.06	0.22	1.80
施底村	1.06	0.37	4.80
拉甲木底村	0.70	0.26	9.60
跃进桥	0.85	0.12	3.00

积雪融水是大部分支流的源头。怒江沿岸居民以少数民族居多，主要以传统农业生产为主，种植玉米、水稻、中草药等，化肥农药使用量较低，水体中 TN、TP、COD 含量可能主要受江河周边村落居民生活污水排放量和牲畜粪便的影响。

5.3　怒江流域（北段）绿色生态内涵和发展空间构架

5.3.1　怒江流域（北段）绿色生态内涵

以高山峡谷地背景下的生态农业为抓手，打造具有高山峡谷特色的林果和中草药品牌，促进生态环境与农业发展双赢。怒江流域（北段）的生态环境极为优异。当地农户以近天然的方式种植草果和部分中草药资源，这种少施肥或不施肥的耕作方式既保证了农产品的品质，也保护了当地环境。因此，结合当地已有模式和区域优势，重点发展具有怒江特色的生态农业产业，通过扶持当地的优势企业或者引入企业入驻，围绕草果、茶树籽油和中草药种植业，发展草果、茶叶和茶油的加工业，通过树立怒江地理品牌，增加农产品的知名度；同时，应该建立科学的引导方式，选择合适的植物资源，让农户和企业以林下种植的方式发展中草药等种植，在保护环境的同时，提高产品的品质，为提升地方优质农产品的知名度奠定基础。

将农业发展与生物多样性保护同时推进。应加大保护力度，避免在发展农业产业的过程中造成野生植物资源的破坏；应禁止相关企业或个人从当地收购野生动植物资源的行为；大力发展旅游农业，以当地特色农产品增加餐饮的地方特色，如漆油鸡、紫色山药等，增加农产品附加值，使农业、餐饮与旅游业相互结合，促进流域经济发展。

5.3.2　怒江流域（北段）区域发展空间构架

怒江是云南省最大的草果种植区，也是我国草果的核心产区。草果为林下种植，无化肥和农药投入，土地也不做翻耕处理，而且草果生长能够稳固山坡坡体，有效保护当地的森林和环境。近自然的农业生产模式是当地长年积累的经验，为保护生态环境和绿色发展提供了可持续的发展模式。此外，加强退耕还林还草工作，注重环境保护和经济发展两手抓，增加经济林果和中药材的种植，如山茶、核桃、花椒、漆、云黄连等，不仅能够有效减少水土流失，而且能够增加农户经济收入。

依据怒江峡谷自然地带气候垂直分异明显特点，农业产业结构布局应遵循山顶戴帽子、山腰系带子、山脚穿鞋子的原则，坚持宜林则林、宜果则果。例如，在山顶栽种水土保持林绿化荒山，在适宜地带种植茶树增加农民收入；在山腰栽种经济林果、荞麦、小麦、花椒和中草药等，避免过度垦殖，增加农户收入；在山脚坡度较小的地带建设高产、稳产农田，种植玉米、水稻和蔬菜，满足农民基本粮食需求，在坡度较大的区域发展林果产业，在林下种植草果；可在面积较大的坝区（如丙中洛）开展稻田养鱼等，既增加农田生态系统多样性，也增加了经济收入，并为游客增加了地方特色的美食来源。

通过种树兴果，盘活山林，改变怒江多山缺地、有物缺钱的状况。在注重环境保护的同时，发展绿色产业、特色种养殖业、林下经济、中药材，使农户收入增收来源逐渐多样化，促进生态与经济相互促进。

另外，区域内独特的地质地貌孕育神奇秀美的高山峡谷景观及其衍生的人文风情，形成了丰富的旅游资源，旅游开发潜在价值巨大。按照地质构造、自然景观特色和人文风情，对区域内的旅游资源进行分类规划，加强执法，规范旅游区的经营活动，促进旅游业稳步发展。保护当地自然景观和人文景观，同时也可以让当地民众享受旅游业带来的经济效益。

5.4　怒江流域（北段）绿色生态农业农村的发展意见和建议

5.4.1　充分利用现有耕地

怒江流域土地资源总量丰富，但土地资源利用不合理。林地面积多，占土地面积的 62.7%，耕地面积少，只占土地面积的 12.5%，但是农业内部种植业产值达 63.9%，林业产值仅占 8.1%，区域经济发展主要依赖于土地资源的农业开发利用。因此，最大限度地开发利用现有耕地，科学增加农业产出尤为重要。

5.4.2　优化农业区域布局，促进规模化生产

怒江州总人口中农业人口占绝大部分，但农业技术落后，人民思想观念相对守旧，仍然保持着原始农业生产的特点，随意开垦、随意播种，品种布局缺乏科学依据，农业单产低，品质不高，收益率低，且产业化生产规模小，产加销、贸工农等环节联结松散，规模化、集约化、产业化程度不高。因此，要结合当地区域人文、气候等特点，利用现代科技与传统农业相结合的方式，推进优势产业和特色产业向优势区域集中，选择合适的农业产业及产品结构，实现农、林、牧、渔业协调发展，进一步优化农业区域布局。

5.4.3　发展特色农产品，加强重点领域品牌建设

紧密围绕特色生态农业产业发展，以怒江草果、漆油、贡山独龙牛、兰坪绒毛鸡、花椒、高黎贡山猪等特色生态农产品为重点，实行"标准化生产""产业化经营""品牌化销售"的发展模式，制定统一的农产品标准，打造"大怒江"系列生态农产品知名品牌，鼓励农业企业申报地理标志保护产品、无公害产品及有机农产品等认证，推动怒江州农产品公共品牌的发展（表 5.6）。

表 5.6　区域内（水系或湖泊）农业特（优）异物种资源调查表

物种名称	取样地点	当地适宜自然生态条件	生产栽培方式	物种产品	产业发展潜力
草果	福贡县	生长在海拔 1200～1800m 的山坡上，喜阴，一般在桤木、核桃或者自然林下生长，喜欢潮湿环境（年降水量大于 1500mm，年平均气温 20℃），土壤为黄壤或者石质山地	一般以种子繁殖，在遮阳网下育苗，苗期大于 1 年，高 30cm 左右时移苗，无化肥和农药投入，每年 10 月左右采收	晒干或烘干，作为调味料使用	市场较小，有待拓展；规模化基地尚缺乏，多为当地农民依托自家山地的林下种植，管理粗放

5.4.4　促进土地流转，培育龙头企业

扶持、培育农产品储藏、加工、销售的企业，以"合作社+农户"和"公司+农户+基地"的形式进行农业产业化开发，用产业化发展的思路，形成在国内外市场具有较强竞争力的骨干企业，带动产业群体高效发展。区域具有相对良好的边境贸易与经济发展的区位，特别是要抓住"一带一路"发展的机遇，优化产品质量，拓宽销售渠道，打响品牌知名度。

5.4.5　加强人才培养

针对怒江流域少数民族人口比重大、文化程度不高的特点，现阶段应快速引进和推广适用技术，把提高劳动者的生产技能作为提高区域科技水平的重心。重点采用树立科技示范典型、农民短期培训、专题技术讲座等方式，调动农民学习科技文化知识的积极性，以实用科技的先期介入带动区域社会经济的良性发展。要加强与科研院所的联系，努力提升种植技术，根据怒江流域近期产业建设的需要，采取特殊的优惠政策，多形式多途径引进高素质、高档次的科技人员，以人才引进为突破口，带动支柱产业的发展。

5.4.6　积极发展生态旅游业

怒江州处于世界自然遗产"三江并流"的核心和腹地，生态旅游资源十分丰富。大力推进峡谷蜂蜜、绿色香料、特色生态畜禽产品等生态食品和品牌生产基地建设，加大对特色产品、生态食品的宣传力度，吸引外地企业甚至外国企业的投资；大力发展旅游农业，以当地特色农产品增加餐饮的地方特色，如漆油鸡等，增加农产品附加值，使农业、餐饮与旅游业相互促进，促进流域经济发展。

第6章　元江流域绿色生态农业发展模式研究

6.1　元江流域自然生态情况

6.1.1　流域概况

元江流域共涉及云南省 7 个州（市）39 个县（市、区），其中 16 个县（市）完全位于径流区内，23 个县（市、区）跨元江流域和其他流域，流经的县（市、区）包括巍山县、南涧县、弥渡县、南华县、楚雄市、双柏县、新平彝族傣族自治县（以下简称新平县）、元江哈尼族彝族傣族自治县（以下简称元江县）、红河县、建水县、元阳县、个旧市、蒙自市、金平苗族瑶族傣族自治县（以下简称金平县）、石屏县、屏边苗族自治县（以下简称屏边县）、河口瑶族自治县（以下简称河口县）（表 6.1）。

表 6.1　元江流域行政区表

径流区内的县（市）	跨流域的县（市、区）
弥渡县、双柏县、墨江哈尼族自治县（以下简称墨江县）、易门县、新平县、元江县、红河县、元阳县、绿春县、金平县、屏边县、河口县、文山市、马关县、西畴县、麻栗坡县	祥云县、巍山县、南涧县、南华县、楚雄市、武定县、禄丰市、景东县、镇沅县、宁洱县、思茅区、江城县、晋宁区、安宁市、峨山彝族自治县（以下简称峨山县）、蒙自市、个旧市、建水县、石屏县、砚山县、丘北县、广南县、富宁县

6.1.2　地形地貌

元江流域地势自西北向东南倾斜，呈狭弯弓状，把红河州分割为西南、东北两部分，西南部为横断山脉的云岭南延和东部分支为哀牢山的余脉，山高谷深坡陡，地形错综复杂；东北部为岩溶高原区，山脉、河谷相间排列，地势相对平缓，喀斯特地貌尤为突出。流域红河州境内最高点为金平县西南部西隆山，海拔 3074.3m；最低点位于河口县干流与南溪河汇合处，海拔 76.4m（也是云南省海拔的最低点）。流域绝大部分属山区和半山区，平坝面积不足 5%，除蔓洒坝、漠沙坝、元江坝等少数平坝地形较为开阔外，河道均蜿蜒于峡谷之中。

6.1.3　水系组成

元江水系干流呈西北—东南向流向。元江水系中径流面积＞100km² 的支流有

48 条。其中，一级支流 19 条，二级支流 8 条，三级支流 18 条，四级支流 3 条。其中，流域面积大于 5000km² 的一级支流 3 条，大于 1000km² 的一级支流 2 条，大于 500km² 的一级支流 3 条，大于 100km² 的一级支流 11 条。元江水系由干流元江和支流绿汁江、南溪河、盘龙河、普梅河、李仙江、藤条江等组成。

1. 元江

元江是元江水系的主流，上游源头有东、西两支，分别称为东河和西河。主源西河又名蒙化大河、巍山大河；东河又名甘力河，为一级支流，由毗雌河与毗雄河汇合而成，因流过弥渡坝子又称弥渡河。西河流至南涧县城东边接纳南涧河后，再与东河交汇，汇口以下至东礼社江入口一段称扎江，过楚雄州河段称礼社江，进入元江县境并流经元江河谷坝子称元江，入红河县及至红河州境内河段称红河，经河口出中国境入越南后仍称红河。

2. 绿汁江

绿汁江为元江水系一级支流，位于云南省中部，发源于禄丰市境北部的百花山，上游称为东河，西南向流至县城附近接纳金水河（西河）后称星宿江，至一平浪折流向南，于易门县西北接纳沙甸河后称绿汁江。后继续南流至峨山县土库房村，接纳源于安宁市的扒河后称丁癸江，之后折西南向、东南—西北向再西南向，于双柏、新平两县交界的下把租村（隶属双柏县）注入元江。绿汁江流域面积 8823km²，河道长度 324km，天然落差 1534m，正常年的年径流量 16.0 亿 m³，丰水年 21.6 亿 m³，枯水年 9.92 亿 m³。

3. 南溪河

南溪河为元江水系一级支流，位于红河州境内，发源于蒙自市鸣鹫镇水田坝附近，流经蒙自市、屏边县、河口县，于河口镇注入元江干流。南溪河上游河谷狭窄，下游较为开阔，流域面积 3450km²，河道长度 161.2km，天然落差 1924m，正常年的年径流量 28.2 亿 m³，丰水年 32.7 亿 m³，枯水年 23.4 亿 m³。

4. 盘龙河

盘龙河为元江水系一级支流，大部分位于文山州境内，发源于红河州蒙自市三道沟，经砚山县从西北向中南贯穿文山腹地中游河段蜿蜒环绕文山城后从东南方向流出，流经西畴县、马关县、麻栗坡县，入越南改称泸江，于越池下游注入元江干流。在云南境内，盘龙河流域面积 6497km²，河道长度 253.1km，天然落差 1354m，国界处多年平均流量 86.2m³/s。

5. 普梅河

普梅河汇入泸江，为元江水系二级支流。普梅河的源头分南、北两支，主流为南支三岔河，发源于砚山县偁人山，由南至东流经西畴县北部与北支贵马大河汇合后，始称普梅河。之后呈西北—东南向穿行于麻栗坡与广南、富宁 3 县之间，于富宁县田蓬镇龙哈村公所 18 号国界碑西南凉水井出国境，入越南改称儒桂河，在那崩纳入源于我国广西壮族自治区的郎恒河后称为松甘河，最后在越南宣光附近注入泸江。在云南省境内，普梅河流域面积 3700km²，河道长度 124.5km，天然落差 933m，国界处多年平均流量 62.4m³/s。

6. 李仙江

李仙江为元江水系一级支流，发源于南涧县宝华区，呈西北—东南向流经景东、镇沅、墨江、宁洱、江城、绿春等县，于小黑江汇口以下出境，入越南后称黑水河，至越池附近注入元江干流。在云南境内，李仙江流域面积 20 140km²，河道长度 427km，天然落差 1980m，国界处多年平均流量 470m³/s。

7. 藤条江

藤条江汇入李仙江，为元江水系二级支流，发源于红河县阿旗山东麓，呈西北—东南向流经红河县、绿春县、元阳县，于金平县金水河乡的那发口岸流出国境，入越南称为南那河，折西南向于莱州省注入李仙江下游越南境内的黑水河。在云南境内，藤条江流域面积 4854km²，河道长度 168km，天然落差 1838m，国界处多年平均流量 166m³/s。

6.1.4　气候资源

元江流域受到季风、地理位置、地形地势的影响，水热资源表现出高值区与低值区交错的块状分布，局部小气候特征明显。

1. 气温

从元江流域各地气温来看，径流区内 16 个县（市）中，年平均气温超过 20℃的有元阳县、元江县、红河县、河口县，其余 12 个县（市）为 15～19℃（图 6.1）。跨流域的 23 个县（市、区）中，年平均气温超过 20℃的仅有富宁县，其余均为15～20℃（图 6.2）。

2. 降水量

从元江流域各地降水量来看，按降水量的多少分为极多雨区（降水量大于2000mm）、多雨区（降水量 1200～2000mm）、中雨区（降水量 800～1200mm）和少雨区（降水量少于 800mm）。

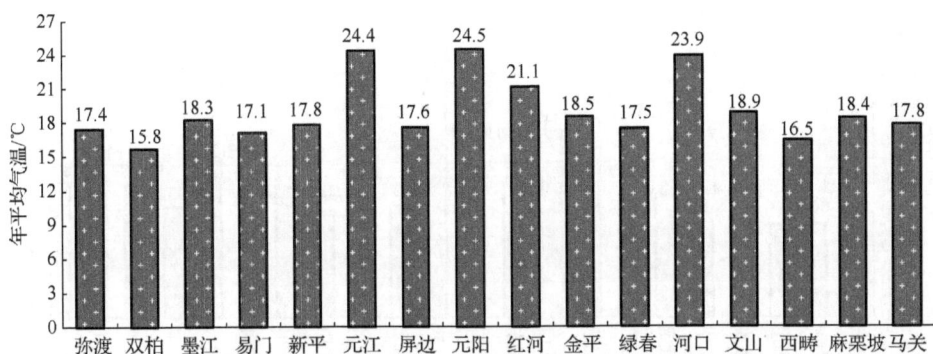

图 6.1　径流区内各县（市、区）2006～2019 年平均气温

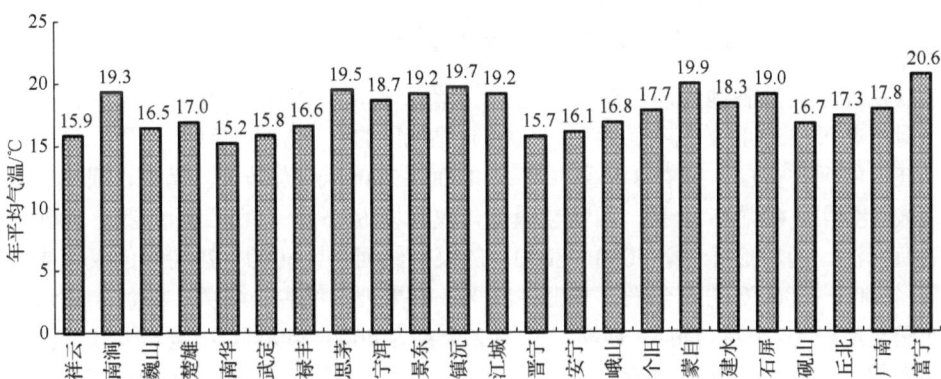

图 6.2　跨流域的各县（市、区）2006～2019 年平均气温

极多雨区主要有金平、江城 2 个县，多雨区有绿春、河口、思茅、宁洱、墨江、马关 6 个县（区），中雨区有屏边、西畴、镇沅、建水、富宁、丘北、景东、麻栗坡、广南、砚山、个旧、文山、禄丰、安宁、武定、新平、双柏、晋宁 18 个县（市、区），少雨区有元阳、石屏、楚雄、峨山、红河、蒙自、易门、元江、祥云、弥渡、南华、巍山、南涧 13 个县（市、区）（图 6.3 和图 6.4）。

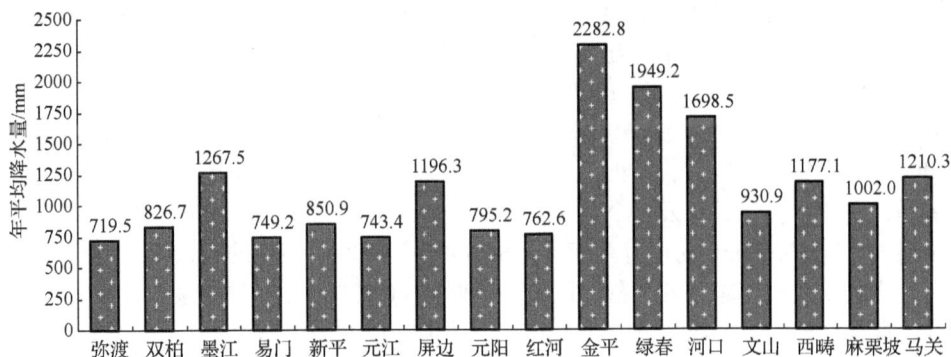

图 6.3　径流区各县（市、区）2006～2019 年平均降水量

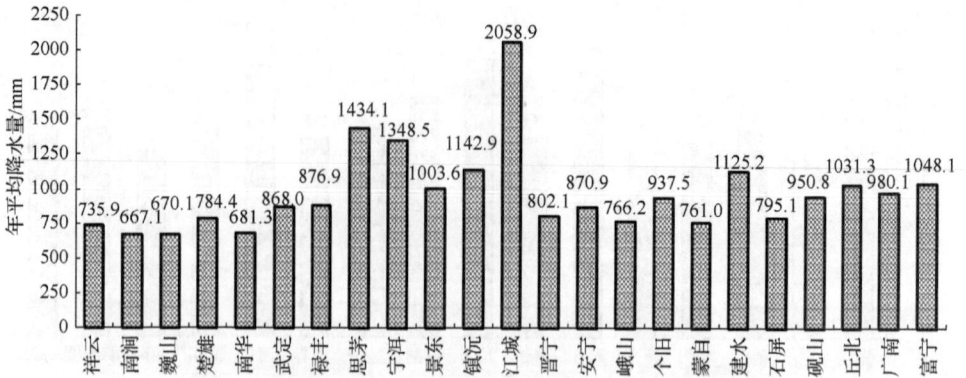

图 6.4　跨流域的各县（市、区）2006～2019 年平均降水量

3. 日照、积温、生理辐射与光能生产潜力

从元江流域各地光热资源（表 6.2）来看，径流区内 16 个县（市）中，年日照时数超过 2500h 的仅有弥渡县，2000～2500h 的有双柏、元江、新平、易门、墨江、红河、文山、绿春 8 个县（市），1500～2000h 的有马关、元阳、河口、麻栗坡、金平、屏边 6 个县，西畴县最低，仅为 1490.6h；≥10℃积温超过 8000℃ 的有元江、河口 2 个县，7000～8000℃ 的仅有红河县，6000～7000℃ 的仅有墨江县，5000～6000℃ 的有金平、文山、新平、麻栗坡、绿春、马关、弥渡、屏边、元阳、易门 10 个县（市），西畴、双柏 2 个县为 4600～4900℃；全年≥10℃生理辐射超过 60 000cal/cm^2 的有元江、红河、墨江 3 个县，55 000～60 000cal/cm^2 的有河口、弥渡、绿春、文山 4 个县（市），50 000～55 000cal/cm^2 的有新平、马关、金平、麻栗坡 4 个县，双柏、元阳、易门、屏边、西畴 5 个县为 44 000～50 000cal/cm^2；≥0℃光能生产潜力超过 1800 斤/亩的仅有弥渡县，1600～1800 斤/亩的有墨江、文山、红河、双柏、元江、绿春 6 个县（市），1400～1600 斤/亩的有新平、易门、马关、元阳、河口、麻栗坡、屏边、金平 8 个县，低于 1400 斤/亩的仅有西畴县。跨流域的 23 个县（市、区）中，年日照时数超过 2500h 的仅有祥云县，2000～2500h 的有南华、南涧、楚雄、武定、晋宁、石屏、巍山、建水、峨山、蒙自、禄丰、思茅、景东、镇沅、安宁、丘北 16 个县（市、区），个旧、宁洱、砚山、广南、江城、富宁 6 个县（市）为 1800～2000h；≥10℃积温超过 6000℃ 的有南涧、镇沅、宁洱、景东、富宁、江城、思茅、建水、蒙自、石屏 10 个县（市、区），5000～6000℃ 的有禄丰、广南、峨山、丘北 4 个县，楚雄、巍山、个旧、砚山、武定、南华、安宁、晋宁、祥云 9 个县（市、区）为 4400～5000℃；全年≥10℃生理辐射超过 70 000cal/cm^2 的仅有南涧县，60 000～70 000cal/cm^2 的有镇沅、石屏、宁洱、建水、景东、思茅 6 个县（区），50 000～60 000cal/cm^2 的有蒙自、江城、祥云、富宁、巍山、丘北、峨山、个旧 8 个县（市），楚雄、砚山、广南、禄丰、南华、武定、晋宁、安宁 8 个县（市、区）为 44 000～50 000 卡/cm^2；≥0℃光能生产潜力超过 1800 斤/亩的有祥云、南涧 2 个县，1600～1800 斤/亩的有巍山、石屏、

建水、蒙自、景东、南华、楚雄、思茅、武定、丘北 10 个县（市、区），峨山、
个旧、镇沅、晋宁、砚山、禄丰、广南、宁洱、富宁、江城、安宁 11 个县（市、
区）为 1400～1600 斤/亩。

表6.2　元江流域各县（市、区）日照时数、积温、生理辐射与光能生产潜力

位置	县（市、区）	日照时数/h	≥10℃积温/℃	≥10℃生理辐射/（cal/cm²）	≥0℃光能生产潜力（斤/亩，E=1%）
径流区内	弥渡县	2 514.1	5 202.2	58 714	1 857
	双柏县	2 395.7	4 656.0	49 661	1 617
	墨江县	2 181.5	6 302.6	60 196	1 640
	易门县	2 243.1	5 072.1	48 448	1 561
	新平县	2 252.4	5 722.8	52 522	1 572
	元江县	2 340.6	8 708.9	63 059	1 607
	屏边县	1 569.4	5 139.4	47 379	1 421
	元阳县	1 770.2	5 102.0	48 855	1 502
	红河县	2 093.1	7 108.0	60 904	1 629
	金平县	1 572.0	5 942.6	50 808	1 409
	绿春县	2 026.8	5 474.9	55 701	1 606
	河口县	1 716.9	8 246.2	59 953	1 480
	文山市	2 088.9	5 779.7	55 163	1 630
	西畴县	1 490.6	4 863.7	44 320	1 375
	麻栗坡县	1 651.3	5 711.5	50 495	1 452
	马关县	1 844.4	5 316.6	51 050	1 535
跨流域	祥云县	2 622.1	4 483.1	56 086	1 917
	南涧县	2 428.4	6 842.9	70 945	1 818
	巍山县	2 316.5	4 901.6	53 869	1 756
	楚雄市	2 428.0	4 941.2	49 859	1 638
	南华县	2 445.9	4 591.0	48 854	1 648
	武定县	2 363.9	4 709.4	48 282	1 611
	禄丰市	2 221.1	5 200.8	48 913	1 547
	思茅区	2 131.3	6 296.4	60 376	1 624
	宁洱县	1 936.4	6 572.6	61 264	1 533
	景东县	2 108.0	6 443.4	61 191	1 651
	镇沅县	2 056.3	6 651.4	62 649	1 577
	江城县	1 871.0	6 411.7	56 500	1 506
	晋宁区	2 320.0	4 533.3	46 876	1 576

续表

位置	县（市、区）	日照时数/h	≥10℃积温/℃	≥10℃生理辐射/（cal/cm²）	≥0℃光能生产潜力（斤/亩，E=1%）
跨流域	安宁市	2 053.1	4 571.2	44 382	1 477
	峨山县	2 282.6	5 116.2	50 722	1 587
	个旧市	1 968.6	4 884.8	50 590	1 585
	蒙自市	2 222.0	6 255.1	58 506	1 688
	建水县	2 304.7	6 270.4	61 237	1 723
	石屏县	2 317.2	6 131.8	61 272	1 728
	砚山县	1 933.5	4 877.8	49 197	1 564
	丘北县	2 046.1	5 031.5	50 778	1 608
	广南县	1 871.3	5 146.9	49 139	1 539
	富宁县	1 803.7	6 436.8	53 904	1 509

元江流域气候资源可划分为三个典型区域：一是河谷上游大部及中游海拔1200m 以上区域，光照充足但积温较低，为亚热带农牧林生产区，如巍山、弥渡、南涧、南华、易门等；二是元江中游河谷干热农渔区，如元江坝子、元阳河谷等；三是元江下游热带农业区，如河口，以及个旧、屏边部分乡镇。

6.1.5　水资源

据《云南省志》，元江流域集水面积 74 822km²，地下水储量 147.6 亿 m³，占全省地下水资源总量的 20.0%，年地下水径流模数为 19.7 万 m³/km²。元江流域总水量达 472.0 亿 m³，约占全省总水量的 21.2%，产水量高达 63.1 万 m³/km²。

6.1.6　土壤资源

元江流域在云南境内的土壤以红壤、黄红壤、赤红壤、砖红壤、燥红土、石灰岩土（红色石灰土、黑色石灰土）、紫色土、潮土、水稻土为主。其中，上游土壤以紫色土分布最广，红壤次之，中游及下游以红壤系列土壤为主。上游的紫色土表层浅薄，蓄水能力差、抗蚀能力弱，但富含磷、钾元素，适宜于种植各种经济作物。中下游的红壤土层一般较厚，结构较好，一般中性至酸性，土壤有机质丰富，富含硒、锌、锶等微量元素，适合种植喜酸作物，如茶叶、薯类、豆类等。

6.1.7　土地资源

元江流域径流区内 16 个县（市）中，墨江县面积最大，为 796.8 万亩；新平县其次，为 638.4 万亩；超过 500 万亩的还有双柏、金平 2 个县；400 万~500 万亩的有绿春、文山、元江、马关 4 个县（市）；300 万~400 万亩的有麻栗坡、元阳、红河 3 个县；200 万～300 万亩的有屏边、易门、弥渡、西畴 4 个县；面积最少的河口县仅有 198.0 万亩。总耕地面积以墨江县最多，超过 67 万亩；超过 40 万亩的还有马关、文山 2 个县（市）；30 万～40 万亩的有金平、元阳、新平 3 个县；20 万～30 万亩的有元江、麻栗坡、屏边、双柏、红河、弥渡、绿春 7 个县；10 万～20 万亩的有西畴、易门 2 个县；河口县面积最小，仅为 8.12 万亩。常用耕地超过 40 万亩的有墨江、马关、文山 3 个县（市）；30 万～40 万亩的有金平、元阳 2 个县；20 万～30 万亩的有新平、元江、屏边、麻栗坡、红河、绿春 6 个县；10 万～20 万亩的有弥渡、双柏、西畴、易门 4 个县；河口县最小，仅为 8.12 万亩。常用耕地面积即总耕地面积的有屏边、河口 2 个县，文山、金平、易门、元江、元阳、西畴、马关、麻栗坡、绿春、新平、红河、弥渡 12 个县（市）常用耕地面积占总耕地面积的 90% 以上，双柏县常用耕地面积占总耕地面积的 80.41%，墨江县常用耕地面积占总耕地面积的 73.23%。元江径流区内 16 个县（市）总面积 6437.9 万亩，占全省总面积的 11.19%，总耕地面积 478.8 万亩，占全省总耕地面积的 10.77%，常用耕地面积 444.5 万亩，占全省常用耕地面积的 10.86%（表 6.3）。

表6.3　元江流域各县（市、区）耕地面积

位置	县（市、区）	面积/万亩	总耕地/万亩	常用耕地/万亩	水田/万亩	常用耕地面积占总耕地面积/%	常用耕地面积占全省面积/%
径流区内	弥渡县	228.5	21.6780	19.9185	12.4560	91.88	0.49
	双柏县	588.8	23.8800	19.2015	8.0865	80.41	0.47
	墨江县	796.8	67.8945	49.7190	12.6840	73.23	1.21
	易门县	228.9	15.9495	15.7455	4.4010	98.72	0.38
	新平县	638.4	31.5885	29.4180	7.7460	93.13	0.72
	元江县	406.4	28.4130	27.9360	6.1245	98.32	0.68
	屏边县	278.3	27.6699	27.6699	6.7983	100.00	0.68
	元阳县	328.5	37.2248	36.5812	16.8563	98.27	0.89
	红河县	302.9	23.5166	21.7637	10.3655	92.55	0.53
	金平县	552.9	39.6150	39.2929	16.7208	99.19	0.96
	绿春县	464.6	21.3512	20.0011	9.9035	93.68	0.49
	河口县	198.0	8.1166	8.1166	2.0716	100.00	0.20
	文山市	449.4	40.7055	40.3980	6.4695	99.24	0.99
	西畴县	223.8	19.5345	19.0575	3.1200	97.56	0.47
	麻栗坡县	350.6	28.2315	27.4155	4.4685	97.11	0.67
	马关县	401.1	43.4325	42.2685	6.8415	97.32	1.03

续表

位置	县（市、区）	面积/万亩	总耕地/万亩	常用耕地/万亩	水田/万亩	常用耕地面积占总耕地面积/%	常用耕地面积占全省面积/%
跨流域	祥云县	364.2	31.5060	30.0120	17.1585	95.26	0.73
	南涧县	259.8	20.8125	20.8125	2.2395	100.00	0.51
	巍山县	328.8	29.8875	29.8875	12.7065	100.00	0.73
	楚雄市	654.2	35.8725	35.3025	17.6535	98.41	0.86
	南华县	339.6	21.4425	21.2295	8.3220	99.01	0.52
	武定县	439.8	29.0235	29.0235	10.3770	100.00	0.71
	禄丰市	534.6	45.3615	45.3615	25.2720	100.00	1.11
	思茅区	583.7	19.9110	19.8090	3.4380	99.49	0.48
	宁洱县	549.8	29.9805	15.9720	8.4615	53.27	0.39
	景东县	669.8	50.1090	47.5620	13.6455	94.92	1.16
	镇沅县	620.4	42.2325	42.2325	12.9315	100.00	1.03
	江城县	511.5	28.1100	8.4750	6.8160	30.15	0.21
	晋宁区	184.7	16.9956	16.4807	11.6906	96.97	0.40
	安宁市	198.2	10.3610	10.0695	5.5155	97.19	0.25
	峨山县	290.6	20.7960	18.1350	7.6155	87.20	0.44
	个旧市	200.9	18.7894	17.9512	4.6674	95.54	0.44
	蒙自市	346.2	38.5252	37.1030	10.1941	96.31	0.91
	建水县	574.5	40.1650	38.9524	18.5668	96.98	0.95
	石屏县	452.9	26.6896	26.0364	9.9507	97.55	0.64
	砚山县	571.5	49.3485	48.4995	8.8785	98.28	1.18
	丘北县	762.3	58.0200	56.9400	7.5255	98.14	1.39
	广南县	1162.5	60.0450	59.5800	11.3235	99.23	1.45
	富宁县	794.1	39.4005	39.1635	8.2575	99.40	0.96
全省合计		57 508.5	4445.8793	4096.0262	1285.9609	92.13	

　　跨流域 23 个县（市、区）中，广南县的面积最大，为 1162.5 万亩；超过 700
万亩的还有富宁、丘北 2 个县；600 万～700 万亩的有景东、楚雄、镇沅 3 个县（市）；
500 万～600 万亩的有思茅、建水、砚山、宁洱、禄丰、江城 6 个县（区）；
400 万～500 万亩的有石屏、武定 2 个县；300 万～400 万亩的有祥云、蒙自、南
华、巍山 4 个县（市）；200 万～300 万亩的有峨山、南涧、个旧 3 个县（市）；安
宁市、晋宁区分别为 198.2 万亩和 184.7 万亩。总耕地面积以广南县最大，超过
60 万亩；50 万～60 万亩的有丘北、景东 2 个县；40 万～50 万亩的有砚山、禄丰、
镇沅、建水 4 个县；30 万～40 万亩的有富宁、蒙自、楚雄、祥云 4 个县（市）；

20 万～30 万亩的有宁洱、巍山、武定、江城、石屏、南华、南涧、峨山 8 个县；思茅、个旧、晋宁、安宁 4 个县（市、区）均超过 10 万亩。常用耕地面积超过 50 万亩的有广南、丘北 2 个县；40 万～50 万亩的有砚山、景东、禄丰、镇沅 4 个县；30 万～40 万亩的有富宁、建水、蒙自、楚雄、祥云 5 个县（市）；20 万～30 万亩的有巍山、武定、石屏、南华、南涧 5 个县；10 万～20 万亩的有思茅、峨山、个旧、晋宁、宁洱、安宁 6 个县（市、区）；江城县最少，仅有 8.5 万亩。常用耕地面积即总耕地面积的有禄丰、镇沅、巍山、武定、南涧 5 个县，思茅、富宁、广南、南华、楚雄、砚山、丘北、石屏、安宁、建水、晋宁、蒙自、个旧、祥云、景东 15 个县（市、区）常用耕地面积占总耕地面积的 90%以上，峨山县常用耕地面积占总耕地面积的 87.2%，宁洱县常用耕地面积占到总耕地面积的 53.27%，江城县常用耕地面积仅占总耕地面积的 30.15%。跨流域 23 个县（市、区）总面积 11 394.6 万亩，占全省总面积的 19.81%，跨流域 23 个县（市、区）总耕地面积 763.38 万亩，占全省总耕地面积的 17.17%，常用耕地面积 714.59 万亩，占全省常耕地面积的 17.45%。

6.1.8　生态环境

元江流域从上游至下游呈现明显的气候变化，生态环境也呈现出明显变化。上游的高原温和区，降水量随着海拔升高而增多，植被垂直分布差异明显，森林覆盖率相对较高，河水含沙量较低，生态环境较好。

中游的干热河谷区，因受到哀牢山对西南暖湿气流的阻挡，常年干旱少雨，气候炎热，植被稀疏且以低矮草丛和灌木丛为主，地表水土流失严重，河水含沙量高，生态脆弱，环境十分恶劣。

下游河谷处在低纬度地带，属热带季风区，常年炎热多雨，植被为热带雨林，覆盖率高，生态环境较好。

6.2　元江流域农业农村经济发展情况

6.2.1　农村人口分布

元江流域地处大理、楚雄、思茅、玉溪、红河、文山等州（市），世居民族有汉族、彝族、哈尼族、傣族、白族、壮族、苗族、瑶族、回族等。2019 年年末，红河径流区内的 16 个县（市）总人口为 460.81 万人，占全省总人口的 9.48%，其中农村人口 401.66 万人，占径流区内 16 个县（市）总人口的 87.16%，占全省农村人口的 10.62%；从农村人口占比来看，超过 90%的有红河（99.80%）、元阳（99.60%）、金平（93.74%）、马关（93.69%）、麻栗坡（90.34%）5 个县，占比 80%～90%的有新平（88.29%）、屏边（87.65%）、绿春（87.31%）、弥渡（86.53%）、西畴（85.73%）、元江（85.00%）、墨江（82.09%）7 个县，占比 70%～80%的有易门（79.14%）、双柏（76.46%）、文山（72.58%）3 个县（市），河口县城镇化水平最高，农村人口仅占 46.69%。跨流域的 23 个县（市、区）总人口为 872.64 万，占全省总人口的 17.96%，其中农村人口 677.23 万人，占 23 个跨流域的县（市、区）总人口的 77.61%，占全省农村人口的 17.91%；从农村人口占比来看，超过 90%的有丘北（99.71%）、广南（99.18%）、富宁（94.78%）、砚山（94.32%）、巍山（93.29%）、石屏（92.74%）、镇沅（92.26%）、景东（91.77%）8 个县，占比 80%～90%的有武定（88.70%）、江城（86.40%）、建水（85.96%）、祥云（84.63%）、宁洱（83.00%）5 个县，占比 70%～80%的有晋宁（77.98%）、峨山（77.38%）、南华（76.93%）、南涧（76.57%）4 个县（区），占比 60%～70%的有禄丰市（67.27%），占比 50%～60%的有蒙自市（59.90%），占比 40%～50%的有楚雄（49.30%）、个旧（41.69%）2 个市，占比不到 40%的有思茅（38.10%）、安宁（32.54%）2 个市（区）（表 6.4）。

表 6.4　元江流域各县（市、区）人口情况（2019 年）

区域	县（市、区）	总户数/万户	总人口/万人	农村户数/万户	农村人口/万人	农村从业人员/万人
径流区内	弥渡县	9.70	31.93	7.68	27.63	17.58
	双柏县	4.78	16.14	3.16	12.34	7.76
	墨江县	9.97	37.12	7.24	30.47	17.63
	易门县	5.88	18.12	4.17	14.34	9.06
	新平县	8.58	29.21	6.84	25.79	16.26
	元江县	6.38	22.46	5.18	19.09	12.31
	屏边县	4.19	15.55	3.40	13.63	8.25
	元阳县	10.52	42.29	8.99	42.12	21.89
	红河县	7.76	30.83	7.01	30.76	16.34
	金平县	9.64	36.92	7.72	34.61	20.09
	绿春县	5.61	24.20	4.71	21.13	11.24
	河口县	3.43	11.10	1.35	5.16	2.99
	文山市	15.04	50.98	8.46	37.00	21.67
	西畴县	7.24	26.63	5.47	22.83	14.87
	麻栗坡县	7.86	29.00	6.82	26.20	15.34
	马关县	10.71	38.33	8.49	35.91	20.89
跨流域	祥云县	14.48	47.57	11.91	40.26	25.57
	南涧县	6.78	22.49	6.54	17.22	13.17
	巍山县	9.05	31.29	8.39	29.19	18.98

续表

区域	县（市、区）	总户数/万户	总人口/万人	农村户数/万户	农村人口/万人	农村从业人员/万人
跨流域	楚雄市	16.47	60.16	7.16	29.66	18.83
	南华县	7.10	24.36	4.51	18.74	11.23
	武定县	7.96	28.06	6.61	24.89	15.32
	禄丰市	13.50	43.39	7.68	29.19	19.98
	思茅区	7.47	31.86	3.14	12.14	7.67
	宁洱县	5.89	19.47	4.43	16.16	9.42
	景东县	10.87	37.16	10.40	34.10	20.68
	镇沅县	6.64	21.58	5.89	19.91	11.57
	江城县	3.47	12.87	2.99	11.12	7.40
	晋宁区	12.88	31.47	8.32	24.54	15.48
	安宁市	12.85	38.90	4.17	12.66	7.66
	峨山县	5.33	17.02	3.76	13.17	8.68
	个旧市	13.32	45.31	5.55	18.89	11.39
	蒙自市	13.78	50.40	7.87	30.19	18.44
	建水县	16.75	55.48	13.58	47.69	27.93
	石屏县	9.89	31.54	9.92	29.25	17.59
	砚山县	12.69	48.22	10.06	45.48	28.44
	丘北县	14.03	49.79	11.35	49.64	27.44
	广南县	20.61	81.76	17.29	81.09	47.32
	富宁县	11.24	42.49	9.23	40.27	25.50
全省合计		1413.01	4858.34	1006.29	3781.59	2221.33

总的来看，元江流域（包括径流区内和跨流域）总人口为 1333.45 万人，占全省总人口的 27.45%，其中农村人口 1078.89 万人，占流域总人口的 80.91%，占全省农村人口的 28.53%。

6.2.2　农业经济

2019 年，红河径流区内 16 个县（市）中，第一产业产值最高的是新平县，为 26.45 亿元，最低的是屏边县，为 8.99 亿元，从高到低依次为新平、元江、马关、文山、弥渡、墨江、元阳、红河、金平、易门、麻栗坡、双柏、西畴、河口、绿春、屏边；第一产业产值占生产总值的比例，从高到低依次为弥渡（30.20%）、墨江（26.44%）、西畴（26.25%）、双柏（25.96%）、红河（24.22%）、元阳（23.20%）、绿春（23.13%）、元江（22.00%）、马关（21.47%）、金平（19.01%）、麻栗坡（18.88%）、屏边（15.90%）、新平（13.41%）、河口（12.85%）、易门（10.81%）、文山（7.60%）。农林牧渔业产值从高到低依次为新平、弥渡、元江、马关、文山、墨江、元阳、易门、金平、双柏、红河、麻栗坡、西畴、绿春、河口、屏边，最高的新平县为48.63 亿元，最低的屏边县为14.22 亿元；农林牧渔业产值占全省生产总值比例，从高到低依次为弥渡（59.12%）、双柏（45.42%）、墨江（43.26%）、绿春（42.18%）、西畴（42.00%）、红河（36.63%）、元江（35.23%）、元阳（35.11%）、马关（34.50%）、金平（30.30%）、麻栗坡（30.03%）、屏边（25.15%）、新平（24.66%）、河口（18.60%）、易门（17.96%）、文山（12.50%）。

2019 年，跨流域的 23 个县（市、区）中，第一产业产值最高的是祥云县，为 42.96 亿元，最低的是江城县，为 11.46 亿元，从高到低依次为祥云、广南、建水、禄丰、楚雄、砚山、景东、石屏、蒙自、晋宁、丘北、富宁、镇沅、巍山、武定、南华、思茅、个旧、安宁、南涧、峨山、宁洱、江城，第一产业产值占生产总值的比例，从高到低依次为镇沅（31.26%）、景东（30.89%）、巍山（29.22%）、广南（27.98%）、丘北（26.93%）、石屏（25.49%）、江城（25.31%）、祥云（24.50%）、宁洱（24.00%）、富宁（23.66%）、南涧（23.53%）、南华（23.20%）、武定（23.10%）、砚山（20.66%）、禄丰（20.26%）、建水（18.72%）、晋宁（15.72%）、峨山（13.60%）、蒙自（8.60%）、思茅（8.57%）、楚雄（7.39%）、个旧（5.92%）、安宁（3.15%）。农林牧渔业产值最高的是祥云县，为 68.85 亿元，最低的是江城县，为 18.70 亿元，从高到低依次为祥云、广南、禄丰、建水、楚雄、石屏、砚山、景东、丘北、晋宁、蒙自、富宁、镇沅、巍山、武定、南华、南涧、个旧、安宁、思茅、宁洱、峨山、江城；农林牧渔业产值占生产总值比例，从高到低依次为镇沅（50.65%）、景东（50.32%）、巍山（50.08%）、石屏（46.44%）、广南（46.05%）、丘北（45.39%）、南涧（43.81%）、江城（41.30%）、南华（40.43%）、武定（39.57%）、祥云（39.27%）、宁洱（39.12%）、富宁（37.48%）、砚山（33.33%）、禄丰（32.97%）、金平（30.30%）、建水（29.85%）、晋宁（25.20%）、峨山（20.21%）、思茅（13.98%）、蒙自（12.88%）、楚雄（12.21%）、个旧（10.12%）、安宁（5.38%）（表 6.5）。

表6.5　元江流域各县（市、区）农业经济情况

区域	县（市、区）	生产总值/亿元	第一产业产值/亿元	第一产业产值占全省比例/%	农林牧渔业产值/亿元	农林牧渔业产值占全省比例/%
径流区内	弥渡县	73.73	22.27	0.73	43.59	0.88
	双柏县	53.11	13.79	0.45	24.12	0.49
	墨江县	78.57	20.77	0.68	33.99	0.69
	易门县	136.37	14.74	0.49	24.49	0.50
	新平县	197.22	26.45	0.87	48.63	0.99
	元江县	117.04	25.75	0.85	41.23	0.84

区域	县（市、区）	生产总值/亿元	第一产业产值/亿元	第一产业产值占全省比例/%	农林牧渔业产值/亿元	农林牧渔业产值占全省比例/%
径流区内	屏边县	56.53	8.99	0.30	14.22	0.29
	元阳县	74.09	17.19	0.57	26.01	0.53
	红河县	63.47	15.37	0.51	23.25	0.47
	金平县	79.80	15.17	0.50	24.18	0.49
	绿春县	48.03	11.11	0.37	20.26	0.41
	河口县	98.03	12.60	0.41	18.23	0.37
	文山市	309.69	23.54	0.77	38.72	0.78
	西畴县	50.24	13.19	0.43	21.10	0.43
	麻栗坡县	77.19	14.57	0.48	23.18	0.47
	马关县	112.25	24.10	0.79	38.73	0.78
跨流域	祥云县	175.33	42.96	1.41	68.85	1.39
	南涧县	72.08	16.96	0.56	31.58	0.64
	巍山县	79.27	23.16	0.76	39.70	0.80
	楚雄市	460.63	34.03	1.12	56.22	1.14
	南华县	85.21	19.77	0.65	34.45	0.70
	武定县	97.23	22.46	0.74	38.47	0.78
	禄丰市	189.50	38.39	1.26	62.47	1.27
	思茅区	217.17	18.61	0.61	30.37	0.62
	宁洱县	61.28	14.71	0.48	23.97	0.49
	景东县	99.67	30.79	1.01	50.15	1.02
	镇沅县	78.73	24.61	0.81	39.87	0.81
	江城县	45.28	11.46	0.38	18.70	0.38
	晋宁区	186.37	29.30	0.96	46.97	0.95
	安宁市	575.14	18.11	0.60	30.94	0.63
	峨山县	112.55	15.31	0.50	22.75	0.46
	个旧市	307.08	18.19	0.60	31.09	0.63
	蒙自市	355.15	30.54	1.01	45.73	0.93
	建水县	206.55	38.66	1.27	61.65	1.25
	石屏县	120.38	30.69	1.01	55.91	1.13
	砚山县	159.90	33.03	1.09	53.29	1.08
	丘北县	107.28	28.89	0.95	48.69	0.99

续表

区域	县（市、区）	生产总值/亿元	第一产业产值/亿元	第一产业产值占全省比例/%	农林牧渔业产值/亿元	农林牧渔业产值占全省比例/%
跨流域	广南县	148.52	41.55	1.37	68.39	1.39
	富宁县	116.25	27.51	0.91	43.57	0.88
全省合计		23 223.75	3 037.62		4 935.73	

　　以云南第一产业产值占全省生产总值比例为 13.08%、云南农林牧渔业产值占全省生产总值比例为 21.25% 为依据，大体上可以判断出元江流域径流区内和跨流域的 39 个县（市、区）的发展状况，其中峨山、思茅、蒙自、楚雄、个旧、安宁 6 个县（市、区）工业化、城镇化水平高于全省平均水平，其他 33 个县（市、区）低于全省平均水平。

6.2.3　农业生产情况

1. 种植业

1）粮食生产情况

　　2019 年，径流区内 16 个县（市）的粮食播种面积为 699.01 万亩，占全省粮食播种面积的 11.19%，其中文山市粮食播种面积最大，为 81.28 万亩，占全省的 1.30%，河口县最少，为 6.73 万亩，占全省的 0.11%；跨流域的 23 个县（市、区）的粮食播种面积为 1162.92 万亩，占全省粮食播种面积的 18.61%，其中广南县粮食播种面积最大，为 153.36 万亩，占全省的 2.45%，安宁市最少，为 7.12 万亩，占全省的 0.11%（表 6.6）。

表 6.6　元江流域各县（市、区）粮食作物种植面积（2019 年）　　（单位：万亩）

位置	县（市、区）	粮食	稻谷	小麦	玉米	豆类	其中蚕豆	薯类
径流区内	弥渡县	36.94	8.93	2.60	15.87	2.13	1.76	1.95
	双柏县	29.32	4.26	5.14	11.23	7.11	3.37	0.67
	墨江县	64.70	9.73	5.36	38.46	7.75	1.00	1.72
	易门县	19.64	1.43	5.43	9.86	1.59	0.79	0.66
	新平县	51.51	9.55	2.34	27.71	3.99	1.23	2.84
	元江县	28.17	6.09	2.52	14.50	2.43	0.63	0.90
	屏边县	27.47	7.77	0.91	8.29	4.92	0.75	4.22
	元阳县	52.68	19.53	0.20	17.50	9.49	0.64	3.93
	红河县	42.41	12.88	3.09	11.61	4.74	1.07	3.06
	金平县	45.50	18.32	0.00	18.63	6.65	0.14	1.10

续表

位置	县(市、区)	粮食	稻谷	小麦	玉米	豆类	其中蚕豆	薯类
径流区内	绿春县	40.54	13.05	0.02	20.45	3.68	0.54	2.26
	河口县	6.73	1.61	0.00	4.28	0.83	0.00	0.00
	文山市	81.28	16.81	12.88	41.67	5.24	0.69	3.21
	西畴县	50.63	5.26	0.43	15.79	14.42	1.40	10.92
	麻栗坡县	49.42	6.67	0.61	20.79	11.99	1.00	6.16
	马关县	72.07	12.35	0.50	26.85	23.64	1.43	6.28
跨流域	祥云县	50.12	7.62	3.49	21.49	7.46	6.24	3.53
	南涧县	36.62	2.14	4.03	15.93	5.97	0.88	1.91
	巍山县	44.37	8.90	2.64	18.10	9.16	7.06	1.07
	楚雄市	56.49	16.05	10.34	17.03	7.41	5.96	1.40
	南华县	34.13	6.49	7.77	10.78	3.49	2.55	2.65
	武定县	40.16	9.65	8.13	13.32	5.05	1.86	0.62
	禄丰市	61.71	19.15	10.20	16.02	10.00	6.33	0.63
	思茅区	25.77	4.24	2.18	16.71	2.05	0.70	0.39
	宁洱县	41.17	8.84	5.74	20.95	3.01	0.91	2.16
	景东县	68.61	10.06	11.22	26.81	14.89	2.92	5.15
	镇沅县	49.92	6.57	8.37	30.07	3.83	0.91	0.77
	江城县	22.81	3.40	0.09	18.63	0.36	0.06	0.31
	晋宁区	7.71	0.36	0.69	3.85	1.85	0.85	0.93
	安宁市	7.12	0.30	0.34	4.87	0.95	0.33	0.26
	峨山县	17.87	4.69	1.07	8.98	2.42	1.44	0.32
	个旧市	22.53	2.99	1.29	10.80	2.87	0.96	3.58
	蒙自市	56.84	11.29	1.50	18.22	16.48	4.16	4.07
	建水县	66.94	14.79	5.20	22.63	7.65	2.70	14.51
	石屏县	39.00	10.02	6.44	9.00	4.55	1.19	7.47
	砚山县	107.00	14.95	16.18	59.32	9.71	2.06	6.01
	丘北县	102.32	12.45	16.36	62.09	8.58	0.96	2.60
	广南县	153.36	35.01	6.31	59.67	24.10	3.79	13.51
	富宁县	50.35	11.16	0.23	19.34	10.58	0.85	5.50
全省合计		6248.70	1262.25	493.35	2673.60	723.00		798.00

2)粮食作物产量

2019 年,径流区内的 16 个县(市)的粮食总产量为 199.41 万 t,占全省粮食总产量的 10.66%，其中文山市粮食总产量最高，为 23.38 万 t，占全省的 1.25%，河口县最少，为 2.25 万 t，占全省的 0.12%；跨流域的 23 个县（市、区）的粮食总产量为 341.80 万 t，占全省粮食总产量的 18.28%，其中广南县粮食总产量最高，为 37.63 万 t，占全省的 2.01%，晋宁区最少，为 2.17 万 t，占全省的 0.12%（表 6.7）。

表 6.7　元江流域各县（市、区）粮食作物产量（2019 年）　　　（单位：万 t）

位置	县（市、区）	粮食	稻谷	小麦	玉米	豆类	其中蚕豆	薯类（折粮）
径流区内	弥渡县	18.12	5.22	0.78	8.26	1.34	0.53	0.63
	双柏县	8.14	1.86	0.67	4.26	1.08	0.57	0.15
	墨江县	15.33	2.90	0.57	10.78	0.70	0.08	0.20
	易门县	6.00	0.68	0.84	3.92	0.27	0.12	0.19
	新平县	17.74	4.34	0.32	10.72	0.58	0.15	0.67
	元江县	9.35	2.67	0.34	5.45	0.32	0.07	0.20
	屏边县	6.27	2.58	0.10	2.27	0.55	0.07	0.53
	元阳县	16.43	7.90	0.02	5.61	1.74	0.09	0.90
	红河县	14.12	6.23	0.53	3.52	0.97	0.16	1.13
	金平县	13.51	8.09	0.00	4.05	0.96	0.01	0.30
	绿春县	11.08	4.72	0.00	5.26	0.45	0.03	0.48
	河口县	2.25	0.68	0.00	1.42	0.15	0.00	0.00
	文山市	23.38	7.07	1.31	13.59	0.61	0.08	0.58
	西畴县	11.30	2.76	0.06	5.22	1.01	0.17	1.50
	麻栗坡县	10.63	3.02	0.06	5.56	0.96	0.05	0.63
	马关县	15.76	4.83	0.08	7.90	2.10	0.12	0.65
跨流域	祥云县	20.85	3.69	0.60	10.79	2.35	1.90	1.48
	南涧县	10.86	0.95	0.72	6.38	1.30	0.17	0.42
	巍山县	16.06	4.82	0.50	7.12	2.33	1.45	0.21
	楚雄市	21.34	9.21	2.33	6.77	1.68	1.44	0.33
	南华县	11.24	3.18	1.42	4.59	0.78	0.56	0.68
	武定县	12.38	4.31	1.19	5.21	0.94	0.30	0.18
	禄丰市	22.18	9.45	2.43	6.86	2.00	1.26	0.18
	思茅区	6.44	1.70	0.28	4.10	0.28	0.09	0.05
	宁洱县	8.34	2.12	0.73	4.83	0.31	0.09	0.31
	景东县	19.05	5.02	1.54	9.06	1.58	0.30	1.78

续表

位置	县（市、区）	粮食	稻谷	小麦	玉米	豆类	其中蚕豆	薯类（折粮）
跨流域	镇沅县	11.87	2.47	0.99	7.91	0.38	0.09	0.09
	江城县	5.04	1.05	0.02	3.89	0.02	0.00	0.05
	晋宁区	2.17	0.13	0.12	1.23	0.35	0.16	0.32
	安宁市	3.12	0.17	0.06	2.53	0.17	0.06	0.10
	峨山县	7.31	2.38	0.17	4.23	0.40	0.24	0.07
	个旧市	7.31	1.27	0.27	3.89	0.44	0.15	1.15
	蒙自市	15.59	4.97	0.17	6.45	2.35	0.57	0.90
	建水县	22.10	7.73	0.53	8.84	0.89	0.24	3.73
	石屏县	11.60	4.50	0.64	2.85	0.72	0.11	2.66
	砚山县	30.02	6.63	1.73	19.77	0.99	0.15	0.84
	丘北县	26.34	4.91	1.69	18.59	0.76	0.08	0.36
	广南县	37.63	13.56	0.64	16.28	3.20	0.38	1.98
	富宁县	12.96	5.11	0.02	5.44	1.25	0.08	0.73
全省合计		1870.03	534.00	71.90	920.00	122.33		168.30

3）经济作物生产情况

2019 年，径流区内的 16 个县（市）的油料产量为 5.15 万 t，占全省油料总产量的 8.24%，其中文山市油料总产量最高，为 1.20 万 t，占全省的 1.92%，河口县最低，为 0.05 万 t，占全省的 0.08%；甘蔗产量为 159.40 万 t，占全省甘蔗总产量的 10.15%，其中新平县甘蔗总产量最高，为 43.96 万 t，占全省的 2.80%，易门县、河口县均为 0.10 万 t，占全省的 0.01%，弥渡县未种植甘蔗；烤烟产量为 5.97 万 t，占全省烤烟总产量的 7.37%，其中新平县烤烟总产量最高，为 1.04 万 t，占全省的 1.28%，屏边县最低，为 0.04 万 t，占全省的 0.05%，红河、元阳、金平、绿春、河口 5 个县未种植烤烟；茶叶产量为 4.86 万 t，占全省茶叶总产量的 11.12%，其中绿春县茶叶总产量最高，为 1.90 万 t，占全省的 4.35%，马关县、河口县茶叶总产量均为 0.01 万 t，占全省的 0.02%，易门、文山 2 个县（市）未种植茶叶；园林水果产量为 222.97 万 t，占全省园林水果总产量的 27.78%，其中金平县园林水果总产量最高，为 45.02 万 t，占全省的 5.61%，西畴县最低，为 0.43 万 t，占全省的 0.05%。跨流域的 23 个县（市、区）油料总产量为 11.24 万 t，占全省油料总产量的 18.03%，其中广南县油料总产量最高，为 2.43 万 t，占全省的 3.89%，江城县最低，为 0.03 万 t，占全省的 0.05%；甘蔗产量为 133.08 万 t，占全省甘蔗总产量的 8.48%，其中富宁县甘蔗总产量最高，为 75.41 万 t，占全省的 4.80%，丘北县最低，为 0.02 万 t，占全省的 0.001%，楚雄、南华、巍山、祥云、安宁、

晋宁 6 个县（市、区）未种植甘蔗；烤烟产量为 16.88 万 t，占全省烤烟总产量的
20.84%，其中祥云县烤烟总产量最高，为 1.51 万 t，占全省的 1.86%，安宁市最
低，为 0.10 万 t，占全省的 0.12%，富宁、江城 2 个县未种植烤烟；茶叶产量为
7.71 万 t，占全省茶叶总产量的 17.63%，其中思茅区茶叶总产量最高，为 1.59 万 t，
占全省的 3.64%，峨山县茶叶总产量最低，为 0.01 万 t，占全省的 0.02%，祥云、
禄丰、丘北、石屏、武定、建水、蒙自、晋宁、砚山、个旧、安宁 11 个县（市、
区）未种植茶叶；园林水果产量为 135.92 万 t，占全省园林水果总产量的 16.93%，
其中蒙自市园林水果总产量最高，为 39.51 万 t，占全省的 4.92%，宁洱县最低，
为 0.17 万 t，占全省的 0.02%（表 6.8）。

表 6.8　元江流域各县（市、区）经济作物产量（2019 年）　　（单位：万 t）

位置	县（市、区）	油料	甘蔗	烤烟	茶叶	园林水果
径流区内	弥渡县	0.51	0.00	0.65	0.02	1.08
	双柏县	0.25	2.61	0.70	0.06	1.45
	墨江县	0.30	1.24	0.86	1.45	0.88
	易门县	0.22	0.10	0.78	0.00	0.98
	新平县	0.15	43.96	1.04	0.19	24.62
	元江县	0.35	18.58	0.76	0.21	37.43
	屏边县	0.12	1.96	0.04	0.15	16.83
	元阳县	0.17	17.04	0.00	0.09	7.05
	红河县	0.21	19.89	0.00	0.62	8.08
	金平县	0.17	15.30	0.00	0.05	45.02
	绿春县	0.17	0.21	0.00	1.90	2.95
	河口县	0.05	0.10	0.00	0.01	40.69
	文山市	1.20	3.04	0.45	0.00	3.02
	西畴县	0.22	7.06	0.20	0.03	0.43
	麻栗坡县	0.28	16.96	0.17	0.07	3.33
	马关县	0.78	11.35	0.32	0.01	29.13
跨流域	祥云县	0.44	0.00	1.51	0.00	1.62
	南涧县	0.14	0.04	0.64	0.65	1.06
	巍山县	0.50	0.00	0.71	0.04	3.60
	楚雄市	1.13	0.00	1.40	0.02	1.91
	南华县	0.51	0.00	1.00	0.05	1.25
	武定县	0.48	0.09	0.99	0.00	2.03
	禄丰市	1.59	0.09	1.38	0.00	4.31

续表

位置	县（市、区）	油料	甘蔗	烤烟	茶叶	园林水果
跨流域	思茅区	0.07	0.03	0.17	1.59	1.58
	宁洱县	0.21	0.05	0.49	1.23	0.17
	景东县	0.31	22.54	1.13	1.31	1.00
	镇沅县	0.29	2.78	1.33	0.48	0.58
	江城县	0.03	2.28	0.00	1.30	12.89
	晋宁区	0.12	0.00	0.19	0.00	0.46
	安宁市	0.26	0.00	0.10	0.00	3.17
	峨山县	0.82	0.38	1.05	0.01	0.31
	个旧市	0.13	10.62	0.13	0.00	7.51
	蒙自市	0.27	2.40	0.52	0.00	39.51
	建水县	0.19	0.20	0.85	0.00	26.55
	石屏县	0.24	8.61	1.07	0.00	17.89
	砚山县	0.07	0.04	0.17	0.00	3.86
	丘北县	0.56	0.02	1.35	0.00	0.93
	广南县	2.43	7.50	0.70	1.00	2.39
	富宁县	0.45	75.41	0.00	0.03	1.34
全省合计		62.51	1569.69	81.00	43.72	802.73

4）蔬菜生产情况

2019 年，元江流域 7 个州（市）的蔬菜产量为 1541.32 万 t，占全省蔬菜总产量的 66.89%。其中，红河州的蔬菜总产量最高，为 359.12 万 t，占全省的 15.59%；其次依次为昆明市 308.48 万 t，占全省的 13.39%；玉溪市 278.92 万 t，占全省的 12.11%；楚雄州 251.01 万 t，占全省的 10.89%；文山州 150.05 万 t，占全省的 6.51%；大理州 137.24 万 t，占全省的 5.96%；普洱市最低，为 65.50 万 t，占全省的 2.45%（表 6.9）。

表 6.9　元江流域各州（市）主要蔬菜产量（2019 年）　　　（单位：万 t）

州（市）	蔬菜产量	叶菜类	白菜类	甘蓝类	根茎类	瓜菜类	豆类	茄果类	葱蒜类	水生菜类
全省	2304.14	292.38	528.66	125.85	357.70	155.90	189.01	266.46	196.89	31.37
大理	137.24	17.49	18.22	1.85	12.45	5.77	10.68	11.48	41.30	1.44
楚雄	251.01	43.27	48.38	11.51	51.31	18.22	26.96	38.02	5.00	1.43
普洱	56.50	9.91	10.35	2.60	8.76	7.84	5.75	7.04	2.44	0.13
玉溪	278.92	23.64	40.65	42.64	39.33	11.86	31.57	20.34	41.44	2.53
昆明	308.48	59.75	100.91	21.68	22.80	18.21	15.19	18.90	13.61	3.97

续表

州（市）	蔬菜产量	叶菜类	白菜类	甘蓝类	根茎类	瓜菜类	豆类	茄果类	葱蒜类	水生菜类
红河	359.12	38.78	67.28	21.63	50.71	27.92	19.90	54.01	55.81	10.26
文山	150.05	27.03	28.27	0.02	36.75	12.14	6.35	29.39	4.92	0.60
合计	1541.33	219.86	314.05	101.93	222.11	101.97	116.40	179.18	164.53	20.36
占全省比例/%	66.89	75.20	59.41	80.99	62.09	65.40	61.59	67.24	83.56	64.89

2. 养殖业

1）养猪业

2019 年，径流区内 16 个县（市）的猪存栏量为 275.97 万头，占全省猪存栏总量的 11.78%，其中弥渡县猪存栏量最高，为 48.15 万头，占全省的 2.06%，河口县最低，为 3.40 万头，占全省的 0.15%；猪出栏量为 328 万头，占全省猪出栏总量的 9.58%，其中弥渡县猪出栏量最高，为 66.04 万头，占全省的 1.93%，河口县最低，为 3.57 万头，占全省的 0.10%；猪肉产量为 27.72 万 t，占全省猪肉总产量的 9.64%，其中弥渡县猪肉产量最高，为 4.17 万 t，占全省的 4.17%，河口县最低，为 0.35 万 t，占全省的 0.12%。跨流域的 23 个县（市、区）的猪存栏量为 501.96 万头，占全省猪存栏总量的 21.43%，其中禄丰市猪存栏量最高，为 47.96 万头，占全省的 2.05%，晋宁区最低，为 4.40 万头，占全省的 0.19%；猪出栏量为 714.89 万头，占全省猪出栏总量的 20.88%，其中丘北县猪出栏量最高，为 59.63 万头，占全省的 1.74%，江城县最低，为 6.96 万头，占全省的 0.20%；猪肉产量为 60.45 万 t，占全省猪肉总产量的 21.02%，其中丘北县猪肉产量最高，为 5.07 万 t，占全省的 1.76%，江城县最低，为 0.56 万 t，占全省的 0.19%（表 6.10）。

表 6.10　元江流域各县（市、区）养猪业情况（2019 年）

位置	县（市、区）	存栏量/万头	占全省/%	出栏量/万头	占全省/%	肉产量/万 t	占全省/%
径流区内	弥渡县	48.15	2.06	66.04	1.93	4.17	1.45
	双柏县	23.17	0.99	23.42	0.68	2.04	0.71
	墨江县	26.51	1.13	31.88	0.93	2.48	0.86
	易门县	15.01	0.64	16.83	0.49	1.40	0.49
	新平县	20.30	0.87	20.11	0.59	1.72	0.60
	元江县	9.86	0.42	11.00	0.32	0.96	0.33
	屏边县	10.16	0.43	12.67	0.37	1.23	0.43
	元阳县	18.19	0.78	18.91	0.55	2.09	0.73
	红河县	14.54	0.62	19.77	0.58	1.96	0.68
	金平县	10.78	0.46	14.26	0.42	1.45	0.50

续表

位置	县（市、区）	存栏量/万头	占全省/%	出栏量/万头	占全省/%	肉产量/万 t	占全省/%
径流区内	绿春县	10.78	0.46	11.94	0.35	1.16	0.40
	河口县	3.40	0.15	3.57	0.10	0.35	0.12
	文山市	16.35	0.70	20.21	0.59	1.74	0.61
	西畴县	13.65	0.58	14.95	0.44	1.32	0.46
	麻栗坡县	16.15	0.69	20.01	0.58	1.69	0.59
	马关县	18.97	0.81	22.43	0.66	1.96	0.68
跨流域	祥云县	34.03	1.45	58.12	1.70	4.86	1.69
	南涧县	16.24	0.69	16.84	0.49	1.29	0.45
	巍山县	17.46	0.75	16.92	0.49	1.52	0.53
	楚雄市	26.81	1.14	42.87	1.25	3.73	1.30
	南华县	17.36	0.74	23.14	0.68	2.01	0.70
	武定县	23.44	1.00	34.37	1.00	2.99	1.04
	禄丰市	47.96	2.05	56.75	1.66	4.97	1.73
	思茅区	13.80	0.59	18.21	0.53	1.50	0.52
	宁洱县	22.73	0.97	26.42	0.77	2.18	0.76
	景东县	45.99	1.96	37.72	1.10	2.66	0.93
	镇沅县	30.58	1.31	35.32	1.03	2.83	0.98
	江城县	5.54	0.24	6.96	0.20	0.56	0.19
	晋宁区	4.40	0.19	7.06	0.21	0.64	0.22
	安宁市	10.43	0.45	18.84	0.55	1.64	0.57
	峨山县	9.73	0.42	15.68	0.46	1.26	0.44
	个旧市	17.56	0.75	21.74	0.63	2.08	0.72
	蒙自市	18.85	0.80	43.92	1.28	3.73	1.30
	建水县	41.09	1.75	48.98	1.43	4.16	1.45
	石屏县	19.53	0.83	39.74	1.16	3.38	1.18
	砚山县	17.29	0.74	21.50	0.63	1.86	0.65
	丘北县	31.52	1.35	59.63	1.74	5.07	1.76
	广南县	18.54	0.79	49.43	1.44	4.20	1.46
	富宁县	11.08	0.47	14.73	0.43	1.33	0.46
全省合计		2342.49		3423.10		287.54	

2）养牛业

2019 年，径流区内 16 个县（市）的牛存栏量为 109.65 万头，占全省牛存栏总量的 13.23%,其中文山市牛存栏量最高,为 12.75 万头,占全省的 1.54%,河口县最低,为 0.58 万头,占全省的 0.07%;牛出栏量为 40.28 万头,占全省牛出栏总量的 12.34%,其中文山市牛出栏量最高,为 5.13 万头,占全省的 1.57%,河口县最低,为 0.19 万头,占全省的 0.06%;牛肉产量为 4.45 万 t,占全省牛肉总产量的 11.41%,其中马关县牛肉产量最高,为 0.55 万 t,占全省的 1.41%,河口县最低,为 0.02 万 t,占全省的 0.05%。跨流域的 23 个县(市、区)的牛存栏量为 187.27 万头,占全省牛存栏总量的 22.62%,其中广南县牛存栏量最高,为 23.04 万头,占全省的 2.78%,安宁市、晋宁区最低,均为 0.63 万头,分别占全省的 0.08%;牛出栏量为 82.67 万头,占全省牛出栏总量的 25.33%,其中广南县牛出栏量最高,为 9.85 万头,占全省的 3.02%,晋宁区最低,为 0.42 万头,占全省的 0.13%;牛肉产量为 9.57 万 t,占全省牛肉总产量的 24.53%,其中广南县牛肉产量最高,为 0.99 万 t,占全省的 2.54%,安宁市、思茅区最低,均为 0.05 万 t,占全省的 0.13%(表 6.11)。

表6.11　元江流域各县市养牛业情况(2019 年)

位置	县(市、区)	存栏量/万头	占全省/%	出栏量/万头	占全省/%	肉产量/万 t	占全省/%
径流区内	弥渡县	10.03	1.21	3.52	1.08	0.39	1.00
	双柏县	7.36	0.89	1.95	0.60	0.27	0.69
	墨江县	7.65	0.92	1.86	0.57	0.18	0.46
	易门县	2.32	0.28	1.24	0.38	0.15	0.38
	新平县	7.11	0.86	2.62	0.80	0.30	0.77
	元江县	3.55	0.43	1.65	0.51	0.21	0.54
	屏边县	3.47	0.42	0.28	0.09	0.04	0.10
	元阳县	9.44	1.14	4.04	1.24	0.46	1.18
	红河县	7.72	0.93	3.47	1.06	0.42	1.08
	金平县	3.23	0.39	1.50	0.46	0.16	0.41
	绿春县	5.63	0.68	0.97	0.30	0.10	0.26
	河口县	0.58	0.07	0.19	0.06	0.02	0.05
	文山市	12.75	1.54	5.13	1.57	0.50	1.28
	西畴县	9.39	1.13	3.46	1.06	0.36	0.92
	麻栗坡县	8.22	0.99	3.41	1.04	0.34	0.87
	马关县	11.20	1.35	4.99	1.53	0.55	1.41
跨流域	祥云县	5.38	0.65	1.88	0.58	0.27	0.69
	南涧县	8.10	0.98	5.40	1.65	0.60	1.54
	巍山县	9.66	1.17	6.60	2.02	0.82	2.10

续表

位置	县（市、区）	存栏量/万头	占全省/%	出栏量/万头	占全省/%	肉产量/万 t	占全省/%
跨流域	楚雄市	7.58	0.92	4.32	1.32	0.60	1.54
	南华县	6.21	0.75	2.53	0.78	0.35	0.90
	武定县	6.58	0.79	3.01	0.92	0.42	1.08
	禄丰市	11.41	1.38	3.10	0.95	0.42	1.08
	思茅区	1.56	0.19	0.60	0.18	0.05	0.13
	宁洱县	3.93	0.47	1.47	0.45	0.15	0.38
	景东县	10.03	1.21	3.53	1.08	0.28	0.72
	镇沅县	4.93	0.60	1.62	0.50	0.19	0.49
	江城县	1.83	0.22	0.91	0.28	0.08	0.21
	晋宁区	0.63	0.08	0.42	0.13	0.07	0.18
	安宁市	0.63	0.08	0.48	0.15	0.05	0.13
	峨山县	1.82	0.22	1.48	0.45	0.16	0.41
	个旧市	10.63	1.28	4.38	1.34	0.54	1.38
	蒙自市	6.14	0.74	1.82	0.56	0.31	0.79
	建水县	10.08	1.22	4.80	1.47	0.64	1.64
	石屏县	13.49	1.63	4.65	1.42	0.58	1.49
	砚山县	16.39	1.98	8.36	2.56	0.86	2.20
	丘北县	21.99	2.66	9.19	2.82	0.91	2.33
	广南县	23.04	2.78	9.85	3.02	0.99	2.54
	富宁县	5.23	0.63	2.27	0.70	0.23	0.59
全省合计		827.85		326.43		39.01	

3）养羊业

2019 年，径流区内 16 个县（市）的羊存栏量为 66.75 万只，占全省羊存栏总量的 5.11%，其中双柏县羊存栏量最高，为 20.46 万只，占全省的 1.57%，河口县最低，为 0.06 万只，占全省的 0.005%；羊出栏量为 55.30 万只，占全省羊出栏总量的 4.86%，其中双柏县羊出栏量最高，为 10.50 万只，占全省的 0.92%，河口县最低，为 0.02 万只，占全省的 0.002%；羊肉产量为 1.05 万 t，占全省羊肉总产量的 5.24%，其中双柏县羊肉产量最高，为 0.20 万 t，占全省的 1.00%，河口县最低。跨流域的 23 个县（市、区）的羊存栏量为 218.51 万只，占全省羊存栏总量的 16.72%，其中建水县羊存栏量最高，为 22.10 万只，占全省的 1.69%，江城县最低，为 0.69 万只，占全省的 0.05%；羊出栏量为 192.36 万只，占全省羊出栏总量的 16.92%，其中巍山县羊出栏量最高，为 25.70 万只，占全省的 2.26%，江城县最低，为

0.54 万只，占全省的 0.05%；羊肉产量为 3.71 万 t，占全省羊肉总产量的 18.52%，其中丘北县羊肉产量最高，为 0.45 万 t，占全省的 2.25%，江城县最低，为 0.01 万 t，占全省的 0.05%（表 6.12）。

表 6.12　元江流域各县（市、区）养羊业情况（2019 年）

位置	县（市、区）	存栏量/万头	占全省/%	出栏量/万头	占全省/%	肉产量/万 t	占全省/%
径流区内	弥渡县	6.16	0.47	8.85	0.78	0.17	0.87
	双柏县	20.46	1.57	10.50	0.92	0.20	1.00
	墨江县	4.21	0.32	2.87	0.25	0.06	0.30
	易门县	6.35	0.49	5.27	0.46	0.13	0.67
	新平县	10.49	0.80	7.75	0.68	0.15	0.77
	元江县	3.71	0.28	2.78	0.24	0.06	0.31
	屏边县	1.41	0.11	0.65	0.06	0.01	0.06
	元阳县	2.73	0.21	2.53	0.22	0.04	0.20
	红河县	4.96	0.38	5.93	0.52	0.09	0.45
	金平县	0.73	0.06	0.76	0.07	0.01	0.05
	绿春县	0.64	0.05	0.60	0.05	0.01	0.05
	河口县	0.06	0.00	0.02	0.00	0.00	0.00
	文山市	2.43	0.19	3.40	0.30	0.06	0.30
	西畴县	0.64	0.05	0.80	0.07	0.01	0.07
	麻栗坡县	1.36	0.10	1.87	0.16	0.03	0.16
	马关县	0.41	0.03	0.72	0.06	0.02	0.07
跨流域	祥云县	9.33	0.71	3.73	0.33	0.08	0.40
	南涧县	5.92	0.45	12.32	1.08	0.18	0.90
	巍山县	15.26	1.17	25.70	2.26	0.44	2.20
	楚雄市	16.66	1.27	12.13	1.07	0.23	1.15
	南华县	9.38	0.72	7.73	0.68	0.15	0.75
	武定县	19.55	1.50	16.60	1.46	0.32	1.60
	禄丰市	18.79	1.44	7.72	0.68	0.13	0.65
	思茅区	3.30	0.25	1.71	0.15	0.03	0.15
	宁洱县	3.29	0.25	2.10	0.18	0.05	0.25
	景东县	14.51	1.11	8.76	0.77	0.18	0.90
	镇沅县	9.21	0.70	5.00	0.44	0.09	0.45
	江城县	0.69	0.05	0.54	0.05	0.01	0.05

续表

位置	县（市、区）	存栏量/万头	占全省/%	出栏量/万头	占全省/%	肉产量/万 t	占全省/%
跨流域	晋宁区	2.55	0.20	1.52	0.13	0.04	0.20
	安宁市	3.08	0.24	3.25	0.29	0.09	0.45
	峨山县	4.13	0.32	4.44	0.39	0.10	0.50
	个旧市	10.31	0.79	5.90	0.52	0.14	0.70
	蒙自市	4.22	0.32	3.92	0.34	0.08	0.40
	建水县	22.10	1.69	17.23	1.52	0.35	1.75
	石屏县	13.34	1.02	8.66	0.76	0.15	0.75
	砚山县	7.50	0.57	9.72	0.85	0.20	1.00
	丘北县	16.14	1.23	22.77	2.00	0.45	2.25
	广南县	6.49	0.50	8.65	0.76	0.18	0.90
	富宁县	2.76	0.21	2.26	0.20	0.04	0.20
全省合计		1307.01		1137.21		20.03	

4）养禽业

2019 年，径流区内 16 个县（市）的家禽存栏量为 1716.62 万羽，占全省家禽存栏总量的 10.67%，其中易门县家禽存栏量最高，为 234.53 万羽，占全省的 1.46%，河口县最低，为 23.43 万羽，占全省的 0.15%；家禽出栏量数为 3073.09 万羽，占全省家禽出栏总量的 9.73%，其中易门县家禽出栏量最高，为 678.92 万羽，占全省的 2.15%，河口县最低，为 19.28 万羽，占全省的 0.06%；家禽肉产量为 5.55 万 t，占全省家禽肉总产量的 9.60%，其中易门县家禽肉产量最高，为 1.61 万 t，占全省的 2.78%，河口县最低，均为 0.03 万 t，占全省的 0.05%。跨流域的 23 个县（市、区）的家禽存栏量为 4601.42 万羽，占全省家禽存栏总量的 28.61%，其中祥云县家禽存栏量最高，为 697.86 万羽，占全省的 4.34%，江城县最低，为 29.55 万羽，占全省的 0.18%；家禽出栏量为 6996.11 万羽，占全省家禽出栏总量的 22.14%，其中安宁市家禽出栏量最高，为 925.43 万羽，占全省的 2.93%，江城县最低，为 31.53 万羽，占全省的 0.10%；家禽肉产量为 11.86 万 t，占全省家禽肉总产量的 20.54%，其中安宁市家禽肉产量最高，为 1.55 万 t，占全省的 2.68%，江城县最低，为 0.04 万 t，占全省的 0.07%（表 6.13）。

表 6.13　元江流域各县市养禽业情况（2019 年）

位置	县（市、区）	存栏量/万头	占全省/%	出栏量/万头	占全省/%	肉产量/万 t	占全省/%
径流区内	弥渡县	59.81	0.37	113.46	0.36	0.27	0.47
	双柏县	72.30	0.45	65.03	0.21	0.12	0.21

位置	县（市、区）	存栏量/万头	占全省/%	出栏量/万头	占全省/%	肉产量/万 t	占全省/%
径流区内	墨江县	123.62	0.77	155.41	0.49	0.20	0.35
	易门县	234.53	1.46	678.92	2.15	1.61	2.78
	新平县	140.81	0.88	337.52	1.07	0.61	1.05
	元江县	52.68	0.33	78.18	0.25	0.13	0.22
	屏边县	104.98	0.65	114.70	0.36	0.16	0.28
	元阳县	95.36	0.59	171.08	0.54	0.26	0.45
	红河县	168.55	1.05	260.76	0.83	0.35	0.61
	金平县	124.29	0.77	250.90	0.79	0.39	0.67
	绿春县	137.86	0.86	209.63	0.66	0.32	0.55
	河口县	23.43	0.15	19.28	0.06	0.03	0.05
	文山市	88.18	0.55	170.13	0.54	0.30	0.52
	西畴县	82.18	0.51	120.14	0.38	0.19	0.33
	麻栗坡县	84.16	0.52	145.81	0.46	0.29	0.50
	马关县	123.88	0.77	182.14	0.58	0.32	0.55
跨流域	祥云县	697.86	4.34	727.86	2.30	1.43	2.47
	南涧县	168.50	1.05	294.32	0.93	0.50	0.86
	巍山县	102.26	0.64	191.66	0.61	0.38	0.66
	楚雄市	172.02	1.07	303.37	0.96	0.50	0.86
	南华县	123.52	0.77	198.86	0.63	0.34	0.59
	武定县	146.87	0.91	346.17	1.10	0.59	1.02
	禄丰市	264.65	1.65	207.79	0.66	0.39	0.67
	思茅区	147.18	0.92	154.48	0.49	0.24	0.41
	宁洱县	63.94	0.40	93.77	0.30	0.14	0.24
	景东县	218.41	1.36	336.68	1.07	0.57	0.99
	镇沅县	136.57	0.85	162.13	0.51	0.24	0.41
	江城县	29.55	0.18	31.53	0.10	0.04	0.07
	晋宁区	164.27	1.02	293.94	0.93	0.50	0.86
	安宁市	418.40	2.60	925.43	2.93	1.55	2.68
	峨山县	66.55	0.41	152.31	0.48	0.31	0.54
	个旧市	156.70	0.97	287.64	0.91	0.43	0.74
	蒙自市	181.51	1.13	273.61	0.87	0.50	0.86
	建水县	544.47	3.38	879.93	2.78	1.28	2.21
	石屏县	185.75	1.15	238.38	0.75	0.37	0.64
	砚山县	198.14	1.23	278.63	0.88	0.45	0.78
	丘北县	104.63	0.65	181.67	0.57	0.32	0.55

位置	县（市、区）	存栏量/万头	占全省/%	出栏量/万头	占全省/%	肉产量/万 t	占全省/%
跨流域	广南县	191.13	1.19	299.92	0.95	0.57	0.99
	富宁县	118.54	0.74	136.03	0.43	0.22	0.38
全省合计		16 085.06		31 598.57		57.84	

5）蛋、奶、蜂蜜、水产生产情况

2019 年，径流区内 16 县（市）的禽蛋产量为 2.58 万 t，占全省禽蛋总产量的 7.21%，其中元阳县禽蛋产量最高，为 0.36 万 t，占全省的 1.01%，双柏县最低，为 0.03 万 t，占全省的 0.08%；奶类产量为 7.50 万 t，占全省奶类总产量的 11.24%，除了弥渡县（生产奶类 7.34 万 t，占全省的 11.00%）和文山市（生产奶类 0.16 万 t，占全省的 0.24%）外，河口、红河、金平、绿春、麻栗坡、马关、墨江、屏边、双柏、西畴、新平、易门、元江、元阳 14 县均无奶类产出；蜂蜜产量为 410t，占全省蜂蜜总产量的 3.59%，其中新平县蜂蜜产量最高，为 101t，占全省的 0.88%，金平县最低，为 4t，占全省的 0.04%，河口、易门、元阳 3 县无蜂蜜产出；水产品产量为 9.06 万 t，占全省水产品总产量的 14.23%，其中墨江县水产品产量最高，为 3.30 万 t，占全省的 5.18%，易门县最低，为 0.08 万 t，占全省的 0.13%。跨流域的 23 个县（市、区）的禽蛋产量为 14.80 万 t，占全省禽蛋总产量的 41.34%，其中祥云县禽蛋产量最高，为 4.72 万 t，占全省的 13.17%，富宁县最低，为 0.03 万 t，占全省的 0.08%；奶类产量为 10.04 万 t，占全省奶类总产量的 15.04%，其中个旧市奶类产量最高，为 3.11 万 t，占全省的 4.66%，南涧县、思茅区最低，均为 0.01 万 t，占全省的 0.01%，楚雄、峨山、江城、景东、禄丰、南华、宁洱、砚山、镇沅、富宁、广南、丘北 12 县（市）均无奶类产出；蜂蜜产量为 1191t，占全省蜂蜜总产量的 10.44%，其中禄丰市蜂蜜产量最高，为 200t，占全省的 1.75%，砚山县最低，为 7t，占全省的 0.06%，蒙自市无蜂蜜产出；水产品产量为 19.35 万 t，占全省水产品总产量的 30.40%，其中思茅区水产品产量最高，为 2.44 万 t，占全省的 3.83%，峨山县最低，为 0.11 万 t，占全省的 0.17%（表 6.14）。

表 6.14 元江流域各县（市、区）蛋奶蜂蜜水产生产（2019 年）

位置	县（市、区）	禽蛋产量/万 t	占全省/%	奶类产量/万 t	占全省/%	蜂蜜产量/t	占全省/%	水产品产量/万 t	占全省/%
径流区内	弥渡县	0.13	0.36	7.34	11.00	17.00	0.15	1.29	2.03
	双柏县	0.03	0.08	0.00	0.00	55	0.48	0.13	0.21
	墨江县	0.15	0.42	0.00	0.00	72	0.63	3.30	5.18
	易门县	0.16	0.45	0.00	0.00	0.00	0.00	0.08	0.13
	新平县	0.29	0.81	0.00	0.00	101	0.88	0.16	0.25

续表

位置	县（市、区）	禽蛋产量/万t	占全省/%	奶类产量/万t	占全省/%	蜂蜜产量/t	占全省/%	水产品产量/万t	占全省/%
径流区内	元江县	0.12	0.34	0.00	0.00	33	0.29	0.19	0.30
	屏边县	0.06	0.17	0.00	0.00	13	0.11	0.23	0.36
	元阳县	0.36	1.01	0.00	0.00	0.00	0.00	0.38	0.60
	红河县	0.29	0.81	0.00	0.00	15	0.13	0.46	0.72
	金平县	0.08	0.22	0.00	0.00	4	0.04	0.44	0.69
	绿春县	0.07	0.20	0.00	0.00	13	0.11	0.34	0.53
	河口县	0.06	0.17	0.00	0.00	0.00	0.00	0.13	0.20
	文山市	0.31	0.87	0.16	0.24	13	0.11	0.51	0.80
	西畴县	0.09	0.25	0.00	0.00	16	0.14	0.25	0.39
	麻栗坡县	0.10	0.28	0.00	0.00	45	0.39	0.68	1.07
	马关县	0.28	0.78	0.00	0.00	13	0.11	0.48	0.75
跨流域	祥云县	4.72	13.18	1	1.50	38	0.33	1.18	1.85
	南涧县	0.17	0.47	0.01	0.01	59	0.52	0.52	0.82
	巍山县	0.21	0.59	1	1.50	30	0.26	1.21	1.90
	楚雄市	0.19	0.53	0.00	0.00	40	0.35	0.91	1.43
	南华县	0.07	0.20	0.00	0.00	37	0.32	0.21	0.33
	武定县	0.18	0.50	0.04	0.06	157	1.38	0.18	0.28
	禄丰市	0.31	0.87	0.00	0.00	200	1.75	0.67	1.05
	思茅区	0.23	0.64	0.01	0.01	31	0.27	2.44	3.83
	宁洱县	0.14	0.39	0.00	0.00	13	0.11	1.44	2.26
	景东县	0.16	0.45	0.00	0.00	159	1.39	1.50	2.36
	镇沅县	0.15	0.42	0.00	0.00	179	1.57	0.64	1.01
	江城县	0.04	0.11	0.00	0.00	27	0.24	0.71	1.12
	晋宁区	1.07	2.99	2.45	3.67	9	0.08	0.21	0.33
	安宁市	1.71	4.78	0.03	0.04	31	0.27	0.19	0.30
	峨山县	0.19	0.53	0.00	0.00	29	0.25	0.11	0.17
	个旧市	0.75	2.09	3.11	4.66	17	0.15	0.52	0.82
	蒙自市	0.76	2.12	0.05	0.07	0.00	0.00	0.51	0.80
	建水县	2.29	6.40	2.30	3.45	12	0.11	1.01	1.59
	石屏县	0.39	1.09	0.04	0.06	36	0.32	0.61	0.96
	砚山县	0.67	1.87	0.00	0.00	7	0.06	0.88	1.38

续表

位置	县（市、区）	禽蛋产量/万 t	占全省/%	奶类产量/万 t	占全省/%	蜂蜜产量/t	占全省/%	水产品产量/万 t	占全省/%
跨流域	丘北县	0.07	0.20	0.00	0.00	25	0.22	0.81	1.27
	广南县	0.30	0.84	0.00	0.00	26	0.23	0.79	1.24
	富宁县	0.03	0.08	0.00	0.00	29	0.25	2.10	3.30
全省合计		35.80		66.74		11 413		63.65	

6.3　元江流域农业农村产业结构对水系的生态环境影响分析

6.3.1　元江流域中下游水质性状

据 2020 年 12 月采集的元江中下游河道水样测定结果，从元江县境顺流而下至河口出境处，河水中 TN 趋于升高，似有积累效应；TP 逐渐升高，然后又逐渐回落降低，似乎在元江县城以上较低，县城以下较高，流至蔓耗、河口则又较低；COD 的变化也是类似的情况。城镇上下红河水质的变化明显，因此推论沿河城镇对其水质具有较大影响（表 6.15）。

表 6.15　2020 年 12 月元江水系水样性状

序号	取样地点	TN/（mg/L）	TP/（mg/L）	COD/（mg/L）
1	元江县东俄镇小南玛村委会	0.15	0.07	7.55
2	元江县东俄镇小南玛村委会	0.67	0.20	6.32
3	元江县东俄镇小南玛村委会	1.16	0.23	8.77
4	元江县南凹河	1.24	0.31	12.3
5	元阳县马街乡官石红	0.75	0.12	4.79
6	元阳县南沙镇（出城口）	1.37	0.12	6.67
7	蔓耗-河口莲花滩	1.38	0.04	4.38
8	蔓耗-河口 326 国道	1.36	0.04	3.13
9	河口县入城口	1.37	0.06	3.54
10	河口县出城段	1.13	0.04	3.13

6.3.2　元江流域中下游土壤性状

据 2020 年 12 月采集的元江中下游耕地土壤样品测定结果，元江县境内土壤 pH 值较高，顺流而下，土壤 pH 值逐渐降低，至河口橡胶林地土壤 pH 值呈强酸性（pH<4.0）；元江中下游土壤有机质含量中等偏下，超过 30g/kg 的样本仅有 1 个，占 3.85%，20～30g/kg 的样本有 11 个，占 42.31%，<20g/kg 的样本有 14 个，占 53.84%，元阳县、河口县土壤有机质含量相对较高，元江县、红河县土壤有机质含量相对较低；碱解氮含量为 180～200mg/kg 的样本数有 2 个，占 7.69%，碱解氮含量为 121～140mg/kg 的样本有 3 个，占 11.54%，碱解氮含量为 100～120mg/kg 的样本有 7 个，占 26.92%，碱解氮含量为 80～100mg/kg 的样本有 5 个，占 19.23%，碱解氮含量<80mg/kg 的样本有 9 个，占 34.62%，表现出元阳县、河口县土壤样本碱解氮含量较高，元江县、红河县土壤碱解氮含量较低；有效磷含量>90mg/kg 的样本有 3 个，占 11.53%，有效磷含量为 80～90mg/kg 的样本有 1 个，占 3.85%，有效磷含量为 60～80mg/kg 的样本有 1 个，占 3.85%，有效磷含量为 50～60mg/kg 的样本有 1 个，占 3.85%，有效磷含量为 40～50mg/kg 的样本有 3 个，占 11.53%，有效磷含量为 30～40mg/kg 的样本有 1 个，占 3.85%，有效磷含量为 20～30mg/kg 的样本有 3 个，占 11.54%，有效磷含量为 10～20mg/kg 的样本有 10 个，占 38.46%，有效磷含量<10mg/kg 的样本有 3 个，占 11.54%，表现出青枣、荔枝、蔬菜地土壤有效磷含量较高，橡胶、芒果园土壤有效磷含量较低（表 6.16）。

表 6.16　2020 年 12 月元江中下游耕地土壤性状

序号	取样地点	作物	pH值	有机质/（g/kg）	全氮/（g/kg）	碱解氮/（mg/kg）	全磷/（g/kg）	有效磷/（mg/kg）
1	元江县东峨镇小南玛村委会	芒果	6.5	20.4	1.24	82	1.09	28.7
2	元江县东峨镇小南玛村委会	青枣	6.3	20.4	1.21	95	0.74	15.7
3	元江县东峨镇小南玛村委会	芒果	8.1	14.3	0.71	47	0.52	1.7
4	元江县澧江街道永发路	茉莉花	7.0	18.8	1.14	77	1.19	63.3
5	元江县曼林村（程东金属制品公司）	番茄	7.7	16.5	1.20	105	1.16	22.7
6	元江县曼林村（沙壤）	芦荟	7.7	14.3	1.19	111	1.76	45.3
7	元江县红侨社区老虎箐	青枣	6.7	23.2	1.29	110	1.97	99.3
8	元江县小燕路武洒龙潭	香蕉	8.3	15.4	0.91	58	1.10	17.2
9	元阳县牛角寨元绿二级公路	甘蔗	4.4	30.9	1.74	183	0.81	13.7
10	元阳县牛角寨	蔬菜	5.5	27.0	1.33	132	1.12	18.3
11	元阳县乌龙林	荔枝	6.1	26.0	1.32	125	1.49	98.1
12	元阳县南沙镇 102 县道	蔬菜	7.2	13.2	0.79	79	1.00	26.6
13	元阳县南沙镇 102 县道	玉米	6.9	15.4	1.19	195	0.94	32.5
14	元阳县南沙镇俄贾路	芒果	6.9	16.5	0.87	73	0.74	16.6
15	红河县迤萨镇	蔬菜	7.4	16.0	0.88	68	1.35	57.8
16	红河县迤萨镇	香蕉	7.4	17.6	1.02	70	1.65	81.9

　　　　　　　　　　　　　　　　　　　　　　　　　　　　　　续表

序号	取样地点	作物	pH值	有机质/ (g/kg)	全氮/ (g/kg)	碱解氮/ (mg/kg)	全磷/ (g/kg)	有效磷/ (mg/kg)
17	红河县迤萨镇	芒果	6.1	17.1	0.86	79	0.99	48.1
18	元阳县出城（保和乡道蔓耗）	玉米	7.7	23.6	1.33	89	1.49	16.6
19	河口县蔓耗镇	香蕉	7.6	16.5	0.75	53	1.16	13.4
20	河口县坝洒小河口	橡胶	3.8	25.9	1.41	120	0.61	2.4
21	河口县河口镇	橡胶	4.8	19.3	1.04	104	0.52	10.9
22	河口县河口镇冯五寨	菠萝	4.4	16.5	0.95	98	0.65	15.3
23	河口县河口镇	蔬菜	6.1	20.4	1.27	90	1.54	91.8
24	河口县河口镇 326 国道	橡胶	3.6	25.7	1.26	112	0.54	3.3
25	河口润生果业南屏香蕉基地	香蕉	4.4	24.8	1.29	125	1.17	41.3
26	河口县河口镇绿色食品产业芒果基地	芒果	4.0	22.6	1.11	111	0.61	11.7

6.3.3　种植业结构及对水系生态环境的影响分析

1. 元江流域主要种植业

　　元江流域处于低纬度高原中南部，大部分属于亚热带季风气候，南部边缘属于热带季风气候，光热充沛，海拔高差大，立体气候明显，年平均气温 20℃，年降水量 660～2290mm，年日照时数 1490～2622h，≥10℃有效积温 4483～8809℃，≥10℃生理辐射 44 320～70 945cal/cm²，≥0℃光能生产潜力 1375～1917 斤/亩，热区资源开发利用潜力巨大。

　　元江流域区内大部分地区工业化、城镇化水平低，工业污染与生活污染强度低，具备生产绿色、生态产品的良好基础。优越的光热条件和低纬高原地貌有利于农作物的养分吸收和干物质积累，农产品丰富多样且品质优势明显；应大力发展热区作物种植，如香蕉、芒果、荔枝、柑橘、甘蔗等热带经济作物。

　　元江上游各县（市、区）自然禀赋以日照时数多、生理辐射强、光能生产潜力大为突出特点，独特的自然禀赋使弥渡县和祥云县的蔬菜产业，以及南涧县、景东县、镇沅县的茶叶产业远近闻名。

　　元江中游以有效积温高、热量条件好为特点，孕育出元江蔬菜、芒果、青枣、芦荟、甘蔗、新平褚橙、蒙自石榴、建水蔬菜、石屏豆腐、个旧牛奶等特色产品。

　　元江下游的元阳县、河口县主要种植香蕉、橡胶、芒果、菠萝、柚子、柠檬、柑橘等优势产业作物，形成以热区资源为依托的特色农业产业带，河口提出"稳橡胶、退香蕉、扩水果、增效益"的种植结构调整，逐步实现热区林果产业绿色发展。

2. 元江流域化肥农药使用情况

2019 年，元江流域 7 个州（市）的农作物播种总量为 5293.80 万亩，占全省农作物播种总量的 50.71%。从化肥用量来看，昆明市用量较高，为 27.9kg/亩，是全省平均用量的 1.43 倍，最低的是普洱市，为 11.4kg/亩，是全省平均用量的 58.46%，化肥用量从高到低依次是昆明市＞红河州＞楚雄州＞玉溪市＞大理州＞文山州＞普洱市。从氮肥用量来看，昆明市的用量较高，为 13.3kg/亩，是全省平均用量的 1.41 倍，最低的是大理州，为 6.7kg/亩，是全省平均用量的 71.28%，氮肥用量从高到低依次是昆明市＞楚雄州＞红河州＞玉溪市＞普洱市＞文山州＞大理州。从磷肥用量来看，昆明市用量较高，为 4.7kg/亩，是全省平均用量的 1.74 倍，最低的是普洱市，为 0.9kg/亩，仅为全省平均用量的 33.33%，磷肥用量从高到低依次是昆明市＞楚雄州＞红河州＞玉溪市＞大理州＞文山州＞普洱市。从农药用量来看，玉溪市的农药用量较高，为 1.057kg/亩，是全省平均用量的 2.33 倍，最低的是文山州，为 0.230kg/亩，是全省平均用量的 50.66%，农药用量从高到低依次是玉溪市＞红河州＞昆明市＞普洱市＞大理州＞楚雄州＞文山州（表 6.17）。

表 6.17　元江流域各州（市）化肥农药施用情况

地区	总播种面积/万亩	化肥用量/万 t	氮肥/万 t	磷肥/万 t	农药用量/万 t	化肥用量/(kg/亩)	氮肥用量/kg/亩	磷肥用量/(kg/亩)	农药用量/(kg/亩)
全省	10 439.25	204.03	98.54	28.15	4.74	19.5	9.4	2.7	0.454
大理	625.35	10.60	4.22	1.39	0.29	17.0	6.7	2.2	0.463
楚雄	648.90	15.54	8.45	2.83	0.29	23.9	13.0	4.4	0.454
普洱	760.95	8.64	5.80	0.72	0.36	11.4	7.6	0.9	0.475
玉溪	434.10	8.09	4.11	1.04	0.46	18.6	9.5	2.4	1.057
昆明	638.55	17.85	8.49	2.99	0.38	27.9	13.3	4.7	0.589
红河	998.25	24.92	11.37	3.44	0.86	25.0	11.4	3.4	0.865
文山	1 187.70	17.20	8.38	2.61	0.27	14.5	7.1	2.2	0.230
合计	5 293.80	102.84	50.81	15.02	2.92	138.28	68.59	20.25	4.13
占全省%	50.71	50.40	51.57	53.34	61.49	707.52	726.69	750.79	909.38

从 2019 年部分县（市、区）化肥用量来看，径流区内的元江县化肥用量较高，为 96.2kg/亩，是全省平均用量的 4.93 倍，最低的是绿春县，为 3.7kg/亩，仅为全省平均用量的 18.97%；跨流域县（市、区）中，晋宁区的化肥用量较高，为 44.5kg/亩，是全省平均用量的 2.28 倍，最低的是广南县，为 7.4kg/亩，仅为全省平均用量的 37.95%。从氮肥用量来看，径流区内的元江县氮肥用量较高，为 27.6kg/亩，是全省平均用量的 2.94 倍，最低的是绿春县，为 1.6kg/亩，仅为全省平均用量的 17.02%；跨流域县（市、区）中，个旧市的氮肥用量较高，为 16.9kg/亩，是全省

平均用量的 1.80 倍，最低的是广南县，为 4.3kg/亩，仅为全省平均用量的 45.74%。从磷肥用量来看，径流区内的元江县磷肥用量较高，为 31.0kg/亩，是全省平均用量的 11.48 倍，最低的是绿春县，为 0.9kg/亩，仅为全省平均用量的 33.33%；跨流域县（市、区）中，晋宁区的磷肥用量较高，为 8.6kg/亩，是全省平均用量的 3.19 倍，最低的是广南县，为 0.8kg/亩，仅为全省平均用量的 29.63%。从农药用量来看，径流区内的河口县农药用量较高，为 6.47kg/亩，是全省平均用量的 14.38 倍，最低的是金平县，为 0.18kg/亩，仅为全省平均用量的 40.00%；跨流域县（市、区）中，蒙自市农药用量较高，为 1.47kg/亩，是全省平均用量的 3.27 倍，最低的是广南县，为 0.13kg/亩，仅为全省平均用量的 28.89%（表 6.18）。

表 6.18　元江流域部分县（市、区）化肥农药施用情况

县（市、区）	总播种面积/万亩	化肥用量/万 t	氮肥用量/万 t	磷肥用量/万 t	农药用量/t	化肥用量/（kg/亩）	氮肥用量/（kg/亩）	磷肥用量/（kg/亩）	农药用量/（kg/亩）
元江县	48.96	4.71	1.35	1.52		96.2	27.6	31.0	
屏边县	53.07	1.05	0.49	0.12	506	19.7	9.3	2.3	0.95
元阳县	71.14	0.81	0.47	0.12	316	11.3	6.6	1.7	0.44
红河县	66.02	0.71	0.36	0.19	155	10.8	5.5	2.9	0.23
金平县	69.66	2.40	0.97	0.23	125	34.5	14.0	3.4	0.18
绿春县	51.14	0.19	0.08	0.05	414	3.7	1.6	0.9	0.81
河口县	14.43	1.21	0.36	0.12	933	83.8	25.2	8.0	6.47
文山市	155.63	1.90	0.95	0.24	600	12.2	6.1	1.6	0.39
西畴县	74.87	1.38	0.72	0.19	145	18.4	9.6	2.6	0.19
麻栗坡县	84.55	1.43	0.83	0.15	214	16.9	9.9	1.8	0.25
马关县	119.62	3.23	1.08	0.85	341	27.0	9.1	7.1	0.29
晋宁区	39.18	1.74	0.58	0.34	537	44.5	14.9	8.6	1.37
安宁市	28.67	0.96	0.47	0.17	349	33.6	16.4	5.9	1.22
个旧市	40.85	1.16	0.69	0.17	310	28.4	16.9	4.0	0.76
蒙自市	87.47	2.77	1.22	0.41	1283	31.6	14.0	4.7	1.47
建水县	114.65	4.16	1.85	0.57	1554	36.3	16.2	5.0	1.36
石屏县	85.51	2.22	0.65	0.28	407	26.0	7.6	3.3	0.48
砚山县	209.89	2.80	1.25	0.47	450	13.4	5.9	2.3	0.21
丘北县	196.79	3.67	1.99	0.43	408	18.6	10.1	2.2	0.21
广南县	244.03	1.80	1.04	0.18	322	7.4	4.3	0.8	0.13
富宁县	102.26	1.15	0.52	0.09	254	11.2	5.0	0.9	0.25
全省合计	10 439.25	204.03	98.54	28.15	47 441	19.5	9.4	2.7	0.45

3. 种植业对水系生态环境的影响分析

合理施用化肥和农药可以增加作物产量，但长期以来我国农业生产仍存在化肥农药过量施用、耕地用养失调、养分利用率低、主要病虫害防治时机把握不准、施药技术和器械落后、防控过度依赖化学农药等问题，影响农业生产高质量发展。

2020 年 12 月元江流域绿色生态农业发展模式调研课题组分别赴元江县、红河县、元阳县、河口县开展土壤肥力、施肥水平、作物病虫草害防治现状调查，在各段河面分别采集水样共 10 份，各类作物的耕层土壤样品共 26 份，进行养分含量分析。对元江流域两岸的种植户进行施肥情况调查，为明确农业生产对元江流域的土壤和水质影响提供参考。

在肥料方面，元江流域种植业存在以下问题：一是重视化肥、复合肥的施用，忽视有机肥的施用；二是重视施氮肥、轻视施钾肥；三是部分农户追肥后不覆土的现象造成肥料利用率低。不合理施肥或者化肥用量基数过大，过量的氮、磷随着降水或灌溉水进入水域和渗入地下含水层，使水体硝态氮、氨态氮等含量增加，造成农田养分流失和水环境污染。在发展热区农业时，农作物秸秆的废弃或不合理利用会造成生态环境污染，农膜白色污染、农产品初加工的洗涤污染，会影响水系的 pH 值、盐类含量，使水系生化需氧量（biochemical oxygen demand，BOD）和 COD 增高。

元江流域处于热区，作物生长较快，同时各种病虫草害也伴随发生。在防治方面，主要应用化学农药进行防治，绿色防治措施涉及较少；在除杂草方面，热区温度高且降水丰富，杂草均发生较重，防治上以化学方法为主。

到目前为止，种植业对水系生态环境的影响尚无定论，但耕地表土侵蚀、种植业废弃物乱丢乱放，最终都会被雨水冲刷搬运到河流中，从而影响水质。

6.3.4　养殖业及对水系生态环境的影响分析

1. 养殖业概况

元江县全县 2019 年共有生猪标准化规模养殖场 74 个。全年出栏肥猪 50 头以上的规模户 74 户，其中 500 头以上的 9 户，1000 头以上的 7 户；饲养肉牛 20 头以上的规模户 128 户，其中 100 头以上的 4 户；饲养羊 50 只以上的规模户 79 户，其中年出栏 50～100 只的规模户 8 户，年出栏 100 只以上的 6 户；年出栏肉鸡 1000 只以上的规模户 18 户，其中 1 万只以上的 6 户（5 万只以上的 1 户）；年饲养蛋鸡 1000 只以上的 1 户，其中 5 万只以上的 1 户；年出栏水禽 500 只以上的 12 户。10 万头生猪循环经济养殖项目稳步推进，万象庄园云岭牛品质达雪花牛肉 A3 级标准，成为玉溪市最大的云岭牛养殖示范基地。

河口县 2020 年有标准化规模养殖场共 13 个。其中，规模化生猪养殖场 9 个、肉牛养殖场 2 个、肉羊养殖场 2 个。养殖场厩舍面积共 23 798m²，堆粪池共 2287m²，污水处理池共 4392m³。

水产养殖在元江流域上、中、下游均有分布。例如，河口县建有"省级水产良种场"罗非鱼良种繁育基地，标准亲本繁育池、培育池、苗种池、成鱼养殖等共 46 个，面积 140 余亩。以养殖吉富罗非鱼苗"中威一号"、福瑞鲤（鲤鱼）为主，其他水产优质苗种多品种配套的低投入高产出、低强度高效益的生态养殖模式，形成良种种质资源保存、苗种生产、成鱼生态高效养殖等技术体系。

2. 养殖业及对水系生态环境的影响分析

部分养殖场（养殖户）的粪便处理设备不完善，粪污处理不到位造成的不规范排污，以及畜禽粪便的露天堆放、乱堆乱放均有可能会被雨水冲刷搬运进入河流，造成水系水体不同程度的污染。

政府部门应提高畜牧养殖装备水平，推广适合专业大户和家庭牧场使用的标准化设施养殖工程技术与配套装备，支持开展相关农机社会化服务。在标准化规模养殖企业推广智能化环境调控、精准化饲喂、资源化粪污利用、无害化病死动物处理等技术，促进畜禽粪污资源化利用。贯彻落实《畜禽规模养殖污染防治条例》，加强草食畜禽养殖废弃物资源化利用的技术指导和服务，因地制宜、分畜种指导推广投资少、处理效果好、运行费用低的粪污处理与利用模式。实施农村沼气工程项目，支持大型畜禽养殖企业建设沼气工程和规模化生物天然气工程。支持草食畜禽规模养殖场粪污处理利用设施建设。积极开展有机肥使用试验示范和宣传培训，大力推广有机肥还田利用。让元江流域的种植业有优质的有机肥可施用，减少化肥投入，对农业的绿色循环发展意义重大。

6.4　元江流域绿色生态内涵和发展空间构架

随着社会经济的飞速发展，人们不仅对农产品质量要求越来越高，对生态环境和人居环境的要求也日渐提高。这就对农业生产提出了更高的要求，不仅要生产数量充足的农产品，而且质量要优异。因此，农业生产方式也需要与时俱进，在习近平生态文明思想指引下，生产、供给优质农产品。为此，正确处理农业产业发展、社会进步与生态环境保护的关系，要在坚持尊重自然、顺应自然，保护与开发并重的基础上，通过调整区域产业结构，优化产业布局，合理高效利用资源，大力发展绿色农业、循环农业，促进生产、流通、消费的协调，走"一村一品、一县一业"差异化发展道路，逐渐把元江流域打造成"山绿、水清、天蓝、富庶、宜居"的美丽家园。

　　平衡的生态系统是稳定的和可持续的，其输出的产品是健康（绿色）的，而生物多样性对生态系统的平衡、稳定具有决定性作用。从经济学的角度出发，专业化、规模化、标准化的生产会产生高效益。由此看来，健康绿色农产品生产与规模化高效农业产业相互矛盾。因此，元江流域绿色生态内涵和发展空间构架，只有兼顾生态系统的健康和农业产业高效发展，才能实现可持续发展。

6.4.1　元江流域生态环境特点

　　1）气候特点

　　元江流域地处低纬高原季风气候区，涵盖热带、亚热带气候类型，在大气环流与错综复杂的地形影响下，气候类型多样，立体气候特征突出，流域大部分四季变化不明显，但昼夜温差大，干湿季节区分明，每年 5～10 月为雨季，降水量占全年降水总量的 80%以上，其中连续降水强度大的时段主要集中于 6～8 月，且具有时空地域分布极不均匀的特点。河谷光热资源丰富，上游温暖，中游干热，下游湿热。

　　2）地形地貌特点

　　元江起源于横断山云岭余脉哀牢山东坡、南坡，地势自西北向东南倾斜，山高谷深，落差大，流域绝大部分属山区和半山区，平坝面积不足 5%。

　　3）耕地、植被特点

　　在径流区内，山间盆地（如巍山、弥渡、南涧、建水、石屏、蒙自坝子）相对平缓，干流中游山地居多，下游以坡地为主。红河州境内干热面积 437.5 万亩，湿热面积 102.4 万亩。上中游干旱缺水与雨季水土流失并存，植被受损后难以恢复，整体生态环境脆弱。

　　4）土壤特点

　　土壤以砖红壤、赤红壤、红壤、燥红土、石灰岩土、紫色土、水稻土为主，河流沿岸阶地主要是潮土。

6.4.2　元江流域绿色生态内涵

　　生态文明这一根本大计是元江流域可持续、高质量发展的内在要求。生态文明是以尊重和维护生态环境为基础，以可持续发展为目标，形成人与自然、人与人、人与社会和谐共生、良性循环、全面发展、持续繁荣的社会形态。寓生态环境保护于农业产业发展全过程，在农业产业发展建设中，始终把遵循生态学原理、人与自然和谐发展摆在重要位置上，建设"天蓝、水碧、土净"的元江流域土地集约化，水肥一体高效化，消费供给协调化，产业、生态环境建设融合化的绿色发展内涵，全力打造世界一流的"绿色食品、健康生活目的地"这两张牌，实现农业产业生态化，生态环境保护产业化。元江流域农业产业的绿色生态内涵如下。

1）集约、高效内涵

元江流域除了山间盆地（坝子），大部分地区基础设施不足，不适应当代优质、高效农业生产发展的要求，亟须加强水利基础设施建设。因此，通过提水、小库塘蓄水相结合，沟渠管网配套，田间节水灌溉高度协调、开源、无损输送，高效灌溉的水资源利用工程技术，持续夯实现代农业基础，走水肥一体化路线。充分挖掘耕地、光照、热量、水的生产潜力，实现高效、集约内涵。

2）保护与利用并重内涵

粗放生产方式往往造成耕地土壤退化、环境污染、产品质量低劣等问题。因此，需要加快现代精准、高效技术研发和推广应用，改变农业产业发展与生态环境保护脱节的现状，寓保护于发展过程，才能实现"天蓝、水碧、土净"的保护与利用并重的内涵。

3）产业载体物种向适宜区域集中内涵

农业产业的发展离不开粮经作物、畜禽渔林优良品种等载体，其生长与环境条件密切相关，环境条件适宜与否，直接关乎其产品质量，进而关乎经济效益。因此，产业载体物种应向适宜区域集中，避免不合理的布局造成高耗低效。

4）林业保障内涵

森林（或林带）既是生态系统中的高效生产者，又是生态系统的保护者，具有固碳、防风、固土、涵养水源、清新空气、产出木材等多方面的功能。合理布局林带，可以保障农业产业健康和可持续发展。

6.4.3　元江流域发展空间架构

考虑到元江流域上、中、下游生态、气候条件的巨大差异，将元江流域绿色生态农业发展空间结构划分为三大单元：一是元江流域上游温暖农林牧复合区，即以水土保持为基础的农牧复合、水肥一体化绿色生态农业区（粮、烟、菜、茶、果、林、草农林牧复合区）；二是元江流域中游干热河谷农林牧复合区，即以节水为基础的水肥一体高效集约化农牧林复合绿色生态农业区（果、菜、糖、烟、粮、林、药、草农林牧复合区）；三是元江流域下游湿热河谷农渔林复合区，即果林带状特色优质高效绿色生态农业区（胶、果、药、渔、林农渔林复合区）。

1. 元江上游温暖农林牧复合区

元江上游以亚热带温暖气候为主，光照充沛，但中生代地层分布广，山区面积比重大，加之雨水分布不均，地表若无植被覆盖，容易发生水土流失。因此，该区坡耕地须进行土地标准化整理，以便机械化耕作。山间盆地以种植粮食、烤烟、蔬菜等作物为主，山区以种植茶叶、干果、水果、饲草、林木为主，打造元江上游优质特色农产品生产基地（表6.19）。

表 6.19　元江流域上游温暖农林牧产业布局表

产业	优势区域布局	2019 年发展状况
粮食	所有县（市、区）	力争守住粮食安全供应底线
油料	弥渡县、巍山县	年产量 0.5 万 t 以上
甘蔗	景东县	年产量 10 万 t 以上
烤烟	祥云县、镇沅县、景东县、巍山县	年产量 0.7 万 t 以上
茶叶	景东县、南涧县、镇沅县	产量占全省产量 1% 以上
园林水果	巍山县	年产量 3 万 t 以上
蔬菜	弥渡县、祥云县	传统蔬菜产区
养猪	弥渡县、景东县、祥云县、镇沅县	存栏量（出栏量、肉产量）占全省 0.8% 以上
养牛	弥渡县、景东县、巍山县、南涧县	存栏量（出栏量、肉产量）占全省 0.8% 以上
奶类生产	弥渡县、祥云县、巍山县	奶年产量 0.15 万 t 以上
养羊	巍山县、景东县、南涧县、弥渡县	存栏量（出栏量、肉产量）占全省 0.8% 以上
养禽	祥云县、景东县、南涧县、镇沅县	存栏量（出栏量、肉产量）占全省 0.8% 以上
禽蛋生产	祥云县	禽蛋产量占全省 1% 以上
养蜂	镇沅县、景东县、南涧县、祥云县、巍山县	年产蜂蜜 30t 以上
水产养殖	景东县、弥渡县、巍山县、祥云县、镇沅县	水产品产量占全省 1% 以上

2. 元江中游干热河谷农林牧复合区

红河盆地至个旧市蔓耗镇之间的元江河谷，气候干燥，气温高，蒸发量大于降水量，在建设提水、蓄水、输水、节水设施和土地标准化整理的基础上，种植芒果、青枣、青柚、芦荟、香蕉、无花果、茉莉花、青食玉米、青贮玉米、甘蔗、烟草等粮经作物，以及养殖小黄牛、小耳猪、罗非鱼等，打造元江中游干热河谷果、菜、糖、烟、粮、林、药、草为主的特色优质农畜产品生产基地（表 6.20）。

表 6.20　元江流域中游干热河谷农牧林产业布局表

产业	优势区域布局	2019 年发展状况
粮食	所有县（市、区）	力争守住粮食安全供应底线
油料	禄丰市、楚雄市、南华县、峨山县	油料年产量 0.5 万 t 以上
甘蔗	新平县、红河县、元江县、元阳县、个旧市	甘蔗年产量 10 万 t 以上
烤烟	楚雄市、禄丰市、石屏县、峨山县、新平县、南华县、武定县、墨江县、建水县、易门县、元江县、双柏县	烤烟年产量 0.7 万 t 以上
茶叶	思茅区、墨江县、江城县、宁洱县、红河县	茶叶产量占全省产量 1% 以上

续表

产业	优势区域布局	2019 年发展状况
园林水果	元江县、建水县、新平县、石屏县、江城县、红河县、个旧市、元阳县、禄丰市、安宁市	园林水果年产量 7 万 t 以上
蔬菜	元江县、建水县、元阳县	传统蔬菜产区
养猪	禄丰市、建水县、楚雄市、墨江县、武定县、双柏县、宁洱县、新平县	存栏量（出栏量、肉产量）占全省 0.8%以上
养牛	石屏县、禄丰市、个旧市、建水县、元阳县、楚雄市、红河县、武定县、新平县、墨江县、南华县、双柏县	存栏量（出栏量、肉产量）占全省 0.8%以上
奶牛养殖	个旧市、晋宁区、建水县	奶年产量 0.15 万 t 以上
养羊	建水县、双柏县、武定县、禄丰市、楚雄市、石屏县、新平县	存栏量（出栏量、肉产量）占全省 0.8%以上
养禽	建水县、安宁市、禄丰市、易门县、石屏县、蒙自市、楚雄市、红河县、晋宁区、武定县、新平县、个旧市、思茅区	存栏量（出栏量、肉产量）占全省 0.8%以上
禽蛋生产	建水县、安宁市、晋宁区、蒙自市、个旧市、石屏县、元阳县	禽蛋产量占全省 1%以上
养蜂	禄丰市、武定县、新平县、墨江县、双柏县、楚雄市、南华县、石屏县、元江县、思茅区、安宁市	年产蜂蜜 100t 以上
水产养殖	墨江县、思茅区、宁洱县、建水县、楚雄市、江城县、禄丰市	水产品产量占全省 1%以上

3. 元江下游湿热河谷农渔林复合区

个旧市蔓耗镇以下的红河河谷，年平均相对湿度大于 80%，适宜于橡胶、青柚、芒果、香蕉、菠萝、砂仁、砂姜、罗非鱼、鳄鱼、木薯、柚木、竹子等经济林木生长，适宜打造云南胶、果、药、渔、林为主的特色优质农产品生产基地。以"稳胶退蕉扩果"为产业布局指引，橡胶面积稳定在 10 万亩以上，作为国家橡胶生产战略基石，压缩香蕉种植面积，降低香蕉枯萎病危害损失，扩大青柚种植面积至 15 万亩以上，种植芒果 10 万亩、砂仁 2 万亩，河岸种植柚木、竹子护堤（表 6.21）。

表 6.21 红河流域下游湿热河谷农渔林产业布局表

产业	优势区域布局	2019 年发展状况
粮食	所有县（市、区）	力争守住粮食安全供应底线
油料	文山市、马关县、丘北县、广南县	油料产量占全省产量 1%以上
甘蔗	富宁县、麻栗坡县、金平县、马关县	甘蔗年产量 10 万 t 以上

续表

产业	优势区域布局	2019 年发展状况
烤烟	丘北县、广南县	烤烟年产量 0.7 万 t 以上
茶叶	绿春县、广南县	茶叶产量占全省产量 1% 以上
园林水果	金平县、河口县、蒙自市、马关县、屏边县、砚山县、麻栗坡县、文山市	园林水果年产量 7 万 t 以上
蔬菜	砚山县、丘北县	传统蔬菜产区
养猪	丘北县	存栏量（出栏量、肉产量）占全省 0.8% 以上
养牛	广南县、丘北县、砚山县、文山市、马关县、西畴县、麻栗坡县	存栏量（出栏量、肉产量）占全省 0.8% 以上
奶牛养殖	文山市	奶年产量 0.15 万 t 以上
养羊	丘北县、砚山县、广南县	存栏量（出栏量、肉产量）占全省 0.8% 以上
养禽	砚山县、广南县、绿春县、西畴县	存栏量（出栏量、肉产量）占全省 0.8% 以上
禽蛋生产	砚山县	禽蛋产量占全省 1% 以上
养蜂	麻栗坡县	年产蜂蜜 100t 以上
水产养殖	富宁县、砚山县、丘北县、广南县、麻栗坡县	水产品产量占全省 1% 以上

6.5 元江流域绿色生态农业的发展意见和建议

围绕元江流域绿色农业产业"集约、高效内涵""保护与利用并重内涵""产业载体物种向适宜区域集中内涵""林业保障内涵""高效生态农业区"发展空间架构，提出以下发展意见建议。

1. 大力推进流域土地整理

总体上，元江流域除了上中游屈指可数的山间盆地稍微平缓外，流域大部分区域均为山地，土地零碎不平，与现代高效农业对高标准耕地的要求差距较大。通过土地整理，改零碎坡地为标准化台地，建设高标准农田，夯实流域绿色生态农业产业发展基础，以机械化替代人力精耕细作，降低农业生产成本。

2. 加强流域水利基础设施建设

元江流域光热资源充沛，但耕地平地少、山地多，有灌溉条件的耕地不足总耕地的 35%，即雨养农业占该区域的比重高达 65%，水是制约该区域农业生产的主要因素。因此，加强元江流域提水、输水、节水灌溉设施建设，提高水分利用效率，保障流域绿色生态农业产业高效、集约化发展。

3. 推进"一村一品，一县一业"产业布局

农业生产是自然和经济再生产过程，响应市场需求存在滞后性，因此，农产品生产具有一定的从众性、跟风性、盲目性，这是农产品容易滞销的根本原因。解决办法是积极引导、稳妥推进"一村一品，一县一业"的产业择优布局，避免农产品的无序发展和过度竞争。

4. 开发应用现代精准高效农业技术

植物营养特性是科学施肥的基础，但农业生产中盲目施肥、过度施肥、重化肥轻有机肥、偏施氮肥等现象较为普遍，不仅造成化肥养分资源浪费，而且造成生态环境退化。因此，亟须开发应用现代精准高效农业技术，为绿色生态农业发展保驾护航。

5. 构建完善产业链，实现优势产业健康、绿色发展

环境氮磷负荷来自产业循环链条的不闭合区间或漏洞，就像水管漏水、气管漏气一样，区别在于"跑冒滴漏"的物质不同，引起的环境效应和经济效益相差甚远。20 世纪 70 年代以前，粮食生产的最大制约因素是氮肥极度稀缺，克服办法是将日常生活、农业生产过程中产生的所有废弃物进行资源化加工和利用，基本上没有将其丢弃，因此也就不存在生活、生产废弃物污染环境的问题。然而，当前的问题则是氮肥、磷肥应有尽有，甚至廉价到人们不再去关注其使用的经济合理性，更别提费时、费力地将生产、生活废弃物资源化利用。这才是当今环境压力的根源所在。

因此，在打造元江流域优势产业时，不仅需要关注经济发展载体，更需要重视产业平台的循环性、可持续性和生态文明，构建完善的产业链，把产业发展过程中的废弃物资源化应用到产业过程中，避免向产业链以外输出废弃物，以实现农业循环、高效、健康、绿色发展。

第7章 独龙江流域绿色生态农业发展模式研究

7.1 伊洛瓦底江水系及自然地理概况

7.1.1 伊洛瓦底江概况

1. 水系概况

伊洛瓦底江流经缅甸南北，是亚洲中南半岛大河之一，也是缅甸境内第一大河。伊洛瓦底江的河源有东西两支，东源为恩梅开江，发源于中国境内察隅县境伯舒拉山南麓（中国云南境内称之为独龙江），西源为迈立开江，发源于缅甸北部山区。独龙江东南流经云南贡山独龙族怒族自治县西境，然后折转西南，进入缅甸，过贾冈南流，称为恩梅开江，两江在密支那城以北约 50km 处的圭道会合后始称伊洛瓦底江。伊洛瓦底江中国境内主要支流有大盈江、瑞丽江、独龙江等。

2. 气候

伊洛瓦底江流域分属亚热带和热带季风气候带，全年分为 3 季：3～5 月为暑季、6～10 月为雨季、11～12 月为凉季。1 月气温最低，平均气温 22.5℃；4 月气温最高，平均气温 27.5℃。流域内降水量丰富，三角洲和北部降水量 2000～3000mm；中游平原降水量少，为 500～1000mm。7 月降水最多，12 月至次年 3 月为旱季。

3. 地形

流域地势呈北高南低，地貌特征为北部高山峡谷，西部崇山峻岭，东部高原，南部低洼平原。伊洛瓦底江谷地介于西部山地和掸邦高原之间。谷地中有火山熔岩地形残迹，部分地区为伊洛瓦底江、钦敦江、锡唐河的冲积平原，可分为上游谷地、中游谷地、下游谷地和三角洲、勃固山地、锡唐河谷 5 个小区。上游谷地多山地，中游谷地平原上有突出的小山丘，下游谷地平原较窄，到三角洲附近渐宽。

4. 水文

伊洛瓦底江及其支流的流量在一年中起伏很大，这主要是由于 6～9 月季风雨的影响，同时也因夏季冰川急剧融化，进一步增加了流量。三角洲顶端平均流量为 2300～32 600m³/s，年平均流量为 13 000m³/s。最低水位出现在 2 月，最高水位出现在 8 月。伊洛瓦底江实测最大流量为 64 000m³/s，最小流量 1306m³/s；各控制站实测的平均含沙量 0.62m³/s，年平均输沙量 3.0 亿 t。伊洛瓦底江多年平均径流量为 4860m³，其中缅甸境内 4550m³，约占缅甸全国河川径流量的 40%。伊洛瓦底江水能资源也十分丰富，尤其是北部高山峡谷，水位落差大；其主要支流钦敦江蕴藏着丰富的水能资源。

7.1.2　大盈江流域及自然地理概况

大盈江位于德宏州内，地理坐标为东经 97°40′～98°30′、北纬 24°25′～25°10′。域内居住有傣族、阿昌族、景颇族等十几个少数民族，其中汉族与少数民族混合聚居的村落较多。

7.1.3　瑞丽江流域及自然地理概况

瑞丽江位于云南省西部德宏州。瑞丽江是云南省西部的一条重要河流，属伊洛瓦底江水系。瑞丽江在云南境内长 53km，宽 100～200m。

7.1.4　独龙江流域及自然地理概况

独龙江是伊洛瓦底江上游干流，是云南西北部横断山脉"四江并流"的重要组成部分。

独龙江流域降水丰富，河流落差极大，水流湍急。境内最高海拔 4936m，最低海拔 1000m。峡谷中保留着完好的原始生态环境，蕴藏有丰富的自然资源。

7.2　德宏州农业产业发展的自然生态及社会经济条件

7.2.1　地理位置及区位条件

1）地理位置

德宏州地处我国西南边陲，在云南省西部中缅边境，地理坐标为东经 97°31′～98°43′、北纬 23°50′～25°20′，是云南省八个少数民族自治州之一。东和东北与保山市的龙陵县、腾冲市相邻，南、西和西北三面与缅甸接壤，全州除梁河县外，其他县（市）都有国境线，国境线长达 503.8km。全州东西最大横距为 122km，南北最大纵距为 170km，总面积 11 526km²，州府驻地在芒市镇，城镇规划面积为 14km²。

2）区位条件

德宏州三面与缅甸接壤，国境线长 503.8km，占中缅国境线长的 1/4。历史上，德宏州就是南方古丝绸之路的要冲，是史迪威公路与中缅公路的交会点。而今，德宏州是中缅国际大通道、中缅油气管道的出入口。全州拥有瑞丽、畹町两个国家一类口岸,章凤、盈江两个国家二类口岸。从瑞丽出境至缅甸古都曼德勒 430km、至缅甸首都内比都 670km、至缅甸最大商业城市仰光 980km、至皎漂港 900km；从陇川出境至缅甸八莫港 92km；从盈江出境至缅甸克钦邦首府密支那 92km,至印度阿萨姆邦 650km。德宏州毗邻的缅甸资源非常丰富、区位非常独特,是中国南向发展的战略要地。德宏州独具优势的地理位置,为利用国内外两种资源、两个市场,发展区域经济特别是开放型经济提供了极为有利的条件。德宏州是背靠祖国大西南走向全国,面向南亚东南亚走向世界的重要节点。

从德宏州出境经缅甸到印度洋通道是破解"马六甲困局"的最佳方案。权威统计表明,从昆明经德宏州出境缅甸至印度洋,比从东部沿海绕道马六甲海峡的运距可缩短 3600km、运时减少 15d 左右、运输成本降低 40%～60%,是中国走向印度洋最安全、最便捷、最经济的陆路通道。德宏州进出口贸易总额连续多年占中缅贸易总额的 1/4 左右,占滇缅贸易总额的 2/3 左右。德宏州作为中国面向西南开放的黄金通道、国家实施"一带一路"的重要一环、云南建设面向南亚东南亚辐射中心的关键节点、孟中印缅经济走廊建设的先行区,是"前沿的前沿,窗口的窗口",为建设"沿边特区、开放前沿、美丽德宏"和实现跨越发展提供了重要的战略支撑。特别是 2017 年 11 月 19 日,时任外交部长王毅与缅甸国务资政兼外交部长昂山素季会晤时,就建立"人字型"中缅经济走廊达成共识。这条经济走廊是中国在提出"六大经济走廊"后,第二次提出与单个国家建立经济走廊,德宏州作为中缅经济走廊的门户枢纽,足见其战略地位的重要性。

7.2.2　自然状况及生态条件

1）地形地貌

德宏州地处云贵高原西部横断山脉的南延部分,高黎贡山的西部山脉延伸入德宏州境内形成东北高而陡峻、西南低而宽缓的切割山原地貌,全州海拔最高点在盈江北部大娘山,为 3404.6m,海拔最低点在盈江的西部那邦坝的羯羊河谷,仅有 210m,全州海拔一般在 800～2100m,州府芒市海拔为 920m,地表景观由"三山"(大娘山、打鹰山、高黎贡山尾部山脉)、"三江"(怒江、大盈江、瑞丽江)、"四河"(芒市河、南畹河、户撒河、芒东河)及大小不等的 28 个河谷盆地(坝子)构成,河谷盆地面积占全州土地面积的 17.1%,其中面积在 10 万亩以上的坝子有盈江坝(55.23 万亩)、陇川坝(29.72 万亩)、芒市坝瑞丽坝(20.42 万亩)和遮放坝(11.82 万亩)。

全州依东北高、西南低的地势,形成不同海拔的七类地带：①海拔 2700～3404.6m 的高寒山区,山势陡峭,森林茂密,冬有积雪,气候寒冷,无人居住,面积占全州土地总面积的 0.22%；②海拔 2200～2700m 地带,特点是山顶浑圆,谷坡为 10°~30°，森林较多，局部已经开发为轮歇地，林间草场可发展畜牧业，面积占全州土地总面积的 5.64%；③海拔 1800~2200m 地带，多为江河支流源头，次生林较多，面积占全州土地总面积的 16.52%；④海拔 1600~1800m 地带，植被稀少，垦殖较多，导致冲沟较多，是州内水土流失严重的地带，也是旱粮、旱地甘蔗、茶叶、草果、八角及热带水果的主产地，占全州土地总面积的 44.1%；⑤海拔 950~1100m 地带，谷坡一般为 10°~20°，植被多为灌丛、草地，冲沟切割较多，水土流失严重，属州内低热层地带，面积占全州土地总面积的 15.25%，是橡胶等热带经济林木和热带水果的主产地；⑥海拔 600~950m 地带，面积占全州土地总面积的 17.95%，其中，农业耕地面积占全州总耕地面积的 55.03%，⑦海拔 210~600m 地带，属热带河谷季雨林地带，面积占全州土地总面积的 0.39%，未垦地多为热带原始森林和荒草坡地，其植物种类繁多，是天然的热带动植物园。

2）气候条件

德宏州气候资源得天独厚，全州紧靠北回归线附近，所处纬度低，受印度洋西南季风影响，属于南亚热带季风气候，东北面的高黎贡山挡住西伯利亚南下的干冷气流入境，入夏有印度洋的暖湿气流沿西南倾斜的山地迎风坡上升，形成丰沛的自然降水，加之低纬度高原地带的太阳入射角度大，空气透明度好，是全国的光照高质区之一，全年太阳辐射 137~143cal/cm，年降水量 1400~1700mm，年平均气温为 19.2℃，年日照 2281~2453h，年积温 6400~7300℃，年陆地蒸发量在 1400~1900mm，干旱指数为 0.4~1.2，形成了冬无严寒，夏无酷暑，雨量允沛，雨热同期，干冷同季，年温差小，日温差大，霜期短、霜日少的特点，为多种作物提供了良好的生长和越冬条件。

3）生物资源

全州生物多样性丰富，调查记录的高等植物有 339 科 1908 属 6033 种，其中原生植物有 5349 种，引种栽培植物 684 种，国家级、省级珍稀濒危保护植物有盈江龙脑香、桫椤、藤枣、云南娑罗双、滇藏榄、鹿角蕨等 157 种。速生用材树种 1000 余种，植物药材 2000 余种，食用野菜（含真菌、苔藓、地衣）213 种，野果 46 种。陆生和水生脊椎野生动物有 725 种，国家级、省级保护野生动物有东白眉长臂猿、印度穿山甲、伊江巨蜥、花冠皱盔犀鸟等 89 种。

4）水资源

德宏州境内江河年平均产水量 136.3 亿 m^3，过境水量 81.7 亿 m^3，共有水资源总量 218 亿 m^3，地表水大部分未被污染，物理性能良好，符合工农业生产和生活用水要求。德宏州的水资源利用率仅占拥有量的 2.3%。全州水能理论蕴藏量 362.4 万 kW，其中可开发利用量 102.15 万 kW。

7.2.3　社会经济状况及发展水平

2019 年德宏州实现生产总值 513.66 亿元，比上年增长 7.9%。其中，第一产业实现增加值 103.56 亿元，增长 5.7%，拉动生产总值增长 1.1 个百分点；第二产业实现增加值 107.91 亿元，增长 7.1%，拉动生产总值增长 1.7 个百分点；第三产业实现增加值 302.19 亿元，增长 8.9%，拉动生产总值增长 5.1 个百分点。一、二、三产业对总体经济贡献率分别为 14.1%、21.2%、64.7%，三次产业结构由上年的 22.3 : 24.3 : 53.4 调整为 20.2 : 21.0 : 58.8。人均 GDP 达 38 917 元，比上年增加 3666 元，增长 10.4%。非公有制经济创造增加值 284.36 亿元，占全州生产总值的比重为 55.4%，比上年降低 0.7 个百分点。

2019 年德宏州财政总收入 62.98 亿元，比上年下降 2.5%。全州地方一般公共预算收入 40.10 亿元，比上年增长 8.3%，其中，税收收入 23.85 亿元，下降 4.4%；非税收入 16.25 亿元，增长 34.4%。全州地方一般公共预算支出 165.46 亿元，增长 10.3%，其中，农林水支出 22.15 亿元，增长 3.9%；社会保障和就业支出 23.21 亿元，增长 11.1%；教育支出 30.80 亿元，增长 10.3%；卫生健康支出 18.06 亿元，增长 8.9%；科学技术支出 0.50 亿元，增长 8.5%；住房保障支出 3.78 亿元，下降 17.2%；一般公共服务支出 26.55 亿元，增长 22.5%。

2019 年德宏州居民消费价格指数为 101.8，比上年增长 1.8%。其中，食品烟酒类价格水平增长 4.5%，商品零售价格总水平增长 0.8%，农业生产资料价格水平增长 2.4%。

1. 工业和建筑业

2019 年德宏州固定资产投资总额比上年增长 10.4%。从三次产业看，第一产业投资增长 37.4%；第二产业投资下降 12.0%，其中工业投资下降 13.0；第三产业投资增长 12.8%。

2019 年德宏州全社会建筑业完成增加值 44.02 亿元，按可比价计算，比上年增长 10.1%。全州具有资质等级的建筑业企业完成总产值 61.66 亿元，比上年增长 21.0%；实现利润 1.26 亿元，比上年下降 38.2%；全年房屋建筑施工面积 227.47 万 m^2，比上年增长 36.1%。

全州房地产开发投资比上年增长 106.5%，占投资总额的 23.3%。商品房施工面积 716.64 万 m^2，增长 23.2%；商品房竣工面积 19.86 万 m^2，下降 44.2%；商品房销售面积 110.53 万 m^2，增长 23.6%；商品房销售额 58.59 亿元，增长 70.0%。全年完成社会消费品零售总额 169.36 亿元，比上年增长 11.2%。从销售单位所在地看，城镇完成零售额 139.85 亿元，增长 11.5%；乡村完成零售额 29.51 亿元，增长 10.0%。从消费形态看，餐饮业收入 23.05 亿元，增长 12.9%；商品零售业 146.31 亿元，增长 10.9%。

2. 国内贸易和对外经济

2019 年德宏州完成对外贸易进出口总额 53.79 亿美元，比上年增长 12.0%。其中，进口总额 27.26 亿美元，增长 27.9%；出口总额 26.53 亿美元，下降 0.7%。全年共实施国内合作项目 701 项，比上年增加 38 项，利用国内资金 393.22 亿元，比上年增长 19.3%。

3. 教育、科技

2019 年德宏州普通高等学校招生 6742 人，在校生 14 172 人，毕业生 3682 人；中等职业学校招生 4859 人，在校生 13 680 人，毕业生 4189 人；普通中学招生 24 529 人，在校生 70 177 人，毕业生 22 469 人；小学招生 21 342 人，在校生 118 099 人，毕业生 17 682 人；幼儿园招生 21 884 人，在园幼儿 47 268 人，毕业生 22 610 人；小学学龄儿童净入学率 99.88%；初中阶段毛入学率 111.9%；高中阶段入学率 84.75%。

2019 年德宏州获得国家、省级科技（科普）计划项目 31 项，比上年减少 2 项，获得经费 1525.6 万元，比上年增加 51.8 万元；州级科技（科普）计划项目立项 9 项。

4. 文化、卫生和体育

2019 年末，德宏州共有艺术表演团体 7 个，文化馆 7 个，文物管理所 6 个，公共图书馆 8 个。广播人口覆盖率 98.5%，电视人口覆盖率 98.9%。全州共有医疗卫生机构 562 个；医疗卫生机构床位 9809 床；医疗卫生机构技术人员 10 289 人，其中，执业医师 2592 人，助理医师 656 人，注册护士 4386 人，其他卫生技术人员 1881 人。全州拥有体育场馆 9 个，全年全州运动员参加国家级体育比赛 5 次、组织对外交流 22 次、省级比赛 21 次、州级比赛 25 次、县级比赛 86 次。在省级及以上比赛中共获得金牌 73 枚、银牌 59 枚、铜牌 40 枚。

5. 人口、人民生活和社会保障

2019 年末，德宏州常住人口为 132.40 万人，其中，男性 68.36 万人，女性 64.04 万人。全州人口出生率 12.42‰，人口死亡率 4.89‰，人口自然增长率 7.53‰；全州城镇人口 62.93 万人，农村人口 69.47 万人，全州城镇化率达 47.53%，比上年提高 1.2 个百分点。全州人口密度 118.51 人/km²，比上年提高 0.71 人/km²。2019 年年末城镇登记失业率为 3.15%。2019 年全年城镇常住居民人均可支配收入 31 479 元，比上年增长 8.2%；农村常住居民人均可支配收入 11 409 元，比上年增长 10.5%。城镇常住居民人均消费支出 19 119 元；农村常住居民人均消费支出 9711 元。城镇、农村常住居民食品（含烟酒）消费支出占消费总支出的比重分别为 16.3%、15.3%。城镇常住居民人均住房建筑面积 47.6m²，农村常住居民人均住房建筑面积 36.7m^2。2019 年年末城镇常住居民每百户拥有家用汽车 52.0 辆，拥有计算机 56.0 台，拥有彩色电视机 116.8 台，拥有移动电话 288.8 台，拥有摩托车 90.0 辆；农村常住居民每百户拥有家用汽车 29.7 辆，拥有计算机 9.0 台，拥有彩色电视机 104.5 台，拥有移动电话 314.5 台，拥有摩托车 144.5 辆。

2019 年年末全州城镇职工基本养老保险参保人数为 15.64 万人，比上年增加 1.06 万人；城乡居民基本养老保险参保人数 59.10 万人，比上年增加 0.82 万人；参加失业保险人数 6.40 万人，比上年增加 0.41 万人；城镇职工基本医疗保险参保人数 13.84 万人，比上年增加 0.67 万人；城镇居民基本医疗保险参保人数 107.05 万人，比上年增加 0.30 万人；参加工伤保险人数 10.82 万人，比上年增加 0.24 万人；参加生育保险人数 8.93 万人，比上年增加 0.67 万人。

2019 年年末全州共有 5.64 万人纳入城乡居民最低生活保障，比上年减少 1.04 万人，其中，城镇居民最低生活保障人数 0.49 万人，比上年减少 0.08 万人；农村居民最低生活保障人数 5.15 万人，比上年减少 0.96 万人。全年共发放城乡居民最低生活保障金 16 305 万元，比上年下降 7.5%，其中，发放城镇居民最低生活保障金 2427 万元，比上年下降 44.8%；发放农村居民最低生活保障金 13 878 万元，比上年增长 4.9%。

7.2.4　农业发展状况

2019 年全州农林牧渔业总产值完成 159.46 亿元，按可比价计算，比上年增长 5.8%。其中，农业总产值 110.68 亿元，比上年增长 6.3%；林业总产值 13.74 亿元，比上年增长 5.4%；牧业总产值 25.34 亿元，比上年增长 4.6%；渔业总产值 5.59 亿元，比上年增长 2.1%；农林牧渔服务业产值 4.11 亿元，比上年增长 6.6%。

2019 年全州农作物总播种面积 387.38 万亩，比上年增长 0.7%。粮食播种面积 193.66 万亩，比上年下降 5.0%；油料种植面积 6.13 万亩，比上年增长 2.3%；甘蔗种植面积 68.11 万亩，比上年增长 7.3%；蔬菜种植面积 49.58 万亩，比上年增长 14.7%；烟叶种植面积 20.14 万亩，比上年增长 2.4%；年末实有茶园面积 34.31 万亩，比上年增长 1.8%。

2019 年全州粮食总产量 67.75 万 t，比上年下降 0.6%。其中，夏粮产量 10.54 万 t，比上年增长 0.4%；秋粮产量 57.21 万 t，比上年下降 0.8%。主要粮食品种中：稻谷产量 37.68 万 t，比上年增长 1.1%；小麦产量 0.63 万 t，比上年增长 6.1%；玉米产量 19.60 万 t，比上年下降 3.7%；豆类产量 1.10 万 t，比上年下降 18.5%。

2019 年全州油料产量 0.63 万 t，比上年增长 5.9%，其中，油菜籽产量 0.55 万 t，比上年增长 4.8%；甘蔗产量 334.66 万 t，比上年增长 5.2%；烟叶产量 2.97 万 t，比上年增长 6.1%；蔬菜产量 45.93 万 t，比上年增长 19.2%；茶叶产量 1.83 万 t，比上年增长 0.5%；橡胶产量 0.34 万 t，比上年下降 45.4%；咖啡产量

0.97 万 t，比上年下降 31.7%；澳洲坚果产量 1.21 万 t，比上年增长 57.7%。

2019 年全州肉类总产量 6.92 万 t，比上年增长 9.7%。其中，猪肉产量 4.41 万 t，比上年增长 13.3%；牛肉产量 1.36 万 t，比上年增长 21.4%；羊肉产量 0.17 万 t，比上年增长 4.0%；禽肉产量 0.96 万 t，比上年下降 11.4%。年末生猪存栏量 44.80 万头，比上年增长 3.6%；生猪出栏量 46.73 万头，比上年增长 2.9%；禽蛋产量 0.36 万 t，比上年增长 4.0%；牛奶产量 0.09 万 t，比上年下降 38.1%。

2019 年年末全州拥有农业机械总动力 141.64 万 kW，比上年增长 5.0%；谷物联合收割机总动力 5.93 万 kW，比上年增长 8.6%；农产品初加工动力机械 12 983 台，比上年下降 6.9%；畜牧机械总动力 6.05 万 kW，比上年下降 0.8%；农用拖拉机 60 902 台，比上年增长 0.6%。全年农机化作业机耕面积 246.58 万亩，比上年增长 6.5%；机收面积 98.98 万亩，比上年增长 0.2%。

2019 年年末有效灌溉面积达 182.43 万亩，当年新增 1.46 万亩；累计节水灌溉面积 60.72 万亩，当年新增 0.3 万亩；当年治理水土流失面积 113km^2；已建成水库 74 座；水利工程年供水总量 7.27 亿 m^3，其中为农业供水 6.15 亿 m^3。

7.3　独龙江农业产业发展的自然生态及社会经济条件

7.3.1　自然生态情况

独龙江乡地处我国著名的横断山脉的高山峡谷地带，地理坐标为东经 98°08′~98°30′、北纬 27°31′~28°24′，东邻贡山县丙中洛镇和茨开镇，西南与缅甸毗邻，北靠西藏自治区林芝市察隅县察瓦洛乡并与印度相近，国境线长 97.3km，境内有 37~43 号 7 个界桩，东西横距 34km，南北纵距 91.7km，整个区域面积为 1994km^2，是贡山县面积最大的一个乡，占全县总面积的 44.25%。县城丹打至乡政府驻地孔目之间的县乡公路长 79.8km（隧道未通前 96.2km）。

在 2010 年以前，每年的 12 月至次年的 6~7 月为大雪封山期，此时交通隔断，与外界的联系断绝，独龙江乡完全处于与世隔离的状态。截至 2019 年，横穿高黎贡山核心保护区的一条通往独龙江乡隧道已经通车，缩短了大雪封山的时间，为独龙江乡的发展提供便利。境内两山夹一江，即东西两面各竖高黎贡山和担当力卡山，独龙江纵贯两山之间，这里山高谷深，沟壑纵横，形成封闭式的地理环境，最高海拔 4969m，最低海拔 1200m，形成典型的立体气候和小区域气候，1~8 月为年气温上升阶段，8 月过后气温开始下降，统计得出年平均气温 15℃。因为独龙江气候条件独特，时常会出现极端天气，如表 7.1 和表 7.2 所示。年降水量为 19 973~35 076mm，是全国之最，日均降水量最高达 96mm（表 7.3）。全年日照时长 1100~1400h，空气相对湿度达 90%。

表 7.1 独龙江极端最低气温

年份	最低气温/℃	出现日期
2010	-12	12 月 22 日
2011	-11	12 月 23 日
2012	-16	12 月 28 日
2013	-30	12 月 17 日
2014	-15	1 月 2 日
2015	-19	12 月 25 日
2016	-13	1 月 7 日
2017	-15	1 月 17 日
2018	-13	12 月 28 日
2019	-7	1 月 17 日，12 月 30 日

表 7.2 独龙江极端最高气温

年份	最高气温/℃	出现日期
2010	33.2	8 月 8 日
2011	34	9 月 3 日
2012	33.7	9 月 7 日
2013	34	8 月 4 日
2014	34	9 月 17 日
2015	34.2	8 月 2 日
2016	36.2	8 月 20 日
2017	35.1	6 月 7 日
2018	35.8	7 月 26 日
2019	36.5	8 月 11 日

表 7.3 独龙江累计降水量　　　　　　　　　（单位：mm）

	1 月	2 月	3 月	4 月	5 月	6 月	7 月	8 月	9 月	10 月	11 月	12 月	全年
2010 年	37	1 266	—	6 795	6 162	6 414	3 535	2 598	4 449	2 099	1 245	356	—
2011 年	1 325	1 313	5 182	1 613	2 739	4 076	3 510	1 597	2 743	1 157	331	743	26 329
2012 年	2 555	2 536	3 149	4 111	447	5 683	4 165	3 354	4 312	3 846	411	507	35 076
2013 年	604	953	1 594	2 581	2 231	255	1 791	3 062	4 405	2 368	84	45	19 973
2014 年	400	1 106	—	463	3 467	5 602	3 192	3 733	3 395	299	678	282	—

续表

	1月	2月	3月	4月	5月	6月	7月	8月	9月	10月	11月	12月	全年
2015 年	1 053	1 341	1 860	3 598	2 340	5 237	3 361	5 581	3 926	931	524	987	30 739
2016 年	813	2 316	2 658	5 524	4 438	2 487	—	1 314	—	962	341		
2017 年	213	1 984	4 397	3 240	3 070	4 479	2 414	5 136	3 732	3 432	285		32 382
2018 年	590	2 684	2 169	2 266	2 737	3 195	3 022	1 836	3 183	1 323	1 492	900	25 397
2019 年	781	2 829	2 507	2 179	2 028	3 791	6 745	1 101	3 345	2 131	684	357	28 478
平均值	837	1 833	2 940	3 237	2 966	4 122	3 526	2 931	3 721	1 954	670	452	28 339
最大值	2 555	2 829	5 182	6 795	6 162	6 414	6 745	5 581	4 449	3 846	1 492	987	35 076
最大值时间	2012 年	2019 年	2011 年	2010 年	2010 年	2010 年	2019 年	2015 年	2010 年	2012 年	2018 年	2015 年	2012 年
最小值	37	953	1 594	463	447	255	1 791	1 101	2 743	299	84		19 973
最小值时间	2010 年	2013 年	2013 年	2014 年	2012 年	2013 年	2013 年	2019 年	2011 年	2014 年	2013 年	2017 年	2013 年

独龙江独特的气候孕育了丰富的生物、水能和旅游资源。独龙江流域内森林覆盖率高达 93%，动植物物种保存完好，仅种子植物就有 200 余种，哺乳动物 106 种，属国家重点保护的珍稀濒危动植物的有 30 种，被誉为动植物基因库，也是高黎贡山国家级自然保护区和"三江并流"世界自然遗产的核心区；在水能资源方面，除主干流独龙江外，可用于小水电开发（装机容量 500kW 以上）的支流共有 11 条河流；在独龙族传统文化方面，因独龙江乡长期交通不便、信息闭塞、大雪封山，以及独龙族聚居区受现代文明影响较小，独龙族传统民族文化、民风民俗保存完整，是中国独龙族民族文化传承保护区（已被列入国家非物质文化遗产目录）。

独龙江流域处于横断山脉与青藏高原的过渡地带，高黎贡山北段、独龙江和担当力卡山共同构成了流域地貌的基本骨架，地势北高南低，向西南开口，朝向印度洋孟加拉湾。最高山岭舍尔腊卡（察隅境内克劳洛北面）海拔 5242m，第二高峰南代旺腊卡（贡山县独龙江乡北部，滴舍尔腊卡的东南面）海拔 4969m，至南部出国境的江面海拔降至 1160m，相对高差 3000～4000m，属于极大起伏的极高山-峡谷地貌类型，海拔 3800m 以上的高山地带古冰川遗迹、冻土现象和冰缘地貌比较普遍，但现代冰川并不发育。独龙江上游段（雪扒腊卡以北）具有高原面上的宽谷特征，发育了比较平坦的河谷盆地，如雄当、迪政当；中下游河谷（巴坡以下）狭窄，谷坡陡峻，阶地不发育，河水湍急，多险滩，水面宽常仅 20～30m。河床中砾石径级大而磨圆度差，多为附近的重力崩塌物，马库至钦郎当一带嶂谷多，山川紧逼，形成天险，仍覆盖着原始森林。独龙江每年有半年以上的积雪，夏季表现出多雨寡照、气温低的气候特征。

独龙江流域的高黎贡山自然保护区面积达 137 124hm²，占全县总面积的70.8%，占整个高黎贡山国家级自然保护区面积的 33.8%。其中，独龙江管护站管辖面积 137 124hm²、钦郎当管护站管辖面积 34 017hm²。

受地形和气候的影响，独龙江地区植被多样性丰富，且垂直地带性明显，地带性植被按海拔由低到高依次为季风常绿落叶林带（1200～1500m）、山地湿性常绿阔叶（1500～2400m）、针阔混交林（2400～2800m）、温凉性针叶林（2800～3000m）、寒温性针叶林（3000～3700m）和高山灌丛与草甸（>3700m）。

独龙江流域植物资源十分丰富，有维管植物 199 科 2278 种，其中种子植物158 科 2003 种，独龙江特有植物 169 种，占该地区原生植物种类的 12.5%。国家重点保护植物有长蕊木兰、贡山三尖杉、光叶珙桐、领春木、十齿花等 14 种；野生食用植物有葛根、董棕、芭蕉、大百合和长柱鹿药等；药用植物有天麻、重楼、贝母、贡山厚朴和何首乌等；观赏植物有兰花、杜鹃、报春花、龙胆、滇丁香、素馨、樱花等。11 月至次年 3 月间开花的木本观赏植物就有 80 余种，如滇藏木兰、缅甸木莲等，冬季开花的兰花植物也有 30 余种。

独龙江流域地处横断山脉和青藏高原过渡地带，是古北界和东洋界两大动物区系的自然通道，动物资源十分丰富。独龙江流域兽类有 105 种，东洋界成分占该区系总数的 64.4%，古北系占 18.3%，特有成分占 17.3%。其中，国家一级保护动物有高黎贡羚牛、云豹、赤斑羚、戴帽叶猴、熊猴等，国家二级保护动物有小熊猫、中华鬣羚、水獭、林麝、马麝、小灵猫、猕猴、黄喉貂、野猪、黑熊、豺等。独龙江流域的鸟类有 174 种，其中画眉亚科鸟类 38 种，国家一级保护鸟类有白尾梢虹雉、灰腹角雉和棕尾梢虹雉，国家二级保护鸟类有红腹角雉、血雉、黑鹇、勺鸡、楔尾绿鸠、雕鸮、领鸺鹠、褐林鸮、红隼等 14 种。独龙江水系盛产怒江裂腹鱼、藏鱼晏和细尾鮡等 15 种鱼类，隶属 3 目 4 科 10 属，还有察隅烙铁头、山烙铁头、菜花烙铁头、黑线乌梢蛇、贡山链蛇、缅北原矛头蝮、司徒蟾蜍、缅甸树蛙等多种两爬类动物。

7.3.2　农业农村经济发展情况

独龙江流域农业发展主要以种植业、畜牧业、中草药、国家补贴、外出务工和旅游业为主。因为独龙江独特的地理条件，农业发展较为缓慢，经济发展比较慢，目前在国家的大力扶持下全乡已经实现全部脱贫。

独龙江流域自古以来就是我国少数民族"独龙族"的聚居地，多年来，由于地理位置的制约，导致其经济水平一直处于云南省乃至全国的末端。直至 20 世纪末期，独龙江流域才建立了第一条公路，成为我国最后一个通公路的少数民族地区。尽管独龙族经过数千年的发展，但是生活水平还是比较落后。除了地理位置、交通等方面比较落后外，独龙江流域的基础设施建设也比较薄弱。尽管近年来对该流域的基础设施建设比较重视，并在基础设施建设方面也取得了一定的效果，但是相比贡山县或怒江州及云南省的其他地区，独龙江流域的基础设施仍然处于比较落后的水平。

调查发现目前制约农业农村经济发展的主要因素如下。

（1）地理位置的制约。独龙江流域地处我国云南省、西藏自治区及缅甸北部的结合地带，是典型的"两山夹一江"自然地理格局。从人口分布来看，该区域的农村人口主要分布在两山之间的大峡谷内，与外界的沟通、交流比较少，往来受到严重的限制。同时，独特的地理位置使该流域每年都有一半的时间属于大雪封山期，与外部的往来几乎全部割断。也就是说，在很长的一段时间内，独龙江流域的社会经济发展处于自给自足的状态，从根本上遏制了该流域的发展。

（2）基础设施建设不足。一定程度上来说，基础设施建设是流域建设、经济发展、人口繁荣、社会进步的重要基础。独龙江流域的基础设施非常薄弱，除了仅有的一条公路外，其他交通设施几乎没有，而且这条公路的底子比较薄，质量等级不高，同时该流域多雨雪，气候恶劣，时常会发生山体滑坡、泥石流等自然灾害，使本来就薄弱的基础设施缺乏应有的保障性。独龙江流域的文化、教育、医疗等基础设施建设得到了一定程度的发展，但是与其他地区相比，差距还比较大。

（3）产业单一。由于与外界的往来不足，独龙江流域的产业主要以传统农牧业为主，目前的农业主要以草果、黄精和重楼种植为主，畜牧业主要以独龙牛、独龙鸡、独龙猪保护和扩繁为主。但是受地理位置和气候的影响，独龙江流域的山高坡陡、土地比较贫瘠，可用于耕种的土地特别是可保水保肥的土地比较少，再加上独龙江流域传统的农牧业管理粗放，因此基本上属于靠天吃饭的情况。同时，该流域的气候相对恶劣，导致农作物收成低，自身保障系数不足。独龙牛、独龙鸡因为其品种的原因，畜牧业主要是以"半野生型"为主，家畜基本放养在野外，但是野外条件恶劣经常会受到熊等野生动物的威胁，所以畜牧业发展较慢，独龙鸡基本只能自给自足，截至 2020 年独龙江乡各村畜牧业发展情况如表 7.4 所示。

表 7.4　2020 年独龙江乡养殖家畜统计表

畜牧业	龙元村	孔当村	献九村	迪政当村	马库村	巴坡村
独龙牛/头	0	205	189	80	80	460
猪/头	50	393	779	0	0	570
牦牛/头	0	0	0	40	0	0
独龙鸡/羽	500	0	0	0	0	0

　　除了传统农业之外,该流域的工业、第三产业发展所受到的限制因素也非常多。工业不仅基础薄弱,而且缺乏进一步发展的土壤和环境,尤其是我国环境保护政策的不断加强,使该流域的工业发展进一步受挫,发展前景不容乐观。第三产业的发展主要以旅游业为主,但是由于起步比较晚,独龙江流域的各项旅游设施还需要进一步完善,流域居民能够从旅游业获得的收入还相对比较低。很多游客在独龙江流域只是进行游玩,吃、住则返回附近县或者怒江州,不能形成吃、住、玩一条龙服务。独龙江流域的收入主要来源于农业,也是流域人口收入的主体。从收入组成来看,农业收入除了传统的粮食作物和花椒、核桃等收入外,还包括草果、白山药等经济作物,以及林业、畜牧业、渔业等收入。

　　(4)教育师资力量不足。独龙江流域属于云南边疆地区,教育资源落后。近年来,随着国家、省、州对独龙江流域支持力度的不断加大,该流域的教育基础设施获得了一定程度的发展,校舍和各种教学设施得到了更新和完善。但是也应该看到,一个地区教育事业的发展程度,在很大程度上依赖于教师队伍的水平。独龙江流域由于各种因素的制约,优秀的教师资源比较缺乏并且年龄结构偏高。也就是说,独龙江流域不仅存在教育师资力量不足,而且还将面临后续更加薄弱的局面。

　　(5)社会生产发展发育层次比较低。独龙江流域长期处于封闭、停滞状态,历史起点低、底子薄、基础差。虽然经过数年来的发展,但生产力水平低的状况并没有发生根本性的变化,尤其该流域具备了边疆地区、少数民族地区和偏远山区三位一体的特性,因此仍然处于较低层次的社会生产发展发育阶段。社会发展发育程度的评价指标是生产的高度社会化、经济运转机制的市场化发展,整个社会发展不但呈现高度分工合作,且表现得井然有序,个体与社会实现良好的有机统一。但该流域社会发展发育表现出零散化、孤立化的特点,仍然依靠单一农业经济,不但社会分工不明确,且产品化程度不高,大多数地区尚未组成独立的社会分工,社会发展生产发育程度低。从该流域的整体社会结构角度看,除了独龙族组成了一些小规模的城镇(乡镇所在地)之外,大部分农村仍然采用原始的村社群落结构。另外,由于少数民族分散居住,村寨间距离远,日常沟通较少,与外界社会的联系和交流更是无从谈起,这种落后的村社群体结构中每个个体的联系就好像"马铃薯"式联系,表现为简单的"同质结构"集合。同时,独龙江流域社会生产发展发育层次比较低,还表现为现代化发展的内部条件不足。该流域居民社会文化程度低、生产力水平落后、社会组织构架不合理、物质基础弱、生产方式非常落后。可见,单单依靠该流域自身的条件,很难通过发展来达到现代化基本要求,同样难以通过自觉、主动的行为与外界进行沟通,实现积极的发展。从当地群众的角度出发,由于他们缺乏自觉提升思想和促进发展的条件,甚至会对外界现代化冲击产生抵制心理。这种普遍出现在独龙江流域居民心中的"被动性",不但将对该流域的居民接受新鲜事物造成阻碍,且极有可能导致他们出现安于现状、无所作为的不端正思想出现,造成形成"等、靠、要"的不良习惯。独龙江流域正处于现代化建设起步时期,流域内居民更关注外界对于自身的直接帮扶和扶持,如外界的资金、高科技人才和技术后端,借助这些外界资源建立起有利于自身发展的条件基础。总的来看,该流域的发展主要依靠外部力量的帮助。独龙江流域共同注入扶贫资金 8600 万元,其中 60%的资金被用于该地区的基础设施方面,35%的资金被用于该地区的教育、医疗、文化配套设施投入,如各种文化书籍、为贫困人口缴纳的各种医疗保险等,而用于扶持该地产业的资金仅为 5%,也就是说用于扶持独龙江流域贫困人口进行自主创业的资金非常少,从原因上来看,并不是该流域筹措这方面的资金过少,而是在资金投入的过程中。很多贫困人群怕承担一定的风险,不愿意进行该资金的利用,从而造成投入后的资金不得不收回而重新用于其他扶贫项目。

（6）开展群众技能培训,鼓励外出务工。独龙江乡长期闭塞,多数人不会说普通话,限制了旅游业的发展。独龙江乡共开展普通话学习培训 3000 余人次,开展厨师、家政、竹编、农家乐经营民宿等技能培训 500 余人次,为旅游业的发展打下基础。开展独龙鸡、独龙牛等养殖培训 600 余人次;开展民族服饰缝纫、护林、电焊、砌墙技能培训 800 人次;开展木雕艺术技能培训 200 余人次;开展农村运营驾驶技能培训累计达 800 余人次;开展电商技能培训 500 人次;开展"走出家门学本领"外出务工宣传活动。因为贡山县是珠海对口帮扶重点地区,人员主要输出到珠海的工厂。截至 2022 年 3 月,独龙族群众在省外务工的有 416 名。

从 2011 年开始,当地政府转变工作方式,坚持以人为本原则,发动群众主动参与,自行对私搭乱建建筑物、与周边环境不协调的生产用房、空心砖围墙、废弃工棚进行拆除。截至 2013 年,全乡已拆除建筑物和空心砖围墙面积约 3.5 万 m^2,完成改造房屋 300 余间,房屋标准客厅面积为 80m^2、70m^2、60m^2,厨房面积为 16m^2,卫生间面积为 6m^2。

在房屋建成之后,政府部门组织全乡群众开展村组绿化和庭院美化绿化活动,提出了"不是硬化就是绿化"的号召,要求群众自发硬化村庄道路、院坝、进出通道,美化绿化房屋院坝周边空地。通过以上举措,在全乡上下形成了共同建设家乡、爱护家乡、维护绿水青山的良好氛围,全乡村容村貌得到了较大的改观,处处呈现干净整洁的景象,美丽乡村印象初步形成。坚持主打旅游的基本思路,以建设世界级旅游目的地为目标,全面提升独龙江旅游发展的基础和环境。

（7）保护独龙江传统文化,提升旅游文化底蕴。在各村开展了"普及 21 套民族广场舞""收集最后独龙纹面女拍摄"等工作，开展独龙族民族传统手工艺品传承开发挖掘项目，已成立了独龙族工艺品协会。恢复一批"历史记忆""红色记忆"，重建 6 座藤篾桥、4 组溜索，修缮一批历史建筑，建设 2 个原始部落，建设 6 个村史馆等一批项目已列入项目库申报。

开展"独龙特色菜谱"的收集和整理工作，共收集特色菜谱 73 种，持续挖掘创新具有独龙族文化气息的菜品，丰富餐饮环境。开发独龙族文化旅游体验项目，扶持建设"独龙人家家访""独龙王子""独龙纹面"等体验项目。把较为成熟的旅游接待项目接入"智慧旅游平台"，充分利用平台，实现住宿、餐饮、旅游等一系列实名预约，使游客出行更加便捷。旅游景点、观景平台、农家客栈等旅游配套不断丰富，开展了乡村厨师、户外向导、乡村导游、酒店管理、农家乐经营等旅游人才培训，为独龙江旅游业发展奠定了良好基础。目前，独龙江已成功创建国家 4A 级旅游景区。

（8）积极建设基础设施。坚持以加强基础设施建设和公共服务项目建设为抓手，着力提高整体公共基础设施服务标准，发挥好基础设施建设在巩固脱贫成效中的整体提升和带动作用。

从种植业发展情况来看，全乡共种植草果 6.8 万亩，挂果面积 2.7 万亩，产量 1250t。2020 年新增种植面积 413 亩。正在实施的草果提质增效项目，投入资金 38 万元，面积 2000 亩、实施地点在巴坡村委会。2019 年年底全乡种植羊肚菌面积为 58 亩、种植户数为 141 户。由于独龙江乡独特的气候条件，非常适合中草药生长。全乡境内主要种植的中草药有黄精、灵芝、重楼。黄精和灵芝种植项目都交由农民专业合作社运作，皆在林下种植。黄精种植总面积为 1108.5 亩，已经完成 608.5 亩，正在实施 500 亩，地点在龙元村、献九当村、迪政当村、孔当村。灵芝实验性种植完成面积为 20 亩，产量 500kg，种植地点在迪政当村。重楼新增加面积为 20 亩，种植地点在迪政当村委会。目前全乡种植面积达 1738.6 亩。全乡种植山药面积 87 亩，其中 2020 年以奖代补项目种植面积 56.07 亩，总奖补资金为 16.82 万元，受益农户 86 户。蔬菜种植面积为 333 亩，其中以奖代补种植面积为 12.5 亩，受益农户 45 户。花生种植面积 200 亩，受益农户 511 户，发放种子 3000kg。黄豆种植面积 350 亩，受益农户 667 户，发放种子 2100kg。

从养殖业情况来看，以"以奖代补"的方式按各村现有生猪、独龙牛、山羊存栏量直接奖补给全乡各村养殖户。项目受益农户 1003 户 3200 人。合作社或专业养猪场采购基仔猪、饲料、防疫用品等物资后扶持给有条件和有经验的农户养殖，仔猪以当年仔猪市场价格折算出可扶持的仔猪头数，扶持给各村具有生猪养殖条件的群众。

基础设施已建设完成鲁腊、普卡旺桥、斯拉罗、巴坡、麻必洛 5 座跨江大桥，结束了出门要过溜索的历史；建设完成白利、龙仲、南代和普卡旺 4 座生产便桥，方便了群众的生产生活；建设完成滇藏界至中缅边界（41 号）界桩总里程107.533 84km（拉旺夺支线长 9.312 41km）的边防公路和村组公路，独龙江四通八达的交通网构建完成。启动实施独龙江 35kV 电网联通工程。建设完成独龙江乡"互联网+"示范建设项目。建成并开通独龙江孔当、迪兰、巴坡新村、鲁腊、迪兰、肖切 6 个 4G 基站；完成独龙江基站、白来基站、献九当基站、迪政当基站、黑娃底基站设备安装；完成贡山邮电局至独龙江带宽升级，完成独龙江马迪公路班村至滇藏界两个基站建设（班村、迪布里–西藏边界），实现了网络信号全覆盖。2019 年 4 月进行了 5G 网络调试并成功开通。6 个行政村 28 个安置点已全部实现通车、通电、通电话、通网络宽带、通广播电视、有安全饮水、有标准化卫生室、有活动场所。

贡山县 2014 年中央财政小型农田水利重点县建设项目，主要内容为建设小型渠道工程 9 条，规划总长 5.85km，改善灌溉面积 0.0728 万亩，新增灌溉面积0.0714 万亩。农村供水工程建设情况为建设农村饮水安全和巩固提升工程共计 40件，受益人口 4969 人。

防洪保安工程建设主要包括以下四个方面内容。一是中小河流项目建设完成贡山县木切尔河独龙江乡段综合治理 6.5km。二是农村河道治理，完成综合整治独龙江乡境内迪政当河、熊当河、龙元河、白来河、腊配河和钦郎当河 6 条农村河道，建设河岸护堤 1515.15m。三是新建独龙江王美、斯拉洛、拉王夺水土保持与灾害应急防洪工程，完成堤防建设 1.05km。四是新建贡山县灾后薄弱环节、独龙江干流向红龙元献九当等段治理工程，涉及独龙江干流 7 个治理段和 3 条支流治理段，分别为龙元干流治理段左岸长度 597m、龙元干流治理段右岸长度 428m、鲁腊治理段（左岸）长度 488m；肯迪干流治理段（右岸上段 477m、下段 310m）；王美支流治理段（左岸 20.7m、右岸 21.6m）；麻必当干流治理段（左岸）、那鲁底治理段（左岸）；加位娃支流治理段（左岸）、拉娃夺治理段（右岸），治理干流长度 1239.4m，治理支流长度 410.3m；孔美干流治理段（右岸）、斯拉洛治理段（右岸），治理长度 686m；治理河道总长 4.377km。

独龙江流域草果种植是把草果苗种在山上，每年除了除草以外，基本不施农药化肥。畜牧业的发展也是属于"半野生型"，鸡、牛的饲养不使用商品饲料。所以对水质基本没有影响，经调查和分析，2020 年 1～8 月的独龙江地表水的水质基本没有变化（表 7.5）。

表 7.5　地表水检测结果

检测项目	检测值	限值	达标评价
水温/℃	18.2	—	
pH 值	7.74	6～9	达标
溶解氧/（mg/L）	6.7	>6	达标
高锰酸盐指数/（mg/L）	1.9	4	达标
化学需氧量/（mg/L）	6	15	达标
五日生化需氧量/（mg/L）	1.6	3	达标
氨氮/（mg/L）	0.115	0.5	达标
总磷/（mg/L）	0.08	0.1	达标
总氮/（mg/L）	0.40	0.5	达标
铜/（mg/L）	0.001	1.0	达标
锌/（mg/L）	0.05	1.0	达标
氟化物/（mg/L）	0.07	1.0	达标
硒/（mg/L）	0.000 4	0.01	达标
砷/（mg/L）	0.029 1	0.05	达标
汞/（mg/L）	0.000 04	0.000 05	达标
镉/（mg/L）	0.001	0.005	达标
六价铬/（mg/L）	0.004	0.05	达标
铅/（mg/L）	0.010	0.01	达标
氰化物/（mg/L）	0.004	0.05	达标
挥发酚/（mg/L）	0.000 3	0.002	达标
石油类/（mg/L）	0.01	0.05	达标
阴离子表面活性剂/（mg/L）	0.05	0.2	达标
硫化物/（mg/L）	0.005	0.1	达标
粪大肠菌群/（个/L）	490	2 000	达标
硫酸盐/（mg/L）	8	250	达标
氯化物/（mg/L）	10	250	达标
硝酸盐氮/（mg/L）	0.04	10	达标
铁/（mg/L）	0.03	0.3	达标
锰/（mg/L）	0.01	0.1	达标

7.4　独龙江流域农业产业绿色发展建议

独龙江乡具有独特的自然地理环境和丰富的动植物资源。森林覆盖率高达93.10%，独龙江流域已发现高等植物 1000 余种、野生动物 1151 种，是名副其实的自然地貌博物馆、生物物种基因库。正确处理好生态环境保护与乡村振兴之间的关系，是独龙江流域生态环境保护的核心关键。

"绿水青山就是金山银山。"人与自然和谐发展，不是只讲保护而不要发展，也不是只要发展而放弃保护。针对独龙江乡独龙族群众拥有良好生态无法致富的问题，需要立足"生态立乡、产业富乡、科教兴乡、边境民族文化旅游活乡"的发展思路，探索一条生态保护与乡村振兴的路子。

7.4.1　在保护中发展，在发展中保护

破解独龙江乡生态保护与乡村振兴矛盾的基本思路，是在保护中发展，在发展中保护。在保护优先的前提下发展林下特色产业和实施生态补偿政策，并通过外部力量的帮助，激发当地群众的内生动力。保护优先，是在认真贯彻落实国家层面上实施的生态环境保护和修复政策基础上，制定符合当地实际的法律法规和对策措施，确保把"保护"落到实处。发展特色产业，就是立足独龙江自然气候和地理条件，通过科学论证，因地制宜选择草果、重楼、中蜂、独龙牛等名特优产业，实现群众收入可持续。通过招聘生态护林员、成立生态合作社等手段，让群众通过参与生态保护、生态修复工程建设和发展生态产业，实现工资性和劳务性的稳定收入，从而实现独龙族群众"在保护中发展、在发展中保护"的目标。

7.4.2　创新制度，提升依法依规保护治理能力

国家生态环境保护政策与生态修复工程实施后，独龙江乡开始从"以开发为主"转变为"以保护为主"。这对于独龙江乡来说，既是生产方式的大变革，也是思想观念的大跨越。面对大变革、大跨越，一是立规矩，推进良法善治；二是定规划，明确生态修复方向；三是常抓长抓宣传教育。

7.4.3　通过生态补偿，实现群众"保护中增收、增收中保护"

具体措施包括四个方面：一是积极推进退耕还林，改善生态环境和解决群众温饱、增收问题；二是选聘生态护林员，构建"网格化"管护机制；三是成立生态助农合作社，带动合作社成员通过参与生态项目建设实现就近劳务收入；四是以电代柴，帮助独龙族群众改变砍伐薪柴的传统生活方式。

7.4.4　立足实际，科学发展林下特色产业

独龙江林业资源丰富，发展林产业大有可为。草果是豆蔻属多年生草本植物，喜温暖湿润气候，适宜在林下或溪边湿润处种植，是药食两用中药材大宗品种之一。独龙江乡的自然气候条件适宜草果种植，而且在不砍树的前提下整乡 6 个村中有 5 个村都适合林下草果种植。

7.4.5　紧扣生态主题，发展林、农、牧、游复合经营模式

积极探索并推广"林+畜禽""林+蜂""林+菌""林+游"等"林+"生产模式，提高林地利用率和产出率。

7.5　德宏州（大盈江和瑞丽江流域）农业产业绿色发展建议

7.5.1　德宏州农业产业绿色发展比较优势

德宏州因其特殊的地理位置及独有的自然气候，农业资源丰富多样，具有得天独厚的自然优势和区位优势。

1. 自然资源丰富，有较大的发展空间

德宏州具有气候资源得天独厚，冬无严寒，夏无酷暑，雨量充沛，雨热同期，干冷同季，年温差小，日温差大，霜期短，霜日少的特点，适宜发展冬春蔬菜、优质水稻、双高甘蔗、生态茶叶、有机坚果、珍贵药材等产业。

2. 良好的区位优势，具有开拓东南亚市场的条件

德宏州拥有瑞丽、畹町 2 个国家一类口岸，章凤、盈江 2 个国家二类口岸，与缅甸的有关省（邦）建立了双边合作机制，云南电子口岸大通关服务平台实现了"一次申报"和"一次放行"。此外，以物联网、大数据、云计算等新技术与口岸通关业务深度融合的中国（云南）国际贸易单一窗口，也将进一步提高云南省农产品出口通关效率，降低通关成本。

7.5.2　德宏州农业产业绿色发展模式

德宏州具有河流平原广阔、冬春光热条件好、民族文化浓郁和沿边沿境的特点，冬春蔬菜、优质水稻、双高甘蔗、生态茶叶、有机坚果、珍贵药材等产业发展潜力大，农业产业绿色发展模式应重点围绕构建冬春蔬菜、优质水稻、双高甘蔗、生态茶叶、有机坚果、珍贵药材等产业集群，打造面向南亚和东南亚的现代农业产业带。

第8章 南盘江流域（云南）绿色生态农业发展模式研究

8.1 南盘江流域（云南）的自然生态情况

8.1.1 流域概况

南盘江古代称温水或盘江，发源于云南省曲靖市乌蒙山余脉马雄山东麓，经贵州省兴义市至广西壮族自治区红水河。南盘江是珠江流域干流西江干流河段，是珠江的源头河段，1985年被确定为"珠江源"。富饶的珠江从上而下由南盘江、红水河、黔江、浔江、西江5个河段组成。南盘江位于东经102°10′~106°10′、北纬23°04′~26°00′，西北部与金沙江和乌江的分水岭乌蒙山脉相连，东北部与北盘江为邻，南部与郁江的分水岭为都阳山脉，西南与红河的分水岭为横断山脉。跨滇、黔、桂三省（区）的沾益、曲靖、陆良、宜良、开远、罗平、泸西、砚山、建水、蒙自、丘北、澄江、路南、富源、石屏、江川、华宁、通海、峨山、弥勒、广南、师宗、兴义、安龙、册亨、兴仁、普安、盘州、隆林、西林等县（市、区）的全部或一部。南盘江全长936km，总落差1854m，河口多年平均流量688m³/s，平均比降1.98‰，流域面积54 900km²。

在云南省境内，南盘江流经曲靖、陆良、宜良、开远、弥勒等县（市），于罗平县境内汇入黄泥河后流出云南省境。南盘江在云南省境内流域面积43 311km²，河长651km。以宜良高古马铁路桥与泸江汇合口为界，将南盘江分为上、中、下游三段。上游为河源至宜良高古马铁路桥，河长265km，落差623m，平均坡降2.35‰，流域面积6301km²。河流流淌在曲靖、陆良、宜良三大盆地之中，耕地连片，是云南省主要的商品粮基地。中游为高古马铁路桥以下至开远泸江汇合口，河长173km，落差488m，平均坡降2.8‰，河道强烈下切，岸坡达30°~60°。河谷底宽20~40m。下游自开远泸口至三江口，河长213km，落差488m，平均坡降1.42‰，河道穿行于高山峡谷之间，水能资源丰富。南盘江流域石灰岩区面积占土地面积的1/2，喀斯特地貌发育，明、暗河交替，湖泊较多，抚仙湖、星云湖、阳宗海、杞麓湖均属南盘江水系。

南盘江流域覆盖曲靖、昆明、红河、玉溪、文山5个州（市），总人口2384.1万人，占全省总人口的49.9%。南盘江流域经济总量为9460.09亿元，占全省生产总值的63.62%，是全省经济发展的龙头。

8.1.2　地貌

南盘江流域（云南）分布的地貌类型有低山、中山、高山、河流低阶地、湖积低滩地、平坦河流高阶地、平坦洪积低台地、平坦湖积高阶地．起伏河流高阶地、起伏洪积低台地、起伏洪积高台地、起伏侵蚀剥蚀低台地、起伏侵蚀剥蚀高台地、起伏湖蚀高阶地、平坦湖蚀高阶地 15 种。

曲靖市麒麟、沾益、富源、陆良、罗平、师宗等南盘江流经的县域位于云贵高原中部滇东高原地带，海拔 695～4017m，地貌类型多样。其中，陆良坝子面积 771.99km^2，为全省第一大坝子；曲沾坝子面积 435.82km^2，为全省第四大坝子，适宜农业机械化应用。山区适农土地面积广阔，发展潜力巨大。

位于珠江源头的宜良县，地势北高南低，山地与盆地相间。气候属北亚热带季风气候，冬春干旱少雨，夏秋多雨湿润，冬无严寒，夏无酷暑，2010 年平均气温 18.2℃，年降水量 857.0mm。年日照时数 2032.8h，无霜期 281d。年平均相对湿度 66%。灾害性天气主要是春季常有干旱，秋季偶有低温，冬季时有霜冻。境内山脉多为东北至西南走向，东北部磨盘山属马龙台地和牛头山西坡的南延，西北部是老爷山（乌纳山），属于梁王山系，森林覆盖率 55.44%。县城南部的竹山系由断块抬升隆起形成，呈南北走向，主要山岭有老爷山、大黑山、土主山、东山、云泉山、竹山等。老爷山主峰海拔 2730m，为全县最高点，最低点为南部竹山镇老熊箐，海拔 1270m。盆地错落于群山之间，山间盆地较大的有匡远、南羊、马街、狗街 4 个坝子。全县土壤以红壤为主，占土壤总面积的 85.1%，其次是水稻土、黄棕壤、紫色土、冲积土等。宜良境内河流属珠江流域西江水系，流经县境的南盘江（长 110km）及其支流贾龙河（全长 43km）、麦田河（全长 69km）、獐子坝河（全长 85km）、摆依河（全长 38.4km）、巴江（流经县境 16km）等，径流面积大于 100km^2。南盘江水系入宜良境后流入昆明柴石滩水库，依次流经九乡乡、北古城、匡远街道办，最后由狗街的高古马段流出宜良县境，进入玉溪境内。柴石滩水库、南盘江、贾龙河、阳宗海同为宜良坝区主要灌溉水源。

石林彝族自治县（以下简称石林县）位于云南省东部、昆明市东南部，东南与红河州泸西县毗邻，东北与曲靖市陆良县接壤，南与红河州弥勒市相邻，西北与昆明市宜良县相连。县境东西最宽为 57.3km，南北最长为 58.8km，县域面积 1719km^2。按山地、丘陵和坝区（盆地和洼地）、河谷划分，其结构占比为山地 69%、丘陵 15.2%、坝区 14.7%、河谷 1.1%。石林县地处云贵高原的滇中腹地，地势起伏平缓，由东向西呈阶梯状逐级倾斜下降，山脉河流基本上由北向南伸展，全县被分割为喀斯特、山地、盆地 3 种主要地貌类型。喀斯特是石林县最具特色的地理景观，全县 2/3 的地区属喀斯特地貌。东部圭山峰巅海拔 2601m，为全县最高处；西部巴江河谷大叠水瀑布跌落处海拔 1500m，为全县最低点；平均海拔 1730m，县城海拔 1668m。全县森林面积 70 836.8086hm²，森林覆盖率 42.11%。全年冬无严寒、夏无酷暑、干湿分明、四季如春，年平均降水量为 1012.2mm，年平均气温为 18.0℃，具有"中国天然氧吧"称号。石林县境内属珠江上游的南盘江流域，主要河流有南盘江、巴江、普拉河、大可河等。南盘江从石林景区北部往西转向西南方向流出县境。巴江发源于路南石林山神庙，途经乃古石林、北大村、天生桥、路美邑、板桥等，在与宜良县交界的山地汇入南盘江，河长 71.5km，流域面积 1261km²，流量 14.6m³/s。石林县有长湖、月湖、圆湖等多个天然湖泊，有黑龙潭、白龙潭、疯龙潭等多个泉点，其中黑龙潭水库位于县城东部巴江水源头的黑龙潭泉水出露处。自 1966 年起经过多次组织扩建，现坝高 34.1m，总库容 2434 万 m³，年调节水量 5000 万 m³，灌溉农田面积占全县总耕地面积的 30.12%，具有供水、调洪、发电、休闲、度假功能为一体综合利用的中型水利枢纽工程，在石林县国民经济和社会发展中具有举足轻重。

广南县位于云南省东南部，文山州东北部，滇、桂、黔三省（区）交界处。东与富宁县接壤，南与西畴县、麻栗坡县毗邻，西邻丘北县、砚山县，北接广西壮族自治区百色市西林县，与贵州省黔西南布依族苗族自治州兴义市相望，境内有汉族、壮族、苗族、瑶族、彝族、蒙古族、仡佬族、白族、回族等 11 个世居民族。广南县境内为典型的喀斯特地貌，属低纬度高原亚热带季风气候，气候温和，雨量适中，冬无严寒，夏无酷暑，年平均气温 16.7℃，年日极端最高气温 37.6℃，年日极端最低气温-4.8℃，年降水量 1008mm，年均日照 1604.7h，无霜期 325d，年均相对湿度 77%，拥有平均每立方厘米负氧离子含量超过 5000 个的清新空气，属于"中国天然氧吧"地区。全县总面积 7810km²，居全省第三位，其中山区、半山区面积占 94.7%，坝区面积占 5.3%，是一个典型的山区县，森林覆盖率达 53.8%。县内生物种类繁多，有植物 50 多个科目 600 多个种属，其中桫椤、马尾松、蒜头果、七叶树等 10 余种属国家及省级珍稀濒危植物，铁皮石斛、龙胆草、露水草、板蓝根等中药材品质优越。县域内水资源丰富，地表径流水资源总量 38.37 亿 m³，干流有西洋江、驮娘江、清水江、南利河、普厅河等河流，水资源开发利用率为 3.4%。

8.1.3 气候

南盘江流域（云南）属亚热带季风气候区，干湿季节变化明显。途经的云南、贵州境内流域四季如春，气温均在 10～21℃，广西境内流域气温温差较大，最高时 38℃左右，最低时也有 12℃。雨量充沛，年均降水量在 1100mm 左右。由于地形地势和大气环流的差异，使降水在地区的分布也极不均匀，流域的中西部地区为干旱少雨区，东部则为湿润多雨区。南盘江流经县域气候以亚热带高原季风气候为主，冬无严寒、夏无酷暑，立体气候明显。年平均气温 14.3℃，气温年较差

12.9℃，全年≥10℃活动积温平均 4121℃。年均日照时数 1967h 左右，年均太阳辐射 12.09 万 cal/cm²，年均无霜期 245d。年平均降水量 1038mm。充足的光照，丰富的热量，为南盘江流域现代农业发展提供了良好的基础条件。

南盘江流域红河州境内大部分地区气候温和，光照充足，降雨适中，具有"冬无严寒、夏无酷暑"的高原季风气候，四季如春。境内有着适宜的气候、优良的生态环境、良好的水利基础和丰富的旅游、生物、水能、风能等资源。属于典型的低纬度高海拔地区，具有昼夜温差大、光照时间长和紫外线强的特点。南盘江流域红河州境内属北亚热带季风气候，因地处低纬高原，热量垂直分布差异明显，境内垂直分布着南亚热带、中亚热带、北亚热带、南温带和中温带 5 个气候类型。气候干湿季节分明，夏季多雨，冬季干旱；年温差较小，日温差较大。全年平均气温 15℃。最热月为 7 月，平均气温 20.6℃；最冷月为 1 月，平均气温为 7.4℃。年均日照时数 2100h，年平均降水量 979mm，无霜期约 270d。

8.1.4　土壤

南盘江流域内土壤种类多样，以红壤为主，还有紫色土、棕壤、黄棕壤、黄壤、水稻土等，pH 值多为 4.0～7.5，土壤肥力较好，有机质含量 1.5%～5.0%，适宜种植水稻、小麦、玉米、蚕豆、马铃薯、油菜、烤烟、蔬菜、中药材、花卉、苹果、柑橘、桃、梨、葡萄、蓝莓、核桃、板栗、花椒等作物。土壤环境质量问题主要表现为重金属问题，整体表现为山地较为明显，对绿色农产品认证申报工作造成极大的影响。

8.1.5　生态环境

南盘江源头为云南省曲靖市麒麟区，流经沾益、富源、陆良、罗平、师宗等县域，生态环境好，森林覆盖率＞44%，自然植被保持良好，土壤肥沃、污染少、空气优、水质清，水能资源丰富，物种天然隔离条件好，生态修复功能强，区域性生态农产品生产条件优越，是优质农产品的理想产地。流域内森林资源分布不平衡，森林结构简单，同时大量林地被开垦改种特色经济作物（如柑橘、烤烟），导致部分区域出现生态退化现象，如水土流失和石漠化问题、洪涝灾害频发、森林覆盖率下降。同时，矿山开采带来的生态破坏和环境污染问题在局部区域比较突出，在生态环境破坏严重地区，生态系统修复工作难度大。畜禽养殖、农药、化肥、农作物秸秆、地膜等造成的农业面源污染问题不容忽视。

南盘江流域周边的空气环境质量保持长期良好。南盘江流域主要的支流和湖泊附近空气质量优良，如抚仙湖巨量的水体、宽阔的湖面成就了当地优良的生态环境，对于调节气候，净化空气都发挥着非常明显的作用。流域最高气温为 23.5℃，最低气温为 12.7℃，年平均温度为 17℃。综合温度、日照、雨量、相对湿度、风速、负氧离子含量等指标来看，抚仙湖环境独特且优越，具备建设世界级湖泊养生度假地的气候条件。

8.1.6　区位与交通

南盘江流经的曲靖市与贵州省六盘水市、兴义市和广西壮族自治区西林县连接，与省内昆明市寻甸回族彝族自治县、东川区、文山州丘北县、红河州泸西县、昆明市石林县、宜良县连接，素有"入滇锁钥"之称。县域内 G56 杭瑞、G60 沪昆、G78 汕昆、易弥 4 条高速公路和沪昆高铁、南昆、贵昆 3 条铁路贯通全境，交通便利，聚集能力强，辐射范围广，是泛珠江经济合作圈滇东地区的交会点，是攀西—六盘水"金三角"国家重点开发片区、滇中城市经济圈的重要部分，对外开放优势巨大，有利于发展外向型农业。交通的优势为农产品的流通提供了便利，减少了供应商和供货商之间的运输成本，铁路、公路的贯通，为农产品的物流和贸易提供了条件，带动了特色农业产业的发展。

南盘江流域红河州境内的开远、泸西、弥勒等县（市）位于云南省东南部、红河州中北部，地处昆明、曲靖、红河、文山"四州市"交会处，处于滇中经济圈内，是红河州通往贵州及西南各地的一个重要通道，拥有得天独厚的交通环境。昆河铁路纵贯南北，昆（明）河（口）、鸡（街）石（屏）高速与鸡（街）弥（勒）、弥（勒）师（宗）二级公路交织成网，铁路大动脉、公路大骨架相互交汇，四通八达，交通优势明显。

8.1.7　水资源情况

南盘江在云南省红河州境内流经开远、弥勒、泸西等县（市），河道穿行于高山峡谷之间，水能资源丰富。南盘江流域石灰岩面积占 1/2，喀斯特地貌发育，明、暗河交替，湖泊较多。

开远市中和营镇境内的南盘江险潭多，水势急，两岸青峰对峙，河谷深，奇峰俊秀，危崖高耸，造就了两岸优美的自然风光。境内中和营河，发源于中和营镇舒城桥头龙潭，由西向东流经中和营坝子，折转向北汇入南盘江，水流最大流量 4m³/s，最小流量 0.4m³/s，其间在飞鱼泽建有水电站。境内最高海拔 2867m，最低海拔 960m。境内森林及草场资源丰富，森林覆盖率为 43%，是开远市最主要的绿色屏障。

弥勒市境内主要河流有南盘江及其主要支系甸溪河。入境全长 250km，径流面积 1760km²，占全市总面积的 45%。甸溪河贯穿市境中部，流经全市 12 个乡镇，全长 117km，年径流量达 7.6 亿 m³，是本市最重要的河流。其他较大河流有禹门河、白马河、花口河、路龙河、者甸河及里方河等。据水资源调查资料，市境内径流量 8.14 亿 m³，入市水量 5.02 亿 m³，地表水资源总量为 13.16 亿 m³。全市有中型水库 4 座（太平水库、雨补水库、洗洒水库、租舍水库），小（一）型水库17 座、小（二）型水库 102 座；坝塘 400 处；渠道 373 件，渠道总长 554.54km，骨干输水渠系完善。

泸西县境地水资源丰富，地表水主要有南盘江、小江河、金马河、白马河、雨洒河、勺布白河；有板桥河、白水塘、吾者、阿味 4 座中型水库；有小（一）型水库 10 座，小（二）型水库 40 座，小坝塘 110 座。地下水有旧城至新营盘、金马、亮龙潭、中枢、逸圃五大富水块段及纵横交错的地下暗流，地表水资源量达 5.2 亿 m^3。

南盘江有流域面积在 $100km^2$ 以上的一级支流 44 条，在云南省境内流域大于 $1000km^2$ 的一级支流有 7 条，于左右两岸相间汇入干流。海口河位于华宁县境北缘，源出抚仙湖向东北流至官庄东侧后，为华宁与澄江两县界河，至宜良县土主街对岸注入南盘江，长 16km，全在高山峡谷间奔流。海口河多年平均流量 $3.72m^3/s$，天然落差 392m，平均比降为 24.5‰，境内流域面积 $85km^2$。巴盘江发源于路南石林山神庙，河长 71.5km，流域面积 $1261km^2$，流量 $14.6m^3/s$。泸江发源于石屏县宝秀湖，河长 144.4km，流域面积 $4455km^2$，流量 $16.8m^3/s$。甸溪河发源于梁河及雄壁，河长 215.7km，流域面积 $2905km^2$，流量 $22.9m^3/s$。法白河发源于砚山县听湖，河长 166.5km，流域面积 $3859km^2$，流量 $50.3m^3/s$。黄泥河发源于白水潘家洞，河长 220.0km，流域面积 $7416km^2$，流量 $172m^3/s$。

华溪河位于华宁县境南缘，发源于江川祭天山西北，流经玉溪、峨山、通海、建水，自本县华溪乡观音山西南麓入境，向东北流至盘溪坝三江口注入南盘江，长 48km，落差 162m，平均坡降 3.4‰。境内流域面积 $601km^2$（包括纪麓湖区 $1km^2$），汇入南盘江处多年平均流量 $33.8m^3/s$。沿途纳观音山河、竹居河、龙洞河、新街河、二里奄河、恒白河等涧水，河槽时宽时窄，水流忽急忽缓。上段两岸壁峭坡陡，竹木葱茏，河床蜿蜒盘曲，冲积成许多狭长的小块谷地。由华溪盆地而下，河道逐渐开阔，水流逐渐舒缓，木船可航至盘江。

青龙河位于华宁县境北部，发源于磨豆山东北的松子场，向北流至三台楼处注入南盘江，全长 33km，落差 498m，平均坡降为 15.1‰，流域面积 $180km^2$，下游多年平均流量 $1.6m^3/s$，沿途纳玉泉河、舍得河、抄保河、拖白河等河流。上游河床狭陡，冲刷激烈，雨季夹带大量流沙。中段平缓，冲积成青龙河谷平展带，青龙街及其附近农田常有水患。下游河窄、坎多、水流急。青龙河在玉溪市主要支流有 4 条。

曲江位于云南省玉溪市和红河州交界处，发源于通海县西北部四街镇白新寨村，为南盘江右岸支流，流向西北，纵贯江川区西南部，注入玉溪市东风水库，从东风水库出流横穿玉溪市，流向西南方，进入峨山县后转而流向东南，流经通海县南部后进入建水县北部地区，在建水县曲江镇附近转向东北，流入华宁县南部，最后在华宁县东部的盘溪镇汇入南盘江，全长 208km，流域面积 3472km²，流量 25.6m³/s。

南盘江在玉溪市主要湖泊有 2 个：抚仙湖、杞麓湖，湖泊面积达 730km²。抚仙湖位于云南省澄江、江川、华宁 3 县之间，总面积为 212km²，仅次于滇池和洱海，是云南省的第三大湖。湖水平均深度 87m，最深地带达 155m，是云南省蓄水量最大、水质最好的湖泊，蓄水量为 189 亿 m³，蓄水量相当于 15 个滇池和 6 个洱海，占云南全省湖泊总蓄水量的 63%，被誉为"东方明珠""蓝色文化的摇篮"，水质为 I 类。抚仙湖入湖河道有梁王河、东大河、马料河等 52 条，间断性河流和农灌沟 53 条，多年平均入湖径流量 16 723 万 m³，其唯一出口海口河多年平均出流水量约 9572 万 m³。径流区现有水土流失面积 208.8km²，占总面积的 30.94%，年流失入湖的泥沙量达 34.56 万 t，抚仙湖湖水通过下游的海口河流入南盘江。杞麓湖古称通海湖，位于云南省通海县境内，因位于杞麓山（又名秀山）畔而得名。因南距通海县城 1.5km，又名通海，属南盘江水系。杞麓湖属断层陷落湖，湖泊长轴呈东西向，湖水位 1796.62m，湖面积 36.73km²，湖岸线长度 45km，湖泊长度 13.5km，宽度平均 2.72km，最宽处 5.2km，容积 1.45 亿 m³，汇水面积 340.8km²。杞麓湖是通海县较重要的水资源，是通海县社会经济发展的主体，是通海县生存发展的基础，通海人民把通海湖称为"母亲湖"。

南盘江宜良县境内长 111km，径流面积 1921km²，流经全县九乡、耿家营、北古城、匡远、南羊、狗街、竹山 7 个乡镇（街道办）。高古马水文站以上流域面积为 6301km²。南盘江在宜良县境内分为三段，上段为大圭龙至古城桥闸，长35km，自然落差 65m，河谷狭长呈 V 形。中段为古城桥闸至大花桥，长 34km，中部延于宜良坝子中间，河床宽 70～150m，深 5～6m，弯多，流速缓慢，易涝成灾。下段为大花桥至禄丰村以下，长 41km，河流沿中心峡谷奔腾而下，水流急，落差大，河床呈 V 形，宽 30～60m，自然落差 186m。

石林县在境内的水系分布主要以河流及湖泊形式体现。石林县属珠江水系南盘江流域，县境内河长 15.5km，径流面积 288.8km²，全系峡谷地段受地形限制，境内南盘江水资源并未得到开发利用。石林县境内巴江、甸溪河（普拉河）为南盘江的一级支流，分别由北向南汇入南盘江；大可河、马料河、西河、几弯河属巴江支流，分别为大可河由南向北、马料河由东北向西南、西河与几弯河由西北向东南汇入巴江；其次还有木凹子、路花、芭茅、紫处、西街口、松子园、路星村、大哨、水尾等小河直接汇入南盘江。2020 年总需水量为 19 056 万 m³，其中农田灌溉需水量 14 010m³，生活、生态、林牧渔畜、工业、建筑业、第三产业需水量 5046 万 m³，缺水 6524 万 m³。石林县地处典型的喀斯特区，地下水资源常通过岩溶裂隙等地下通道汇集，在江河或低凹处出露，或在县境外出露，开发利用困难。因此，石林县可开发利用的水资源主要为地表水，在县境内常以河流形式体现。石林北部、西部地区的鹿阜街道办事处，为原石林镇、北大村乡、路美邑乡、鹿阜镇、板桥镇合并而成，巴江贯穿全街道办，为全县水资源最丰沛的地区。鹿阜街道办为石林县政治、经济、文化中心，全县一半以上人口集聚于此区域。因此，巴江作为重要的农业灌溉水资源，存在着生活污水、畜禽粪便及农业生产所导致的面源污染问题，尤其是吃水河、东山沟等河流污染明显，目前正通过工程措施积极改善水环境质量。

8.1.8　生物资源

南盘江流域粮食作物主要有水稻、小麦、玉米、大豆、蚕豆、马铃薯等。夏收粮食作物主要有小麦、蚕豆、马铃薯等，秋收粮食作物主要有水稻、玉米、大豆、马铃薯等。油料作物主要有花生和油菜籽，糖料作物有甘蔗。药材类主要有三七、灯盏花、重楼等，蔬菜有叶菜类、茄果类、根菜类等，水果形成以葡萄、柑橘、芒果、石榴、桃、苹果、梨为主的特色水果产业带，李、杨梅、枇杷、枣、柿、杏、火龙果等小果种水果、小浆果类水果为补充的水果产业布局。养殖业以猪、鸡、牛（奶牛、肉牛）、黑山羊、淡水鱼等为主。

区域内涉及的作物种质资源有稻谷、玉米、麦类、薯类、豆类、油菜、蔬菜、水果、中药材、观赏植物等；畜牧业有大河猪、大河乌猪、滇陆猪、罗平黄山羊、麒麟花冠鸡、富源么山鸡、陆良花木山土鸡、陆良麻鸭等地方畜禽遗传资源，以及丰富的渔业资源。丰富的农作物种类、畜禽品种和渔业资源，造就了南盘江流域农业覆盖面广、物种类型多样、生产的农产品丰富。

南盘江流域农村地域辽阔，自然环境优美，山村野趣，民族风情浓厚，绿色食品多样。不同地域带来各异的农作方式，造就了异样的田园风光，绿色植被四季常青，碧波万顷，瓜果蔬菜年丰日收。例如，云南省曲靖市罗平县大力培育和扶持发展油菜、畜牧、生姜、蔬菜和水产等超亿元产值的特色优势产业和风味小黄姜、金色油菜、高原生态鱼、大天系列杂交玉米等特色产品。昆明市宜良县按区域化、规模化、集约化要求，大力发展优质稻、蔬菜、花卉、林果、畜牧等高效、质量、生态的高原特色支柱产业。文山州丘北县围绕"打造滇东南山水旅游名县、特色产业名县、适居生态名县"目标，大力推广清洁农业生产技术，发展丰富多样、生态环保、安全优质、四季飘香的绿色生态农业。

8.1.9　人文资源

南盘江流域人文资源具有以下几个特点。

一是民族文化风情独特。南盘江流域有汉族、壮族、苗族、彝族、回族、瑶族、白族、傣族、水族、独龙族等众多民族居住。各民族文化相互影响、相互交融，构成了丰富多彩的民俗风情，有壮族的"三月三"、苗族的"花山节"、彝族的"跳虎节"与"火把节"、瑶族的"盘王节"等众多民族节庆。

二是历史文化壮丽浩荡。早在旧石器时代，盘江流域就有人类活动的足迹。在新石器时代，南盘江即成为珠江流域乃至东南半岛古文化传播的重要通道。南盘江流域的居民在沿岸的高山峡谷间、冲积平原上，择林而栖、逐水而居，创造了辉煌灿烂的历史文化，鬼方国、南越国、古滇王国、夜郎王国、句町王国、爨氏统治下的东爨乌蛮、西爨白蛮、自杞国、罗甸国、安龙南明永历朝廷，金戈铁马，气吞万里，展开了一幅幅壮丽的历史画卷，成为南盘江流域宝贵的历史财富。

三是红色文化熠熠生辉。1935 年和 1936 年，中国共产党领导的中国工农红军红一方面军和红二方面军长征两过曲靖市及部分县乡，停留及过境时间约 30 天，行程 1000 余公里，与敌人进行了大小战斗数十次。中共中央、中央军委在曲靖三元宫召开重要会议，作出抢渡金沙江、在川西建立苏区的重大战略决策。毛泽东、周恩来、朱德、邓小平等老一辈无产阶级革命家在此留下的光辉足迹，滇黔桂边区纵队的革命斗争实践，为南盘江流域地方史增添了光辉的一页。

8.2　南盘江流域（云南）农业农村经济发展情况

整体来说，南盘江流域（云南）农产品加工以产地初加工为主，精深加工相对较弱，亟须大力提升农产品加工业水平。宜良县气候温和，历史上农业较为发达，主要种植作物为稻谷、蚕豆、玉米、小麦、烤烟等。因气候条件、交通便利等优势，近年来宜良农业发展呈现多样化格局，近三年小春粮食（蚕豆、小麦、大麦、豌豆、薯类、冬早鲜食玉米、杂粮）播种面积平均为 21.67 万亩；大春粮食（水稻、玉米、薯类、大豆、杂粮）栽种面积平均为 24.94 万亩。每年粮食总产量达 15.04 万 t；蔬菜种植面积 19.5742 万亩，鲜切花面积 1.7 万亩，水果园面积 3.94 万亩，茶园面积 0.961 万亩。全县生猪存栏量 248 732 头，肉猪出栏量 421 561 头，比去年同期减少 8%；出栏商品鸭 1404.21 万只，肉类总产量 73 741t。禽蛋产量 6012t，牛奶产量 19 656t，水产养殖面积 30 000 亩，水产品产量达 11 375t。2017～2019 年全县农林牧渔业总产值平均达 73.73 亿元，占全县生产总值的 51.3%，其中农业总产值为 38.46 亿元，占全县生产总值的 26.76%。

石林县 2019 年全年粮食种植面积 30 551hm^2，粮食总产量 13.28 万 t，烤烟种植面积 7427hm^2，收购总量 1.43 万 t，收购总值 4.80 亿元，收购平均单价 33.67 元/kg；蔬菜种植面积 9860.5hm^2，产量 31.45 万 t；水果产量 12.60 万 t；鲜切花种植面积 1291hm^2，产量 50 129 万枝，增长 18.6%。全年猪出栏量 10.80 万头，牛出栏量

1.34 万头，羊出栏量 9.65 万只；年末猪存栏量 10.49 万头，牛存栏量 3.08 万头，羊存栏量 13.65 万只。全年肉类总产量 4.25 万 t，禽蛋产量 0.15 万 t，羊奶产量 0.73 万 t。全年实现农林牧渔业总产值 47.74 亿元，其中，农业产值 27.8 亿元，林业产值 3.03 亿元，畜牧业产值 14.61 亿元，渔业产值 0.66 亿元。农林牧渔业占全县生产总值的 41.38%。其中农业总产值占全县生产总值的 24.1%。

广南县位于云南省东南部，在文山州东北部，地处滇、桂、黔三省（区）交界处，共有耕地总资源 183 万亩，承包耕地面积 60 万亩，林地面积 723 万亩，宜林荒山 23 万亩，宜牧草山草坡 358.6 万亩。境内生物种类繁多，是八宝米、油茶、茶叶、烤烟、甘蔗、中草药、畜禽等种养业适宜区。近年来，广南县大力推进农业经营主体创新，促进合作社式发展，加大"三农"投入力度，农业经济保持稳定增长。围绕高峰牛、八宝米、油茶、茶叶、铁皮石斛、蒜头果、蔬菜、烤烟、甘蔗、中药材等特色产业，培育农业龙头企业 28 家，发展农民专业合作社 607 家。肉牛产业作为广南县"一县一业"产业打造，全县第三季度牛存栏量 22.23 万头（其中，高峰牛存栏量 15.52 万头），肉牛产值 9.4 亿元。生猪存栏量 41.74 万头，产值 13.42 亿元。优质八宝米种植面积 14.84 万亩，产值 2.96 亿元；全县茶叶种植面积 38.34 万亩，产值 2.34 亿元；油茶种植面积 29.5 万亩，产值 2.33 亿元；油菜种植面积 25.04 万亩，产值 0.84 亿元；烤烟种植面积 4.68 万亩，产值 1.77 亿元；蔬菜播种面积 46.57 万亩，产值 11.25 亿元；中药材种植面积 9.99 万亩，产值 5.2 亿元；水果种植面积 6.75 万亩，产值 3.7 亿元；甘蔗种植面积 1.9 万亩，产值 0.32 亿元；2020 年依托退耕还林、石漠化治理等工程计划发展蒜头果种植 2 万亩，产值 0.15 亿元；2019 年全县完成农林牧渔总产值 68.39 亿元，占全年地区生产总值的 46.05%。其中农业（种植业）产值 38.53 万元，占全年地区生产总值的 25.94%。畜牧业产值 24.53 万元，占全年地区生产总值的 16.52%。

红河州南盘江流域农业产业基础坚实，主要农产品量大质优，农业发展水平居云南省前列，粮食总产量居全省第 3 位，其中以云恢 290、红优 6 号为主的优质稻面积与总产量居全省第 1 位，水果面积与总产量居全省第 1 位，蔬菜面积与总产量居全省第 3 位，水产品总产量居全省第 1 位，肉类总产量居全省第 4 位，禽蛋总产量居全省第 1 位。红河州农产品品质优良，已建成云恢 290、红优 6 号、蒙自石榴、泸西高原梨等国家级标准化示范区。2019 年，全州共有 236 个农产品取得并有效使用"三品一标"（无公害农产品、绿色食品、有机农产品和农产品地理标志）认证标志，其中，绿色食品 50 个，有机食品 1 个，无公害农产品 185 个，地理标志产品 1 个。2019 年，全州完成生产总值 905.4 亿元，完成公共财政预算总收入 218.7 亿元，其中地方公共财政预算收入 84.5 亿元，地方公共财政预算支出 248.1 亿元；规模以上固定资产投资 560.9 亿元，社会消费品零售总额

217.3 亿元，外贸进出口总额完成 36.5 亿美元；城镇居民人均可支配收入 19 712 元，农民人均纯收入 5468 元；全年粮食总产量达 170 万 t，"两烟"财政总收入达 116.3 亿元，农业总产值 260.8 亿元，农业增加值达到 155.4 亿元；产业化经营组织发展到 257 个，农民专业合作组织达 2787 个，带动农户 65 万户。

结合红河州南盘江流域自然资源丰富、立体气候明显、交通便利等优势条件，以现代高原特色农业示范区建设为统领，深入落实规模化种植、养殖业与农产品精深加工"双轮驱动"战略，打造林果、蔬菜、冬马铃薯、烤烟、生猪养殖四大支柱产业，不断培育壮大花卉、甜叶菊等新兴产业，促进三产融合发展。2019 年建成开远"知花小镇"、弥勒"太平湖森林公园"等一批省内知名的三产融合示范园，带动了地方产业经济的发展。

澄江市 2019 年农业农村经济生产总值 1 397 636 万元，其中，第一产业增加值 124 873 万元，第二产业增加值 321 467 万元，第三产业增加值 951 296 万元。耕地面积 16 114.3hm^2，耕地灌溉面积 3866.6hm^2。农作物播种面积 25 672.7hm^2。粮食总产量 25 655.5t，油料产量 5851.8t，园林水果产量 3650.2t，肉蛋奶类总产量 410t，蔬菜产量 218 871.9t，水产品产量 1283t。"三品一标"农产品 23 个，"三品一标"基地面积 775.2hm^2。居民人均可支配收入 29 768 元，城镇居民人均可支配收入 41 336 元，农村居民人均可支配收入 16 775 元，农村居民人均消费支出 14 391 元。

澄江市主要农作物是烤烟、水稻、玉米、蔬菜、水果，2019 年种植面积 31.86 万亩，其中大春播种面积 187 791 亩，粮食播种面积 49 783 亩，总产量 2339.34 万 kg，小春播种面积 130 796 亩，粮食播种面积 18 176 亩，总产量 226.21 万 kg，蔬菜播种面积 207 804 亩，产量 21 887.19 万 kg，水果面积 9105 亩，产量 378.20 万 kg。2015～2019 年主要农作物种植面积如图 8.1 所示，主要农作物面积从 2015 年的 36.57 万亩减少到 2019 年的 31.86 万亩，减幅达 12.88%。

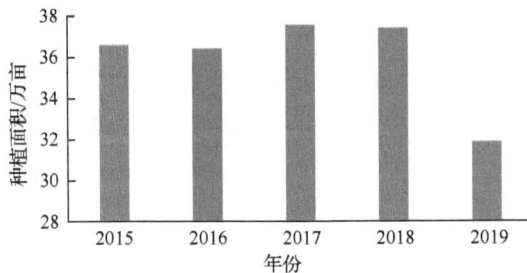

图 8.1　澄江市主要农作物种植面积

华宁县 2016～2019 年农林牧渔业总产值 1 260 603 万元，农作物播种面积

33 533.3hm²。粮食总产量 25 136 万 kg，蔬菜产量 124 869 万 kg，柑橘产量 99 088 万 kg，油料产量 1146.4 万 kg，肉蛋奶总产量 13 806 万 kg。大牲畜出栏 171 116 头，生猪出栏 1 059 244 头，羊出栏 177 000 只，家禽出栏 10 216 161 只。柑橘产业和农产品加工业增长迅猛，2019 年，柑橘产业加工产值达到 10.5 亿元，成为全县两个"十亿级产业"。农村居民人均可支配收入 53 768 万元。

华宁县主要农作物是谷物、烤烟、油料、蔬菜、核桃、柑橘、柿子，2019 年种植面积达 50.77 万亩，其中烤烟种植面积 8 万亩，产值达 3.5 亿元；水果产业以柑橘为主，柑橘种植面积 12.65 万亩，产值达到 10.54 亿元，蔬菜种植面积 19.85 万亩，产业产值达 7.97 亿元。主要农作物种植面积从 2015 年的 44.46 万亩增加到 2019 年的 50.77 万亩，增长 14.19%（图 8.2）。2019 年华宁县中药材种植面积达 16 003 亩，实现产值 1.69 亿元，主要的中药材品种有附子、当归、白术、桔梗、栀子、天门冬等，主要的中药材品种种植面积从 3285 万亩增加到 5992 万亩，增幅达 82.4%。

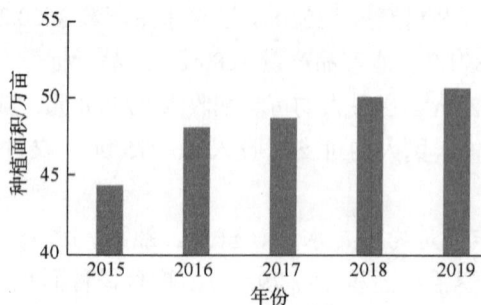

图 8.2　华宁县主要农作物种植面积

8.3　南盘江流域（云南）农业农村产业结构对水系的生态环境影响分析

南盘江流域（云南）由于有较好的地理位置和良好的自然资源条件，在农业方面，除了以传统农业为主，还部分融入了现代农业元素，种植的作物种类多样，有玉米、马铃薯、油菜、水稻等大宗农产品。种植的中药材有生姜、薏苡仁、三七、红豆杉、银杏、滇黄精、当归、板蓝根、白术、杜仲、丹参、半夏、黄芩、大黄、附子、木香、柴胡、金银花等。水果有富源黄梨、陆良蜜香梨和突尼斯软籽石榴、桃、柠檬、沃柑、葡萄、猕猴桃、蓝莓、野生刺梨等；蔬菜有叶菜类、根茎类、瓜果类、豆类、茄果类、葱蒜类及水生蔬菜类等。花卉有食用与药用花卉、工业用花、特色花卉、鲜切花、种用花卉、干花制品、花卉食品、花卉酒类、花卉保健品、花卉药品和花卉化妆品等；养殖业有猪、牛、羊、家禽及其他特色品种等。

　　流域内特色产业优势明显，是云南重要的农产品生产基地，所辖县（市、区）农业发展各具特色，是云南省常年蔬菜主导产业区之一。陆良、麒麟、沾益等地建设多个供"粤港澳大湾区"的蔬菜基地，这里的山地蓝莓、石榴、梨等品类比省外产区提前 1 个月左右上市，日中性草莓品种（四季草莓品种）生长期较省外其他产区延长 3~4 个月，单位面积产量高 1 倍多。这里是以一年生当归、小黄姜等为主的中药材云南道地产区和主产区；是中国重要的魔芋产区之一，规模化、标准化、商品化程度高。陆良、麒麟、沾益是全省蚕茧生产基地县（区），是全国为数不多的优质茧生产区。罗平、师宗是全省油菜优质产品生产基地县，马铃薯常年种植面积和年产量居全省第一位，品质好、竞争力强。近年来，一些特色农产品凸显市场优势，名优化产品逐渐增多，为农产品的市场竞争力提供了重要支撑，也为南盘江流域（云南）现代农业的发展提供保障。

8.3.1　蔬菜

　　云南是全国重点发展的蔬菜优势区和生产大省，是全国重要的"南菜北运"和"西菜东运"生产基地和外销出口基地，每年近 70%的云南蔬菜产品销往全国150 多个大中城市和 30 多个国家和地区。曲靖是"云菜"规模最大的产区，常年蔬菜种植面积和产量约占全省的 20%。

　　曲靖的蔬菜种植主要以南盘江流经的麒麟、沾益、陆良、富源、罗平、师宗等县（区）为主，常年蔬菜种植面积和产量约占全市的 74%。蔬菜产业形成以陆良为核心的沾益—麒麟—陆良—师宗南盘江流域设施蔬菜产业带和富源魔芋产业带。与省内绿叶蔬菜周年生产的通海县、元谋县、嵩明县、晋宁区等老菜区相比，曲靖市作为蔬菜新区，其土地资源丰富，土壤肥力、土壤有害微生物、农药残留、灌溉水等影响蔬菜生长的环境指标均优于以上老菜区，蔬菜品质有保障。蔬菜品种主要有叶菜类、根茎类、瓜类、豆类、茄果类、葱蒜类、水生蔬菜、食用菌等，形成以麒麟、陆良、沾益等坝区为主的叶类蔬菜周年生产基地，以师宗、罗平等低热河谷为主的喜温蔬菜生产基地。麒麟、陆良、师宗、罗平、富源等县（区）被列为全国蔬菜产业重点县。陆良（蔬菜产业）被列为云南省"一县一业"示范县，绿色生态优质蔬菜成为农业外向型发展的重要引擎。

8.3.2　水果

　　南盘江流域（云南）阳光充足、热量充沛、空气清新、水源清洁、土壤肥沃、昼夜温差大、有效积温高，发展优质水果的生态条件优异，造就了丰富多样的水果种质资源和产品类型。此外，域内无霜期较长、早春升温快、秋季气温回落慢，早熟水果较国内同类产区上市早，而晚熟品种较国内同类产区上市晚，具有错峰销售、减少竞争和增加效益的优势。热区水果初具规模，以山地蓝莓、树莓为代表的第三代优特浆果类水果发展迅速，水果产业由第一、二代传统水果加速向第三代高端优品水果转型端倪初现，"佳沃牌"山地蓝莓被评为云南省"十大名品"，麒麟区珠街街道中所村（红美珠葡萄）被农业农村部评为"一村一品"示范村镇。但县（市、区）域内水果仍以传统果品为主，产业聚集度不高，种植管理方式粗放，地方品种退化。依托资源优势，培育引进新型经营主体，标准化、精细化、规模化发展优品水果，推进错峰上市潜力巨大、前景广阔。

2018 年，全国蓝莓种植面积 86.9 万亩，产量约 16 万 t。2018 年云南蓝莓种植面积超过 6 万亩，排名全国第 7 位，产量超过 2300t，居全国第 10 位。曲靖市蓝莓种植面积和产量均位居全省之首，面积约占全省的 50%，产量约占全省的 53%，尤其以南盘江流域内麒麟区、师宗县种植面积最大，占整个曲靖市种植面积的 50% 以上，品质最优。由于光照强、温差大、紫外线强，干物质积累多，果实硬度高、耐储运，糖度和花青素优于国内国际同类产品，香味好、口感佳。南盘江流域（云南）河谷槽区，风速小、光照足、日照时间长、积温高、雨热同季、昼夜温差大、病害率低，是发展绿色生态优质热区水果的优势区域，具有成熟早、品质优良、商品性高的特点，有很强的市场竞争力。通过提早或延时错峰上市，可抢占热区水果市场先机。

8.3.3　道地药材

南盘江流域（云南）野生药用植物资源丰富，开发潜力大，是云南中药材的道地产区和主产区之一。通过多年的发展，已初具规模，"高良薏仁米"被认定为地理标志产品，"龙津"牌灯盏细辛被评为云南"十大名药材"，罗平（小黄姜产业）被认定为云南省"一县一业"特色县，沾益被认定为云南省"中药材产业示范县"，麒麟、沾益、罗平和师宗被认定为"云药之乡"，沾益已建成全国最大的一年生当归种植基地、全国最大的银杏连片种植基地。

8.3.4　花卉

曲靖市地处云贵高原中部滇东高原，适宜多种花卉生产，尤其以南盘江流经的麒麟、陆良为代表的区域，平均海拔 2000m，年降水量 900～1100mm，年平均日照时数 2098h，年平均温度 14.5℃，无霜期 254d，是云南鲜切花卉、加工花卉的新兴优势产区。2019 年，陆良引进陆航发展鲜切花、盆栽花。曲靖市南盘江流域县域初步形成以麒麟、沾益为主的鲜切花生产区，以麒麟、沾益、师宗为主的绿化观赏苗木生产区，以麒麟、师宗、罗平、沾益等为主的盆栽观赏植物生产区。

8.3.5　养殖业

云南是全国养牛大省之一和中国南方肉牛优势产区，有中国唯一适应热带亚热带气候且能生产高档雪花牛肉的"云岭牛"和 15 个具有地方特色的肉牛品种，拥有丰富的草料资源和牛种资源，肉牛业的发展潜力大。曲靖是云南畜牧业生产大市。通过多年的发展，培育了大河乌猪、滇陆猪、宜和猪 3 个国家级新品种猪种，占全省 4 个国家级培育猪种的 3/4，大河乌猪和滇陆猪 2 个国家级种猪被评为云南"六大名猪"，8 个县（市、区）被列为全国生猪调出大县，占全省 22 个生猪调出大县的 36%，生猪存栏量和出栏量、猪肉总产量、畜牧总产值等指标均居全省第一。云南省先后引进了重庆德康集团、云南神农集团、广东温氏食品集团股份有限公司、昆明正大公司、双胞胎集团等国内大型养殖企业（集团）助推畜牧产业转型升级。现初步形成以富源"宣威火腿"为主的北部腌肉型肉猪加工片区和以鲜肉型肉猪加工为主的陆良、师宗、罗平、麒麟、沾益等中南部片区布局。2019 年，曲靖市全市生猪共出栏 1017.63 万头，其中，南盘江流域生猪共出栏 586.65 万头，占全市出栏量的 58%（表 8.1）。

表 8.1　2019 年曲靖市南盘江流域生猪产业发展情况

县（市、区）		出栏量/万头	标准化规模养殖场（小区）/个			屠宰场/个
			总数	年出栏 2000 头以上	年出栏万头以上	
南盘江流域	麒麟	83.44	51	37	11	3
	沾益	108.39	127	83	10	2
	陆良	132.97	332	49	18	5
	师宗	59.65	88	19	3	1
	罗平	76.56	97	20	2	2
	富源	125.64	110	29	8	6
流域外	会泽	158.35	153	75	2	2
	宣威	251.75	524	145	23	12
	马龙	20.86	40	21	4	1
合计		1017.63	1522	478	81	34

曲靖市草地资源丰富，养殖基础较好。近年来，曲靖市在全省率先试点探索政府扶持引导、合作社示范带动的"牛源体系"建设模式。2019 年，全市肉牛标准化规模养殖场（小区）达 280 个，其中，南盘江流域县（市、区）肉牛标准化规模养殖场（小区）达 94 个；全市年出栏 62.7 万头，南盘江流域县（市、区）肉牛年出栏 35.3 万头，占全市的 56%；年饲养 50 头以上规模养殖场（小区）224 个，

南盘江流域县（市、区）年饲养 50 头以上规模养殖场（小区）84 个；肉牛创建标准化示范场 51 个，其中，南盘江流域县（市、区）创建标准化示范场 30 个（表 8.2）。

表 8.2　2019 年曲靖市肉牛产业发展情况

流域	县（市、区）	出栏/万头	标准化规模养殖场/小区		标准化示范场/个
			总数	年饲养 50 头以上	
南盘江流域	麒麟	3.3	10	10	1
	沾益	6.4	21	16	10
	陆良	5.6	8	6	3
	师宗	4.7	18	15	5
	罗平	7.6	23	23	5
	富源	7.7	14	14	6
非南盘江流域	马龙	2.7	24	14	10
	会泽	18.6	60	40	4
	宣威	6.1	102	86	1
合计		62.7	280	224	51

8.3.6　种植业对水系的生态环境影响分析

种植业的产业结构和管理方式等对南盘江水系生态环境影响极大。南盘江流域（云南）主要以烟草、优质水稻、花卉、水果、蚕桑、无公害蔬菜、中药材等种植为主，因此，流域内除工业生产废水、城镇生活污水外，农业种植施肥（大量化学肥料的使用）成为其主要的污染来源。首先，南盘江上段流域为喀斯特地形地貌，植被覆盖率偏低，存在水土流失严重的问题，生态系统总体上较脆弱。流域年内降水量极不均匀，汛、枯流量差距巨大，导致雨汛期水土流失严重。其次，南盘江流域人口稠密、经济发达，工业废水、城镇生活污水及大量使用化学肥料的农业种植使南盘江上段流域水质较差。

宜良是云南省的传统农业大县，全县 7 个乡镇（街道办）耕地面积 27.78 万亩，复种指数 259%。2019 年农用化肥施用量合计 21 555t，单位施用量为 8.51kg/亩，肥料利用率达 36%以上。农药施用量 546t，农药利用率 39.6%。农用玉米地膜、蔬菜地膜、蔬菜棚膜、花卉棚膜等使用量 1322t，平均回收率达 92%。秸秆可收集资源量 6.462 58 万 t，其中资源化利用 2.18t，饲料化利用 3.51 万 t，全县秸秆综合利用率 88.04%。宜良县种植业污染源见表 8.3。

表8.3 宜良县种植业污染源

类别	数量/t	农业源/t	占比/%
氨氮排放量	13.75	90.80	15.13
总氮排放量	206.33	664.78	31.04
总磷排放量	16.49	79.00	20.87
氨气排放量	780.72	4163.21	18.75
挥发性有机物排放量	64.22	64.22	100

从地表水水质分析数据来看，北古城、匡远段、南羊段氮含量相对偏高，尤其是匡远段。结合种植、畜牧、水产等分布区域来看，北古城、匡远段是蔬菜种植、圈养生猪、鸭比较集中的区域，高强度种植的肥料、农药施用及畜禽粪便无序化处理方式是造成该区域农业面源污染的重要原因。部分区域蔬菜种植土壤氨态氮施用量较大，土壤板结、盐渍化现象明显，需要尽快改变现有的种植模式和管理方式。

石林县7个乡镇（街道办）耕地面积246 291亩，园地面积72 270亩，农作物播种面积834 707.5亩。2019年化肥施用量39 003.1t，单位施用量为7.16kg/亩，肥料利用率达42%。石林县农药使用量462t，利用率41.2%；地膜使用总量624.2t，覆膜面积116 598亩，地膜累积残留量104.51t。秸秆可收集资源量11.24万t，秸秆利用量7.71万t，全县秸秆综合利用率87.15%；石林县规模化养殖场圈舍粪污资源化设备设施配套率为98.9%，粪污综合利用率达95.15%，规模化养殖场粪污综合利用率99.35%，散养户粪污综合利用率90.96%。

广南县主要农业污染物包括氨氮、总氮、氨气、挥发性有机物、地膜累积残留。农业污染物总量6226.78t。其中化学需氧量排放量2933.31t，氨氮排放量40.50t，总氮排放量384.23t，总磷排放量48.00t，氨气排放量2660.03t，挥发性有机物56.42t，氮氧化物0t，颗粒物0t，地膜累积残留量104.29t。从污染物的构成看，化学需氧量最大，占47.11%；其次是氨气，占42.72%；第三是总氮，占6.17%；第四是地膜累积残留量，占1.67%，其余占比均较小，不超过1%。从种植、畜禽、水产、农业机械移动源各专业产生的污染物结构看，畜禽养殖业排放污染物最多，占81.41%；种植业位列第二，占18.02%；水产位列第三，占0.57%。

广南县18个乡（镇）化肥施用总量按纯量计算为17 415t，单位施用量为29kg/亩，远远超过发达国家为防止化肥对土壤和水体造成污染而设置的安全上限15kg/亩。广南县氮肥施用量较大，施用总量13 200t，磷肥、钾肥施用量较少，施用总量3734t。全县每年使用农药428t（商品量），单位施用量0.71kg/亩。每年使用农膜312t，平均使用量为0.52kg/亩。其中，地膜约275t。据调查测算，全县农膜回收约245t，年残留量高达69t，残膜率达22%。全县2008年粮食作物秸秆30.52万t，其中禾本科粮食作物秸秆 27.45 万 t，油料、豆类秸秆 1.06 万 t，作为农村生活用能作燃料直接焚烧的秸秆约为 19.09 万 t，占 63%。剩余秸秆堆放在田间地头，随意抛弃约为 3.88 万 t，占 13%。广南县种植业污染源排放状况见表 8.4。

表 8.4　广南县种植业污染源排放状况

污染物	排放量/t	占比/%
氨氮	73.16	5.81
总氮	1096.92	87.09
总磷	89.37	7.10
合计	1259.45	100

从宜良、石林、广南县面源污染问题整体来看，3 个县的农业肥料施用中均存在氮、磷、钾肥比例不协调，氮肥过量，造成肥料当季利用率不高，蔬菜、水果等农产品硝酸盐含量超标，品质下降。没有被农作物利用的化肥会随着降水、地表径流等方式渗透到河流、湖泊中，造成土壤次生盐渍化、板结和地下水污染，其中宜良县较为明显。土壤污染普查结果显示，宜良、石林、广南均属滇东南重金属高背景区域，影响农业发展的背景元素主要是砷和镉，加之农业投入品中部分矿质肥料中重金属含量高于土壤本底，长期大量使用造成部分土壤重金属含量明显上升。农药对农业的危害主要有以下几个方面：一是施药器械和方法落后，大部分药液洒落于土壤表面，形成在土壤中农药残留；二是用后农药瓶（袋）弃置于沟渠边、池塘旁，或施药后雨水冲洗，部分农药污染水体。因此，在土壤和水体中偶尔有残留农药检出现象。农用薄膜回收利用率不高，农膜碎片（残膜）进入土壤后，分解产生有毒物质污染土壤，改变土壤物理性质，造成耕地理化性状恶化，通透性变差，阻碍农作物根系吸收水分和生长，导致农作物减产。秸秆随意焚烧造成了空气污染。另外，部分农户将秸秆长期弃置堆放或推入河沟，日晒、雨淋、沤泡引起腐烂，产生污水，污染水体。

澄江市在稳定发展粮食生产的基础上，巩固烤烟产业的发展基础，加强蔬菜基地建设，推动蔬菜、荷藕、蓝莓等优势产品规模化、标准化生产。"十三五"期间当地农业部门在澄江市的龙街街道、右所镇重点推广种植高效低污染的蓝莓、荷藕、绿化苗木等作物。尤其抓好土著抗浪鱼、澄江藕品种种质资源保护，力争使抗浪鱼养殖面积达到 1000 亩，澄江本地荷藕种植面积达到 5000 亩以上。

为了减少农药包装废弃物对农村生态环境的破坏，减轻农业面源污染，保护农业生态环境，提升农产品质量安全，保障人类健康，促进美丽乡村和生态文明建设，近年来澄江市对废弃农药及农药包装废弃物回收处置开展了一系列的工作。一是澄江市实行了农药经营许可制度，取得经营农药资格的门店必须制定《农药包装废弃物回收》制度，并在农药门店摆放农药包装废弃物回收桶，在经营农药时义务回收农民上交的农药瓶袋，回收来的农药瓶袋上交到上级经销商或农药生产厂家进行处理。二是开展农户施用农药后的农药包装废弃物回收处置工作。回收后的农药包装废弃物委托有相关资质的企业进行处理。三是加强对农药市场的整治，利用春秋两季农资打假专项行动、农药专项整治行动及日常的监督检查抽样检测，加强对过期、假劣农药和国家禁限用农药的检查。四是推进农作物病虫害绿色防控技术。开展绿色防控防治病虫害，通过太阳能杀虫灯诱杀技术、无人机飞防技术，提升水稻稻瘟病、稻纹枯病等农作物病虫害的平均防效，保障农业生产安全、农产品质量安全和生态环境安全。2015～2019 年，主要农作物的施肥量下降了 39.05%，农药使用量下降了 46.49%。

华宁县遵循"宜农则农、宜林则林、宜果则果"的原则，在 1900m 以上的高海拔地区发展核桃、山地生态蔬菜、中药材等特色经济作物种植，配套推进林下种养，打造"高山林农生态产业经济带"；在海拔 1500m 以下的低热河谷地区发展早熟柑橘、冬早蔬菜特色作物种植，打造"河谷果菜生态产业经济带"；在 1500～1900m 的中海拔地区，依托烤烟产业大力发展烟后菜、优质水果等优势作物种植，打造"中海拔烟菜果生态产业带"；在交通沿线发展以绿化苗木为主的景观农业，打造"路网生态屏障经济带"；在抚仙湖径流区逐步退出蔬菜等高耗肥（药）作物种植，发展蓝莓、枇杷、核桃、桃、梨等乔灌类高效经果种植，打造"湖边休闲观光农业经济带"。

华宁县以"烟、畜、果、菜、药"高原特色优势农业产业发展为重点，加大政策和资金扶持力度，集中建设特色种养基地，培育壮大合作社、农业龙头企业，形成了烟、畜、果、菜、药协调发展的高原特色产业发展体系，农业产业结构不断调整优化。2019 年，粮经比例调整为 35.5：64.5，经作比例较 2015 年的 30：70 上调 5.5 个百分点。华宁县始终把绿色发展作为农业可持续发展的"方向标"。

华宁县推进绿色农业生态环境保护体系建设，确保产业基地空气、土壤、水、生物配置等农业生态环境达到绿色农业标准。耕地保护与质量提升项目的实施和沼气的推广使用，极大地减少了秸秆焚烧量，既保护了生态环境，又增加了清洁能源的使用量。大力推进了绿色农业品牌建设，加大"三品一标"农产品认定、保护和支持力度。高度重视农产品质量安全，从源头进行整治，加大农产品监管力度。做好全县农产品质量安全检测站建设和交易市场农残快速检测，确保农产品质量安全；加大"三品一标"认证力度，通过实施无公害农产品产地认证，使全县无公害农产品、绿色食品、有机食品、地理标志产品达 28 个，使"三品"从数量型向质量效益型转变。主要农产品中"三品一标"种植面积达 295 528 亩，占全县农作物种植面积的 61.4%。

当地农业部门紧扣控制农业用水总量，减少农药、化肥用量，基本实现农作物秸秆和农膜回收利用的"一控、两减、三基本"农业污染治理目标，以生产投入品减量化、生产过程清洁化、废弃物利用资源化、质量安全优等化为主线，以节地、节水、节肥、节药和节能为重点，依托高原特色现代农业产业基地建设，大力推进农业发展方式转变，着力推广生态循环农业技术，使生态循环耕作制度、技术和模式得到广泛应用，生产投入集约化水平明显提高，生态循环农业技术体系和运行管理机制基本形成，农业面源污染有效防治，农业生态和生产环境明显改善，可持续发展能力进一步增强。在城郊结合部和蔬菜常年连作区实行水旱轮作，在烤烟种植区实行蔬菜-水稻、烤烟-油菜轮作。

产业绿色发展基础进一步夯实。紧扣打造培育绿色食品牌目标，按照绿色发展"一控、二减、三基本"的原则，大力推广标准化种植、柑橘病虫害综合防控、测土配方施肥技术等绿色适用科技，科学引导广大橘农按照华宁柑橘生产技术规范进行生产，落实生产投入品控制，生产过程质量控制，检验质量控制等措施。积极推进化肥农药"零增长"行动，化肥、农药使用量同比减少 4.5%和 5%，有机肥、配方肥施用面积达 11.82 万亩。柑橘专业化统防统治面积达 42.36 万亩次，更新改造老果园 1.1 万余亩，建设柑橘无病毒苗木繁育基地 115.2 亩。加快"三品一标"认证，柑橘绿色食品认证面积达 3 万亩，农产品地理标志产品认证面积 10 万亩。

治理地膜残留防止地膜污染。全面推广使用 0.01mm 及以上厚度地膜，推广一膜多用、适时揭膜、机械拾膜技术，降低废旧地膜机械回收和人工捡拾的难度。构建废弃地膜回收利用体系，建立以农用废弃地膜为原料的加工企业，带动周边地区农用废弃地膜的回收加工及再利用，逐步形成布局合理、运行有效的农用废弃地膜回收加工一体化模式，控制"白色污染"。

开展农业面源污染监测点建设。配套建立农田氮磷流失等农业面源污染监测体系，形成较为完善的农业面源污染监测体系。开展农业安全生产普查，对化肥、农药、农膜、植物生产调节剂、饲料等农业投入品使用进行定期监督抽查，严控可能危及农产品质量安全的农业投入品施用。强化土壤污染管控，以农业"两区"为重点，组织实施土壤污染治理行动计划，建立健全土壤污染监测预警体系，努力控制外源性污染，研究并推广污染土壤治理技术，形成一批科学有效的土壤污染治理模式，有序推进污染土壤治理。2015～2019 年，南盘江流域有机肥使用呈上升趋势，占肥料使用量的 82%。

8.3.7　畜牧养殖业对水系的生态环境影响分析

畜牧养殖业是南盘江流域县（市、区）农业的"半壁江山"，猪、牛、羊、禽具有多个地方特色品种，发展势头强劲。曲靖市实施标准化、规模化、精细化、科技化、循环农业化"五化"策略，深入实施现代畜禽种业提升工程，加速畜禽良种引进和扩繁，推动核心育种场建设与畜禽产能相适应，巩固提升大河乌猪、滇陆猪核心场和扩繁场产能，大力推广中国（云南）自主知识产权的新品种"云岭牛""云上羊""云南半细毛羊"，扩大种畜禽场基础设施建设，加强畜禽遗传资源保护与利用，完善畜禽品种改良和良种繁育体系，为曲靖市畜牧业提质增效提供良种支持。

麒麟区利用河流纵横交错、各类水库星罗棋布、水量充沛的优势，努力打造"鱼的故乡"。2019 年，全区水产养殖面积 10 033 亩，水产品产量 1.7 万 t，渔业经济总产值 5.55 亿元。其中，水产品产值 4.2 亿元，渔业二、三产产值 1.35 亿元。近年来，麒麟区积极推广健康生态养殖模式，促进水产养殖业健康、稳定、和谐发展，推动麒麟区渔业健康持续发展。麒麟区持续巩固"全国渔业健康养殖示范县"成果，加快推进全区水产养殖业绿色发展，加大水产新技术、新品种、新模式引进试验示范推广力度。麒麟区引进了南美白对虾、乌鳢、云斑鮰、加州鲈、超级鲤、福瑞鲤等新优品种进行示范推广，提升了名、特、优鱼类覆盖率。麒麟区自 2018 年年初在全省率先引进工程化循环水养殖技术，目前，已建成循环水养殖示范点 2 个、循环池 10 个，共 1020m²，循环水面积达 400 亩。改造鱼塘 30 亩，建养殖槽 3 条。池塘工程化循环水生态养殖新技术较常规养殖技术增产 15 682kg，增收 135 946 元，鱼的品质较好。在辖区内发展稻鱼、藕鱼、稻蟹、稻虾鱼菜共生等综合种养模式，稻鱼综合种养能充分利用稻鱼共生，优化稻田系统，保护水域生态环境，减少农业面源污染，提升稻田综合效益，是保障粮食安全及水产品质量安全的重要措施。麒麟区开展增殖放流，在辖区水系内投放淡水经济鱼类，改善了水域生态环境。

南盘江流域（云南）种养脱节，畜禽粪便、农村生活污水的资源化利用程度不高。部分规模化养殖场未建粪污处理设施，粪便直接排入溪沟、河流，畜禽粪便的资源化利用十分低下；农村少部分散养畜禽粪尿散失，粪肥露天堆放，雨水冲淋，地表径流，污染水体；农村积肥池夏季雨水过多时，外溢污染，规模养殖场露天堆放粪肥淋失及臭气污染无害处理不彻底而排入水体，引起水体污染，流失的畜禽粪肥合计约占 13%。水产养殖的污染相对较小，主要以池塘养殖为主，排水方式有自流和机械排水两种情况。部分水产养殖户和规模化养殖场为了追求经济效益，大量投入饲料和化肥，利用各种废弃料、畜禽死尸和畜禽粪便作水产饲料，对水体水质造成严重威胁。投饵量最多的草鱼密度高达 2000～3000kg/亩，使水质恶化，这些水又直接排放于农田或溪河，造成一定程度的农业面源污染。

畜牧业发展对水系的生态环境影响可以从两个方面来分析。一方面，无论是圈养还是放养都需要充足的饲料，饲料种植过程必将造成化肥农药的污染，同时由于作物耕作造成的水土流失也将影响水系生态；另一方面，畜禽粪便的污染，特别是在雨季，如果处理不当，将对水系造成很大程度的污染。同时，不规范的管理和乱放乱养也会造成环境的污染。

截至 2019 年，澄江市畜牧业总产值 5.25 亿元，存栏 100 头以上奶牛规模化养殖比重超过 38%，出栏 500 头以上生猪规模化养殖比重达到 50%，养殖存栏量在 2015~2019 年下降趋势很明显，其中生猪存栏量从 8.1476 万头下降到 0.5127 万头，下降幅度达 93.71%。肉蛋奶总产量 2500 万 kg，年均增长 4%。家禽养殖数量下降也很快，如肉禽数量下降幅度达 95.4%。畜牧业的比重在下降，对流域的水系污染减小，对生态环境影响下降。截至 2019 年，华宁县渔业总产值 4952 万元，增长 6.1%。澄江市渔业总产值 0.35 亿元，鱼类产量 200 万 kg，全市渔业逐年有所增长，增幅不大，规模相对稳定，特色的抗浪鱼从 2015 年的 19t 增加到 2019 年的 30t，增长率达 57.89%，说明流域水质逐年变好，流域水系的生态环境改善（表 8.5）。

表 8.5　澄江市水产养殖情况

年份	鱼产量/t	抗浪鱼产量/t
2015	642	19
2016	647	21
2017	656	26
2018	658	28
2019	703	30

华宁县以"扩量、提质、增效"为核心发展畜牧业和渔业，重点突出生猪、家禽养殖和渔业特种养殖，优化区域布局，全力推进规模化、标准化养殖。2019 年年末，全县生猪存栏 126 495 头，能繁母猪存栏 7356 头，出栏肉猪 156 654 头；牛存栏 26 357 头，出栏肉牛 21 927 头；山绵羊存栏 67 026 只，出栏肉羊 44 465 只，家禽存栏 891 738 羽，出栏家禽 2 180 758 羽；肉蛋奶总产量 2637.8 万 kg。2019 年，畜牧产业产值 8.7 亿元，同比增长 29.9%。渔业总产值 4952 万元，同比增长 6.1%。

澄江市农业生产环境尚未得到根本改善。畜禽养殖不尽合理的布局和快速发展，畜禽粪便防治措施和手段的滞后等均对澄江市农业生产环境的可持续造成了一定的影响。农业绿色化程度较低，农业种植结构、农业种植与养殖发展之间尚未形成可持续发展的合理布局，秸秆综合利用程度和效益低、畜禽粪便综合利用的方式及效益仍需提升。

华宁县优化种养业结构，启动实施种养结合循环农业示范工程，推动种养结合、农牧循环发展。总结并推广传统农业生产中符合循环经济要求的生产方式，调整优化种养业结构，促进种养循环、农牧结合、农林结合。扩大粮改饲试点，加快建设现代饲草料产业体系。积极发展草牧业，支持苜蓿和青贮玉米等饲草料种植，开展粮改饲和种养结合型循环农业试点。支持发展畜牧业，推进"过腹还田"，基本实现区域内农业资源循环利用。

华宁县推行种养结合、以地定畜，将畜禽规模养殖污染治理纳入主要污染物总量减排计划，启动禁养、限养区划定工作。切实做好养殖废弃物资源化利用工作，同时养殖场要实行雨污分流，对其粪便堆场采取防渗、防流失等控制措施，实现畜禽养殖污染全过程控制，在实现畜禽养殖污染物全收集、全处理、全达标的基础上，鼓励引导畜禽粪便无害化还田利用。2019 年，华宁县畜禽粪污产生量达 152 725.09t，资源化利用 132 595.92t，资源化利用率达 86.82%，全县备案管理畜禽规模养殖场 59 个（含 5 个大型规模养殖场），规模养殖场及大型规模养殖场粪污处理设施装备配套率达 100%。华宁县推进生态农业循环工程建设，因地制宜推广节地、节水、节肥、节能和循环农业技术。积极发展畜禽立体生态种养模式，促进"畜-沼-粮""畜-沼-菜""畜-沼-果"等高效生态循环农业模式的发展。大力发展生态畜牧业，改进畜禽饲养方式，引导农民单独建畜厩等附属用房或建养殖小区，实现人畜分离，推进畜禽排泄物资源化利用。

推广现代生态循环农业智能信息技术建设，充分利用现代信息技术，推进"互联网+"在现代生态循环农业发展中的运用，依托智慧农业云平台，建设现代生态循环农业智能化信息服务系统，集成推广农业生产过程中的控湿、控温、控水、控肥、控病等智能化生产控制技术，集成推广农业可视化远程咨询、远程诊断、灾病预警等智能化远程服务技术，集成推广种植生产污染、养殖排泄物污染管控和"三沼"综合利用等智能化实时监管技术。

以上措施有效地降低了经济林果的种植成本，明显改善了生态环境，构建了种养结合、农牧循环可持续发展新模式。

8.4　南盘江流域（云南）绿色生态内涵和发展空间构架

8.4.1　南盘江流域（云南）绿色生态内涵

南盘江流域（云南）绿色生态发展是基于贯彻新发展理念，主动服务和融入国家"一带一路"、珠江-西江经济带、长江经济带等发展战略，落实《国务院关于深化泛珠三角区域合作的指导意见》，围绕把云南建设成为全国民族团结进步示范区、生态文明建设排头兵和面向南亚东南亚辐射中心的"三个定位"而提出的战略构想。南盘江流域（云南）绿色生态发展，是以珠江上游南盘江云南段为依托，以新发展理念为指导，以绿色发展和创新发展为抓手，以跨越发展、乡村振兴为目标，科学谋划、积极探索流域内生态文明共建共享、文化旅游合作共赢、传统产业转型升级、民族团结携手共进等新思路、新模式，促进经济发展与生态环境相协调、优势互补与区域合作相统一、人与自然相和谐的永续发展。

生态文明是人类遵循人与自然和谐发展规律，推进社会、经济和文化发展所取得的物质与精神成果的总和；它是对人类长期以来主导人类社会的物质文明的反思，是对人与自然关系历史的总结和升华。建设生态文明是关系人民福祉、关乎民族未来的长远大计。在面对资源约束趋紧、环境污染严重、生态系统退化的严峻形势，我们必须树立起尊重自然、顺应自然、保护自然的生态文明理念，把生态文明建设放在突出地位，融入经济建设、政治建设、文化建设、社会建设各方面和全过程，努力建设美丽中国，实现中华民族永续发展。生态文明建设是实现中华民族伟大复兴的中国梦的基本保障。生态文明建设有助于推动区域经济社会协调发展。生态文明建设是可持续发展的具体表现，是统筹发展的自然载体，是经济社会发展的环境基础。生态文明建设有助于促进全民族生态道德文化素质的提高。

以高原生态、有机农业为目标的农业示范带必须是环保、生态、有机的，既要能满足国内需求，又要能走出国门出口创汇。以全域旅游为核心的生态文化旅游产业，更需创新旅游业态，创新营销模式，创新旅游产品；以城乡统筹发展为主线，坚持新型工业化、信息化、城镇化、农业现代化同步推进，树立"命运共同体"观念，舍小利谋大业、舍眼前谋长远、舍小家为大家，心齐气顺共建美丽家园。

南盘江流域（云南）自然资源丰富，有着丰富的水资源和生物资源，地貌地形异常复杂，地貌类型的多样导致地理环境和生态环境的多样性。流域常年气候温和，降水充沛，四季温暖如春，对林木的生长十分有利。这些生态环境优势为多种生物和作物的生长提供了良好的环境，也为流域生态文明建设提供了良好的生态基础。

南盘江流域（云南）绿色生态发展必须全面创新驱动，坚持以绿色发展理念引领创新，推动以绿色科技和绿色产业为核心的发展升级，协同推进新型工业化、信息化、城镇化、农业现代化和绿色化，推动主体功能区建设，实现经济结构优化，加速三产深度融合；坚持绿色发展，牢固树立"绿水青山就是金山银山"理念，大力发展生态农业、环保工业、低碳服务业，全面构建以绿色科技为引领的绿色产业发展新体系。

8.4.2　发展空间构架

以南盘江流域沿线为主线，以产业发展为基础，以生态文化旅游为导向，变资源优势为经济优势，"点、线、面"相结合，重点突出优质稻、水果、蔬菜、花卉、畜禽五大主导产业。围绕做大做强主导产业、突破性发展农产品加工业、加强农业基础设施建设、提升农业装备水平、强化农业科技支撑、健全农业社会化服务体系、提高组织化规模化水平、确保农产品质量安全八大任务，以示范引领为主攻方向，倾力打造南盘江流域绿色生态农业和三产高度融合的示范区。以重大工程建设为突破口，着力实施水、田、路、产业发展和新型经营主体培育等工程。

依据海拔高程，将曲靖全市划分为冷凉山区和半山区、中温坝区、低热槽区3 个不同气候类型区域。冷凉山区和半山区为海拔 2200m 以上的区域，主要涉及沾益、麒麟、富源等县（市、区）少部分区域，重点发展中药材、特色水果、马铃薯、燕麦、荞麦等产业。中温坝区为海拔 1800～2200m 的区域，主要涉及陆良、麒麟、沾益、富源等大部分区域，以及师宗、罗平小部分区域，地势相对平坦，水利、交通条件相对较好，土壤肥沃，重点布局绿色生态蔬菜、蚕桑、道地药材和山地蓝莓等高端优质水果。低热槽区为海拔 1800m 以下的区域，主要涉及师宗、罗平的大部分区域，以及富源等县（市、区）的河谷地区，重点布局和发展油菜和热区水果、热区蔬菜、特色中药材等产业。根据种植业的特点，围绕主体产业发展模式，重点布局以陆良为核心的沾益—麒麟—陆良—师宗南盘江流域设施蔬菜产业带，富源魔芋产业带；师宗—罗平南盘江河谷热区水果产业带；沾益当归、银杏、红豆杉、灯盏花为主的特色原料药中药材产业带；罗平—师宗—富源以小黄姜、薏苡仁为主的药食同源中药材产业带。麒麟—陆良新兴花卉产业带。

依据南盘江流域各县（市、区）环境资源承载能力和大型养殖企业（集团）带动实力，以生猪调出大县为重点，推进生猪产业发展。其中，沾益、陆良、富源 3 个县（区）在适宜乡镇布局标准化规模养殖小区（场），带动全市生猪规模化集群发展。顺应调运方式、肉品消费方式变革，坚持生猪屠宰加工流通与生猪产能相适应，配套生猪屠宰加工和冷链物流，在沾益、陆良、罗平等县（市、区）分别布局年屠宰加工生猪的生产线，推动富源、麒麟肉制品生产线改造升级，促进北部片区布局腌肉型肉猪标准化养殖、加工基地，沾益、陆良、师宗、罗平等中、南部片区布局鲜肉型肉猪标准化养殖、加工基地。

坚持农产品加工与全市产业园区功能定位相衔接，整合资源、集中要素，重点布局和建设以生猪屠宰加工、肉制品及火腿加工为主的特色农产品加工产业园，以蔬菜、乳制品加工为主的陆良特色农产品加工产业园，以生猪屠宰、精深加工为主的沾益特色农产品加工产业园。通过陆良、沾益核心加工园区建设，推进以肉制品、果蔬、药材为主的优质农产品精深加工，聚集曲靖乃至云南、西南地区农产品资源，形成以本地优质农产品原材料为主、上下游农特资源配套的专业化、多元化农产品加工集群，推进由"原料输出型"向"产品输出型"的突破性转变。

加快建设以中国云南国际农产品交易中心（陆良）为主的农产品流通枢纽，提升宣威火腿、沾益生猪鲜肉、罗平小黄姜、富源魔芋、师宗水果等农产品大型批发交易市场功能，配套建设农产品冷库、分选分级设施，着力补齐鲜活农产品冷链物流短板。以农产品专业市场为节点、以产地集配中心和田头市场为源头、以高效规范的电子商务等新兴市场为重要补充，通过有形和无形结合、线上和线下融合、产地和销地匹配、冷链物流配套，统一开放、竞争有序、布局合理、制度完备、高效畅通、安全规范的农产品市场流通体系，将曲靖市打造成全省蔬菜和肉制品交易中心，形成与国内重点农产品市场协同和互动，连接省内、辐射西南的农产品原产地与消费市场流通渠。结合主导产业布局和综合交通发展规划，重点打造中国云南国际农产品交易中心（陆良），整合宣威火腿、沾益生猪鲜肉、罗平小黄姜、富源魔芋、师宗水果 5 个农产品专业市场要素，加快建设"曲靖优品"等市级电子商务平台和智慧商务大数据平台等电子商务服务平台，构建以中国云南国际农产品交易中心为核心的连接东西、贯穿南北、辐射内外的农产品市场交易体系。

区域内绿色生态内涵是以人为本，以增加居民幸福度为目标的发展。其实质是根本上改变人们的思想观念，建立绿色生产观、绿色消费观、绿色生活观，在增加生态资本的基础上最终实现经济、社会、文化与生态和谐发展，增加人类绿色福祉。依据复合系统从经济增长绿色化程度、资源环境承载力和社会公共政策支持力 3 个方面设定绿色发展综合评价指标体系，找到影响区域绿色发展的关键因素。前期研究的区域绿色发展影响因素主要包括产业结构、城镇化水平、政府支持、自然资源、文化水平、环境污染和科技水平等，并通过这些因素的熵值计算，对区域绿色生态发展形成一种科学、可行的空间架构。

8.5　南盘江流域（云南）绿色生态农业的发展建议

南盘江流域（云南）区位特殊，生态地位重要，少数民族众多，产业基础较好，发展潜力巨大。规划南盘江流域（云南）绿色生态农业农村发展，既能发挥滇中城市经济圈的辐射和带动作用，又能加快城乡统筹，推进协调发展，形成新的经济增长带，成为促进云南省经济平稳健康发展的重要引擎，助推云南跨越发展。

"生态文明建设功在当代、利在千秋。我们要牢固树立社会主义生态文明观""必须树立和践行绿水青山就是金山银山的理念，坚持节约资源和保护环境的基本国策，像对待生命一样对待生态环境""人与自然是生命共同体，人类必须尊重自然、顺应自然、保护自然"。南盘江流域（云南）群众文化层次较低，对此我们需要加强对当地群众的生态文明素质教育，在广大城乡居民中开展生态文化宣传，普及生态文明知识，加强生态道德立法，规范人们的生态道德行为。在全社会树立良好的生态文明观念，将有利于推动生态文明建设顺利进行。

生态文明建设是一项长期性、复杂性、系统性的工程，必须从全局和战略高度，通过加强制度机制构建加以推进。要建立和完善各种政策制度，使生态文明建设有章可循。同时，还要加强法治建设，将生态文明建设的具体内容和要求纳入法律体系中，以生态文明的理念指导法律建设，加强立法、严格执法，推动节约资源和保护环境走上法治化轨道。

宜良县是典型的农业县，山区主要种植的农作物有烤烟、水果、玉米等经济作物，坝区主要种植西蓝花、白菜、甜椒等水肥需求量大、复种指数较高的蔬菜作物，且平均每年种植 3～4 茬，最高可达到 6 茬，平均每亩年施用化肥 350kg，施用农药 1.2kg 左右。肥料施用不合理、利用率偏低是农业面源污染的重要问题。建议调整农业种植结构，发挥苗木种植优势，使坝区木本花卉及苗木施肥改为每年一施，配合高效节水灌溉、水肥一体化技术精准施肥，最大程度降低农业面源污染。以三角梅、小叶楠、雪松等来计算，每亩每年平均施用肥料 180kg，农药基本不施用，每年可削减化肥约 1700t，削减农药约 10t；以木本花卉来计算，每亩每年施用肥料 45kg 左右，农药基本不施用，每年可削减化肥约 3000t，削减农药约 10t；以苗木来计算，每亩每年施用肥料 150kg 左右，农药施用 0.5kg 左右，每年可削减化肥约 1900t，削减农药约 6t。

石林县拥有丰富的旅游资源，围绕国际知名旅游目的地建设目标，大力推进"全景石林、全域旅游"，促进文旅深度融合，积极推进高原特色农业、生态工业与旅游产业的融合，推动旅游从观光游向休闲度假游、旅居康养游转变，加快旅游产业转型发展示范区建设。石林县自然资源优势明显，坚持稳定粮烟、提质果蔬、壮大花卉、提优畜禽，以人参果产业为突破，推动农业标准化示范基地建设，推动农产品向专业化、特色化、绿色精深加工方向发展，大力发展开放型旅游观光农业，打造成为昆明市现代特色农业基地。

广南县的土地资源相对比较丰富，但人均占有面积较少，人地供需矛盾突出。半山区面积大，坝子比重小，低产田比重大，约为 25.3 万亩，占耕地面积的 42%，尤其是瘠薄地，比重高达 40%。石漠化面积不断扩大，土地垦殖率普遍较低，肥料施用结构不合理，导致生产力较为低下。因此，必须大力治理中低产田，积极开发宜农荒地资源和山区土地资源，对沙化和水毁等耕地进行综合治理，加强对农业用地资源的宏观调控与管理，采取多种途径和措施保持水土，合理利用和保护耕地，从而促进农、林、牧、渔全面协调可持续发展，实现农业增效、农民增收、农业发展的最终目标。

在资源开发中要按照保护优先、开发有序的原则，有效控制不合理的资源开发活动。南盘江流域（云南）境内物种资源丰富，政府应加快实施重大生态修复工程，增强生态产品的生产能力，推进荒漠化、石漠化、水土流失综合治理，扩大森林、湖泊、湿地面积，保护当地的生物多样性。

8.5.1　推进种植业结构调整

坚持大宗产品优质化、小众产品适度规模化、特色产业精品化，推进比较优势转化为产业优势、产品优势、竞争优势，促进种植业整体提质增效。调优粮经饲作物结构，按照"稳粮、优经、扩饲"原则，突出加快发展优势经济作物，建立粮食作物、经济作物、青饲料作物三元结构，争创一批特色农产品优势区，促进粮食作物、经济作物、饲草料协调发展。调优种植业生产结构，发展绿色农业，推广配方肥应用、水肥一体化技术、有机肥替代化肥，推进化肥减量增效；建立健全病虫害监测体系，强化病虫害监测预警，提升精确服务能力。发展科技农业，加快新技术、新装备、新创意的嫁接应用，加强现代农业产业技术体系等农业科技创新载体建设，加快创新农业技术体系和技术路线，带动种植业绿色优质高效发展。

8.5.2　加快畜牧业转型升级

深入开展畜禽标准化养殖示范创建，依托大型养殖企业（集团），新建和改扩建规模养殖场，建立"公司＋家庭牧场""公司＋产业基地＋农户"的新型合作机制，发展订单生产，带动建设一批规模化养殖基地。推进饲草饲料供给，坚持科学、先进、实用、高效原则，构建安全可靠的饲料供应体系，做大做强饲料工业。抓好饲料饲草生产基地建设，大力推广"粮—经—饲"三元种植结构，强化草料生产配套设施建设，提高饲料供给能力，实现草（料）畜平衡发展。推进生态循环牧业发展，积极探索畜禽标准化规模养殖和农牧结合的生态循环发展模式，大力实施畜牧业绿色发展和生态环境保护，调整优化粮经饲结构，努力推进草畜配套的生态循环种养模式。

8.5.3　完善市场物流体系和绿色农业管理制度，推进农产品流通信息化建设

重点推进中国云南国际农产品交易中心（陆良）、罗平板桥镇小黄姜交易市场、陆良蔬菜冷链物流中心、富源富村镇魔芋及魔芋产品交易中心等区域性农产品产地和集散地批发市场、农产品交易中心及物流节点建设。推进师宗水果批发市场、麒麟滇东北蔬菜批发市场、麒麟王家桥活禽交易市场、沾益花山畜牧交易市场等农产品批发市场转型升级，完善标准化交易专区、集配中心、冷藏冷冻、电子结算、检验检测等设施设备，鼓励市场应用节能设施设备，加强废弃物循环利用与处理、安全监控等设施建设，提升农产品批发市场综合服务功能。积极争取实施

农产品骨干冷链物流基地、区域性农产品产地仓储冷链物流设施、乡镇田头仓储冷链物流设施和村级仓储保鲜设施四类项目，建立覆盖农产品生产、加工、运输、储存、销售等环节的全程冷链物流体系。鼓励各地建设或改造农贸市场、菜市场、社区菜店、生鲜超市等农产品零售市场网络基础设施建设，完善农产品零售网络。

加快移动互联网、物联网、二维码、无线射频识别等信息技术在农产品流通领域应用，鼓励传统农产品流通企业树立互联网思维，推动智慧型农产品批发市场发展，鼓励各类农产品流通主体完善信息化管理系统，整合各类涉农信息服务资源，构建覆盖生产、流通、消费的农产品流通大数据平台，建设互联互通的全国农产品流通信息服务体系。发展农产品电子商务，支持农产品批发市场和流通企业开展线上线下相结合的一体化经营，逐步扩大网上交易的品种和配送范围，完善网上交易技术标准、统计监测和信用体系，促进农产品产销与物联网、互联网协同发展。积极培育各类农产品电子商务平台，鼓励各类电商、物流、商贸流通、金融等企业，参与平台建设和运营。完善市场监测、预警和信息发布机制，重点对居民日常生活中容易出现"卖难买贵"问题的农产品的供求、质量、价格等信息进行实时监测。鼓励有条件的地区和农产品流通企业建立区域性农产品信息数据库和企业网上信息平台。

统筹建设农业自然资源、重要农业种质资源和新型农业经营主体等大数据平台，形成农业基础数据资源体系，为农业精准管理和服务提供有力支撑。积极推广遥感监测、智能识别、自动控制、机器人等设施设备，加快物联网、大数据、智能装备等现代信息技术和装备在农业生产全过程的广泛应用，提升农业生产智能化水平。推进种植业信息化，加快发展数字农情，构建病虫害测报监测网络和数字植保防御体系。推进畜牧业智能化，建设数字养殖牧场，加快应用个体体征智能监测技术，推进养殖场数据直联直报。推进渔业智慧化，发展智慧水产养殖。推进新业态多元化，深化电子商务进农村综合示范，鼓励发展智慧休闲农业平台。推进质量安全管控全程化，推动农产品生产标准化、标识化、可溯化，构建投入品监管溯源与数据采集机制。重点建设智慧农业基础框架云平台、大数据分析平台、图网一体化平台，大力推进智慧土肥、兽药饲料监管、畜禽养殖监管、畜禽改良监管、畜禽运输监管等应用平台建设，开展农业物联网示范。

生态文明观念作为一种基础的价值导向，是构建社会主义富强民主文明和谐美丽社会不可或缺的精神力量。南盘江流域努力走出一条适合自己发展、有当地特色、符合生态文明要求的又好又快发展道路，牢固树立生态文明观念，积极推进生态文明建设，努力推进中国特色社会主义伟大事业的蓬勃发展。

积极推进南盘江流域"绿色、生态、有机"现代农业建设，争取国土整理项目、农业综合开发项目、水务灌渠治理项目，加大南盘江两岸农田水利建设，按照"沟相连、路相通、田成方"的要求，以镇为单位成立土地流转公司，本着"自愿、有偿、互惠、互利"原则,开展农业园区招商。入园的农业企业,按照"绿色、生态、有机"的要求,科学规划、规范运作,高效运营、监管到位,高标准、高起点,实行规模化、规范化、标准化生产,打响南盘江特色农业品牌。加强对外交流与合作,力求避免同质化竞争,保障农产品质量安全,打造具有区域特色的南盘江流域农产品品牌。

充分利用南盘江流域的区位交通和自然地理气候优势,挖掘丰富多彩的民族民俗风情、民间手工艺等非物质文化遗产和独特的旅游资源,充分发挥低纬高原特色农业产业优势,坚持以工业化的理念经营农业,大力培育和发展特色农产品加工、生物医药、食品饮品加工等新型工业,加快以康体运动、休闲度假、养老养生为主的现代旅游服务业发展,促进三产融合发展,为农业产业进一步发展提供了广阔的空间。努力打造三产高度融合的精品示范区,大幅度提高农业附加值,带动地方产业经济发展。

加大科技培训力度,突出素质能力提升,壮大新型职业农民队伍。推进"田间课堂""专题教学""专家授课"等教学活动,用市场经济知识武装群众,引导群众破除小农经济思维,以经济办法和市场手段生产、加工、推销农产品,赢得更好更大发展。积极开展农业科技培训,推广测土配方施肥、秸秆还田、植保无人机统防统治等绿色生产新方式,有效提高农民群众保护农业环境的积极性。大力宣传传统文化、传统村落、传统民居等农家要素旅游经济效益,扎实推进民族工艺制品、品牌文化作品等旅游商品开发培训,组织学习传统民居经营性开发经验,引导群众把依靠以种植为主的农业发展理念转变到一产与三产融合发展上来。

实施化肥减量增效行动、有机肥替代行动,坚持精准测土、科学配肥、减量施肥相结合,开展农业休耕制度和耕地地力保护建设,开展农药减量增效行动、统防统治绿色防控行动。推广生态控制、生物防治等绿色技术和新型植保机械,强化专业化统防统治与绿色防控相结合,在粮食、水果、蔬菜等产业上,打造一批全程绿色防控示范样板,加强农药安全使用监督检查和违规使用农药问题查处。

大力发展绿色高效设施农业、工厂化农业,全方位改进养殖场、农产品初加工设施装备;推进智能农机与智慧农业协同发展,推动主要农作物全程机械化技术、植保无人机技术,高效植保机械、施肥机械、肥水一体化等设施装备,推进设施农业工程、农机和农艺技术融合创新。

为了发展绿色农业,各级部门需要做到以下三个方面。一是完善耕地保护制度。强化耕地用途管理制度,严格审批建设项目,建立生态保护补偿制度体系。二是加强节能减排和环境治理力度。大力推进农业清洁生产,按照减量化、再利用、资源化的循环经济理念,大力推广节地、节水、节种、节肥、节药、节能等节约型农业技术和节能型农业装备,推进种养循环农业示范基地建设,积极引导发展生态农业。强化农业生态保护和农业面源污染治理,推进畜禽粪便等农业废弃物无害化处理和资源化利用。结合乡村振兴工作,继续实施农村清洁工程,推进农村有机废弃物处理利用和无机废弃物收集转运。三是严格水资源管理制度。严格落实水资源开发利用控制、用水效率控制、水功能区限制纳污"三条红线"划定，严格落实取水许可制度，完成县域节水型社会达标建设方案编制。绿色生态农业农村发展实施者均采用现代农业设施开展水肥药一体化滴灌或喷灌，废水或污水收集处理再利用措施，在节约用水的同时，也大大降低了肥料和农药的使用量，减少了面源污染，提高了耕地和环境质量。

当地政府需要认真贯彻落实耕地保护和节约用地政策，完善耕地保护机制，确保基本农田总量不减少、用途不改变、质量有提高。深入开展测土配方施肥，提高化肥农药利用率，大力推广农机深松整地，提升土壤有机质含量，努力培肥地力，切实提高耕地质量。强化耕地用途管制，加强设施农用地管理，防止以发展设施农业为名，擅自将农用地改为建设用地的行为。

8.5.4　坚持走农业绿色发展道路，特色产业富农

妥善处理好农业增效、农民增收与环境治理、生态修复的关系，大力发展资源节约型、环境友好型、环境保育型农业，推进清洁化生产，全面实现农业绿色发展需要做到以下两个方面。一是对未纳入规模化畜禽养殖场污染综合整治的养殖大户和散养殖户，推行种养结合，启动禁养、限养区划定工作。切实做好养殖废物资源化利用工作，同时养殖户要实行雨污分流，对其粪便堆场采取防渗、防流失等控制措施，实现畜禽养殖污染全过程控制，在实现畜禽养殖污染物全收集、全处理、全达标的基础上，鼓励引导畜禽粪便无害化还田利用。二是对农药包装物、农药废液的处置应形成联防联控机制，共同参与模式，提高农药包装、农膜和农药废液处理意识。各单位、部门和广大人民群众要积极参与到宣传者和执行者的范畴内，参与农业农村生产发展的公司、企业、合作社、农户要采取 10 户或者 15 户为一个联防联控小组的机制，加以巡逻宣传、互相监督，进一步减少农药包装农膜废弃物造成面源污染，同时提高各公司、企业、合作社、农户农药包装、农膜等废弃物处理意识，达到标准化、规范化、常态化，保证土壤环境质量。

因地制宜地发展多样性特色农业，积极发展烤烟、水果、蔬菜、畜禽、中药材等主导产业，重点依托烤烟、蔬菜、柑橘和中药材优势种植区发展优质烤烟、生态蔬菜、柑橘和中药材，以高质量发展为目标，努力实施科技创新驱动战略，践行"绿色、生态、优质、特色、安全"的理念，确保绿色生态农产品生产的持续发展。

8.5.5　加强标准化建设，扩大绿色食品认证

标准化建设是绿色生产的前提，大力实施标准化建设工作，扩大标准化建设面积，提高绿色生产能力，扩大绿色食品认证率。农产品质量安全是健康生活的

保证。为了确保农产品质量安全，我们需要做到以下三个方面。一是加强农资市场监管，防止高毒高残留农药流入生产环节。二是加强病虫害绿色综合防控体系建设。病虫害绿色综合防控将成为现代农业的病虫害防控主流，及时引入绿色防控措施，配合传统防治措施，可提高病虫害防控成效。三是加强农残超标监测工作，防止农残超标果品流入市场。

走绿色生态农业农村发展的道路是增加农民群众经济收入的可行之道，要立足现状，应加强农艺措施配套到位，正确引导推行新的增产技术。根据现存优势作物，结合本地区自然生产条件，科学制定栽培管理技术措施，提高品种优越性，降低成本，走绿色食品标准化道路，提高产品质量安全系数。

8.5.6　加强宣传引导工作

发展绿色生态农业是转变农业发展方式、提高农业竞争力、治理农业生态环境的必然要求。转变农业发展方式要做到以下三个方面。一要根据农业种植企业、公司、农户的实际情况，本着实用、实际、实效的原则，尽快健全绿色生态农业科技推广、示范、培训网络，有计划、有步骤地制定农户绿色生态职业技术培训规划。二要积极宣传绿色生态农业农村在减少面源污染、提高农业效益效率、高效节约利用资源、绿色农产品安全可溯源、提高生产经营经济收入等方面的成果和成效。三要通过教育引导，使群众转变思想观念，牢固树立绿色生态发展的理念，使发展绿色生态农业成为全社会的自觉行为。

8.5.7　发展全流域民族文化产业带，推进旅游创新发展，优化全流域农业产业布局

为了优化全流域农业产业布局，我们需要做到以下几点。

一是发展高原特色农业。坚持"生态农业、特色农业、旅游农业、品牌农业、创意农业"的定位，突出发展以有机农产品、中药材、水果、万寿菊、蚕桑、花卉等为特色的主导农业产业，培育各县（市、区）农业精品。发展现代农业产业园，按照"产业化、法人化、规模化、休闲化、品牌化"打造特色产业园区，并丰富和拓展产业园的旅游休闲功能，培育新业态，开发旅游新产品，形成生态农业景观带，通过串点成线、连线成面，融入当地旅游景区，实现以旅带农、以农促旅，用第三产业带动第一产业，提升第二产业，使三产有机结合。

二是发展生态惠民林业。加快推进以油杉、黄杉、银杏等树种为主体的混交林种植，全面提升生态涵养功能；在保护生态的前提下，大力发展林下经济，推广"混交林+中药材"套种、"混交林+花（如油用牡丹）"套种、"混交林+草+禽畜类"等高效生态模式，优化产业组合，实现兴林富民强区。

　　规范化建设南盘江两岸"绿色、生态、有机"现代农业。积极争取国土整理项目、农业综合开发项目、水务灌渠治理项目，加大南盘江两岸农田水利建设，按照"沟相连、路相通、田成方"的要求，实行山水林田路综合治理。通过科学规划、有力控制、到位监管、规范运作、高效运营，可提升珠江源高原特色农业品牌。

　　南盘江云南段流经沾益麒麟、陆良、宜良三大坝子，流域面积广阔，耕地连片，气候温和湿润，降水丰富，仅次于长江。南盘江的水资源、矿产资源、植物资源都十分丰富，是云南省主要商品粮基地，是高原特色农业示范区。从长远发展来看，很有必要将南盘江流域所涉县（市、区）通盘纳入有机农业示范区建设，整合资源、集中人财物，全力打造南盘江流域有机农业示范带。大力支持示范区的基础设施、科技推广、经营体系、品牌打造、人才培养。统筹规划、因地制宜、合理布局"一县一业、一乡一特、一村一业"，扶持发展农业龙头企业，严格有机认证和市场准入，努力把南盘江流域有机农产品打造成云南省乃至全国的品牌，成为高原特色现代农业的典范。

　　在少数民族文化如此富集的流域上，围绕把云南省建设成为民族团结示范区的目标，打造"民族团结进步示范带"具有可行性。地方政府要认真挖掘、整理独具特色的少数民族文化，用现代理念去开发、包装、营销，发展壮大，形成产业，既传承了少数民族文化，又助推少数民族振兴，更为云南省建设一条多民族团结发展、和谐共荣的绚丽彩带。

　　若能把南盘江流域进行全域旅游规划，集中人财物重点打造，加快基础设施建设，加强全流域旅游产业联动开发、共建共享、互联互通，南盘江旅游带将成为云南省旅游新干线，成为南盘江流域人民群众的幸福线。同时，整合旅游资源和项目，将沿线村寨建设成各具特色的旅游小镇（村），既为经济长廊服务，又能建设成为新型城镇化、美丽宜居乡村的示范区。

参 考 文 献

包维卿, 刘继军, 安捷, 等, 2018. 中国畜禽粪便资源量评估的排泄系数取值[J]. 中国农业大学学报, 23 (5): 1-14.

陈龙, 谢高地, 张昌顺, 等, 2013. 澜沧江流域典型生态功能及其分区[J]. 资源科学, 35 (4): 816-823.

陈晓舒, 赵同谦, 李聪, 等, 2017. 基于不同利益相关者的水电能源基地建设经济损益研究: 以澜沧江干流为例[J]. 生态学报, 37 (13): 4495-4504.

封志明, 姜鲁光, 张景华, 等, 2017. 澜沧江流域与大香格里拉地区土地利用与土地覆被变化考察研究[M]. 北京: 科学出版社.

刘世梁, 安南南, 尹艺洁, 等, 2016. 基于 SWAT 模型的澜沧江中游小流域水土流失与 NDVI 时空动态相关性[J]. 水土保持学报, 30 (1): 62-67.

王政祥, 2018. 澜沧江流域近 15 年水资源及其利用状况分析[J]. 人民长江, 49 (22): 40-44.

徐飘, 唐咏春, 张思思, 等, 2019. 基于氢氧稳定同位素的澜沧江流域水体来源差异分析[J]. 中国农村水利水电 (2): 44-50.

云南省地方志编纂委员会, 1998. 云南省志: 卷二十二 农业志[M]. 昆明: 云南人民出版社.

云南省地方志编纂委员会, 1998. 云南省志: 卷三十八 水利志[M]. 昆明: 云南人民出版社.

张羽飞, 邵蕾, 冷淞凝, 等, 2019. 山东省畜禽粪便资源评估及肥料化与能源化利用潜力分析[J]. 中国沼气, 37 (3): 93-99.

朱艳艳, 姜宏雷, 赵成, 等, 2015. 澜沧江流域可持续型生态保护与水土流失治理规划研究[J]. 中国水土保持 (6): 30-32.